btb

Warum wollen wir überhaupt eigene Kinder? Dürfen wir entscheiden, welche Kinder wir bekommen und welche nicht? Ist es für Kinder irgendwann zu spät? Und welche Technologien dürfen wir nutzen auf dem Weg zum Wunschkind? Früher entschied das Schicksal, ob wir Kinder bekommen und welche Kinder wir bekommen. Heute ist das zunehmend steuerbar.
Vielseitig, diskussionsfreudig und zugänglich ergründen die Philosophin Barbara Bleisch und die Rechtswissenschaftlerin Andrea Büchler, wie weit unsere Autonomie bei der Reproduktion reicht und welche Verantwortung die neu gewonnene Freiheit mit sich bringt – für zukünftige Mütter und Väter, für unsere Kinder, aber auch für uns als Gesellschaft.

Barbara Bleisch, geboren 1973, lebt mit ihrer Familie in Zürich. Sie war bis 2016 über zehn Jahre am Ethik-Zentrums der Universität Zürich tätig und leitete unter anderem die Advanced Studies in Applied Ethics, in denen sie heute noch als Dozentin tätig ist. Derzeit ist sie Akademischer Gast am Collegium Helveticum der Universität Zürich und der ETH Zürich. Seit 2010 moderiert sie die Sendung »Sternstunde Philosophie« beim Schweizer Radio und Fernsehen SRF, seit 2013 ist sie Kolumnistin des »Philosophie Magazins«.

Andrea Büchler, geboren 1968, lebt mit ihrer Familie in Zürich und ist Professorin an der Rechtswissenschaftlichen Fakultät der Universität Zürich. Von 2009 bis 2016 war sie Fellow am Collegium Helveticum. Sie forscht und lehrt zu Familien- und Medizinrecht und ist Präsidentin der Nationalen Ethikkommission im Bereich der Humanmedizin der Schweiz.

Barbara Bleisch | Andrea Büchler

Kinder wollen

Über Autonomie und Verantwortung

btb

Penguin Random House Verlagsgruppe FSC® N001967

1. Auflage
Genehmigte Taschenbuchausgabe März 2023
btb Verlag in der Verlagsgruppe Random House GmbH,
Neumarkter Straße 28, 81673 München

Lizenzausgabe mit freundlicher Genehmigung der
Carl Hanser Verlag GmbH & Co. KG, München
Umschlaggestaltung: semper smile, München, nach einem Entwurf
von Birgit Schweitzer, München
Umschlagmotiv: © sam thomas / iStock / Getty Images Plus
Druck und Einband: GGP Media GmbH, Pößneck
JT · Herstellung: sc
Printed in Germany
ISBN 978-3-442-77127-1

www.btb-verlag.de
www.facebook.com/btbverlag

FÜR
JULIA,
JOHANNA,
SELMA
UND TARA

»Sich einen Menschen wünschen. Darum geht es. Keine Puppe, die ich mit meinem Begehren füllen, in meinem Ebenbilde formen, über die ich verfügen kann. Sondern einen Menschen mit einer wie auch immer gearteten Entstehungsgeschichte, mit Würde, mit einer Identität, mit einer Zukunft, mit einer Herkunft, die höchstens zur Hälfte und manchmal gar nichts mit mir zu tun hat. Einen Menschen, dem ich die Welt eröffnen will, der mich aber auch in ganz neue Welten einführen wird. Jedes Kind, das auf die Welt kommt, ob gewünscht oder nicht oder ob im Reagenzglas oder im Eileiter gezeugt, ist ein solcher Mensch.«

MILLAY HYATT[1]

»In Deutschland reden die Leute gerade sehr viel über Kinder. Darüber, wer Kinder kriegt, wer sie kriegen sollte und wer besser nicht, darüber, wann man dafür zu jung ist und wann zu alt, darüber, wer Kinder adoptieren darf und wer nicht. Was Ärzte tun dürfen, damit manche Leute, die eigentlich keine Kinder kriegen können, es doch können. Wann man die Kinder, wenn man welche hat, in die Kinderkrippe schicken darf. Und ob überhaupt. Ich glaube, die Leute reden einfach deshalb so viel über Kinder, weil es immer weniger davon gibt.

Darüber wird nämlich auch ständig geredet: Warum die Leute immer weniger Kinder kriegen. Aber wenn die Leute über Kinder reden, reden sie oft gar nicht wirklich über die Kinder, sondern sie reden über sich selbst.«

BERTRAM EISENHAUER[2]

INHALT

AUFTAKT ZUM GESPRÄCH

Andrea Büchler

In dieses Buch sind verschiedene Reisen eingewoben. Während es entstand, lebte und arbeitete ich vorübergehend in Palo Alto, einem kleinen Ort im Silicon Valley, einer Gegend, die für Technik, Risiko und Innovation steht. Technischer Fortschritt beflügelt dort die Phantasien der Menschen. Man begegnet ihm offen, unbefangen, neugierig. Das gilt auch für die Entwicklungen der Fortpflanzungsmedizin. Bei schulischen Anlässen meiner jüngeren Tochter erzählten mir andere Eltern ungezwungen von »ihren« Embryonen, die nach der In-vitro-Fertilisation eingefroren worden waren und nun in einer nahe gelegenen Klinik lagen, von den Untersuchungen, die an diesen vorgenommen wurden, und von den Vereinbarungen über ihre Nutzung, die sie als Paar für den Fall der Trennung getroffen hatten. Die Leihmutterschaft war ein ebenso unspektakuläres Gesprächsthema und gilt in Kalifornien als eine Möglichkeit der Familiengründung, wenn keine andere zur Verfügung steht. Ich wohnte nur wenige Fahrminuten von der »California Cryobank« entfernt, einer der größten Samenbanken weltweit, die mit den Kindheitsfotos der »Spender der Woche« und mit einem umfassenden genetischen Screeningprogramm wirbt. Die »California Cryobank« sucht ihre Standorte nicht zufällig aus: In unmittelbarer Umgebung von Palo Alto liegen einige der besten Universitäten des Landes. An der renommierten Stanford University werden Frauen gesucht, die für einen Nebenverdienst ihre Eizellen »spenden«, und die IT-Firmen übernehmen die Kosten der Aufbewahrung der Eizellen ihrer Mitarbeiterinnen, damit diese für einen späteren Kinderwunsch vorsorgen und ihre Familienplanung etwas hinausschieben können.

In ganz andere Kontexte führten mich Reisen nach Indien, die mir Einblicke in die Praktiken dortiger reproduktionsmedizinischer Kliniken ermöglichten. Ihnen verdanke ich Gespräche mit Frauen über das eigene Kind oder über das Kind, das sie für andere austrugen, über persönliche Nöte, vertraute Sehnsüchte und universelle Sorgen, über große Ungerechtigkeiten und noch größere Hoffnungen. Die persönliche Begegnung mit anderen, zunächst fremden Herangehensweisen an die großen und drängenden Fragen rund um das Kinderwollen ist Herausforderung und Bereicherung zugleich. Sie macht immer wieder die kulturelle, soziale und biographische Bedingtheit eigener »Wahrheiten« deutlich und fordert dazu auf, Komplexität und Ambivalenz anzuerkennen und neue Perspektiven zu wagen.

Das Kinderwollen hat eine menschenrechtliche Dimension, und Kinderwünsche sind eine höchst private Angelegenheit. Wie will ich mein Leben leben, welchen Sinn will ich ihm geben? Das sind weitreichende Fragen und persönliche Entscheidungen, die freilich in bestimmten sozialen, kulturellen und wirtschaftlichen Kontexten gestellt und gefällt werden, in die staatliche Interventionen aber zu unterbleiben haben. Stellt sich allerdings die Schwangerschaft nicht spontan ein und verlässt der Zeugungsvorgang die Sphäre des Privaten, oder wird auf die Zeugung Einfluss genommen und dafür auf Genetik zurückgegriffen, oder ist die Schwangerschaft ungewollt und will die Frau sie beenden, dann ergeben sich Fragen, die auch andere betreffen und die in die Gesellschaft hineinreichen. Zwischen dem Kinderwollen und dem Elternwerden liegt eine Zeit, die heute medizinisch intensiv begleitet wird. Schon alleine die Tatsache, dass Fortpflanzungsmediziner, Gynäkologinnen, Genetiker und Hebammen beim Kinderbekommen assistieren, wirft die Frage auf, ob und, wenn ja, welche Regelungen notwendig und dem Verfahren angemessen sind. Was darf man von den Fachpersonen wollen, was dürfen sie tun? Und wer entscheidet dies aufgrund welcher Erwägungen?

Grundsätzlich dürfen wir natürlich auf unsere Sehnsüchte hören und unsere Lebenspläne verfolgen. Die persönliche Freiheit ist philosophisch wie rechtlich ein Wert von höchstem Rang. Wenn es um den technischen Fortschritt geht und darum, dass wir diesen für unsere Pläne einsetzen könnten, werden aber regelmäßig die gesetzgebenden Instanzen aufgerufen, das, was möglich *ist*, auf das, was möglich *sein soll*, einzugrenzen. Dabei sind ethische Erwägungen zentral: Gibt es moralisch gute, verallgemeinerbare Gründe, die persönliche Freiheit zu beschränken? Wie werden die Menschenwürde, die körperliche Integrität, Gleichheit und die Interessen von Kindern gewährleistet? Das Recht als normative Ordnung ist das Ergebnis von Wertentscheidungen. Rechtliche Regelungen sind allerdings nicht einfach Verschriftlichungen ethischer Erwägungen, sondern ethische Erwägungen werden zunächst auf der Bühne der Gesetzgebung in verbindliche Anweisungen transformiert. Ob und wie dies geschieht, ist in einer demokratischen und liberalen Gesellschaft nicht nur eine Frage der gesellschaftlichen Konsensfindung, sondern auch eine der spezifischen Anforderungen an eine rechtliche Norm: Ist das Interesse, das die Norm zu wahren vorgibt, legitim und gewichtig genug, um eine Freiheitsbeschränkung zu rechtfertigen? Ist diese dafür zwingend notwendig und vermag sie das legitime Interesse tatsächlich zu schützen? Und lässt sie sich in das Gesamtsystem von Normen kohärent einbinden? Geht es darum, die persönliche Freiheit in einem höchst persönlichen Bereich zu beschränken, sind die Anforderungen an die Legitimität und Plausibilität des Interesses, das dadurch geschützt werden soll, hoch. Wir leben in einer pluralistischen Gesellschaft und sind einer vielschichtigen Vielfalt von moralischen Vorstellungen und Lebensentwürfen verpflichtet – eine Verpflichtung, der wir mit einer Ordnung nachkommen, welche die Freiheit der einzelnen Person in existenziellen und intimen Angelegenheiten schützt.

Im Jahr 2016 durfte ich mich für den Schweizerischen Juristentag in einem Gutachten mit dem Kinderwollen aus rechtlicher Sicht auseinandersetzen. Daraus entstand die Schrift *Reproduktive Autonomie und Selbstbestimmung*[3], die für mich zugleich Anlass zu diesem Buch war. Die rechtliche Untersuchung findet an einigen Stellen auch in dieses Buch Eingang, aber sie ist nicht sein Anspruch. Das Buch will vielmehr ein breit gefächertes, vielstimmiges Gespräch begleiten, ordnen, analysieren – und diesem eine weitere Stimme hinzufügen. Diese weitere Stimme ist aus einem Oszillieren zwischen philosophischen Erwägungen und rechtlicher Einordnung hervorgegangen, das viele unserer Diskussionen um Konzepte und Formulierungen rund um eine Ethik der Reproduktion, zu den Versprechen und Gefahren der Optionen der Fortpflanzungsmedizin und Humangenetik und zu den dem Kinderwollen »einverleibten« Werten prägte. Wir haben nicht nur versucht, die Korsette und Gepflogenheiten unserer jeweiligen Disziplin zu verlassen, sondern vor allem auch eine Sprache für das gemeinsame Nachdenken und das gemeinsame Schreiben zu finden. Wir haben uns angesichts großer Komplexität um angemessene Worte bemüht und um Konsens gerungen. Das Ringen findet in diesem Buch freilich keinen Abschluss in endgültigen Antworten, sondern mündet in Auslegeordnungen und vorläufigen Interventionen, die einem Prozess des ständig erneuten Abwägens unterworfen bleiben – und in einem Aufruf zur Fortführung des Gesprächs.

Solche Erfahrungen verschafft mir auch die Arbeit in der Nationalen Ethikkommission im Bereich der Humanmedizin der Schweiz. Seit 2016 habe ich die Freude, diese zu leiten. Die Nationale Ethikkommission ist eine interdisziplinär zusammengesetzte, unabhängige außerparlamentarische Kommission, die mit dem Erlass des schweizerischen Fortpflanzungsmedizingesetzes im Jahr 2001 ins Leben gerufen wurde und die viele Aspekte des Kinderwollens debattiert – ähnliche Beratungsgremien gibt es in den meisten Demokratien der Gegenwart. Die Nationale Ethikkommission äußert sich regelmäßig zu ethischen Aspekten der Fortpflanzungsmedizin und der Humangenetik in Form von Stellungnahmen. Werden in diesem Buch Meinungen zum Ausdruck gebracht, so sind dies aber einzig die meinen respektive die unseren – die freilich von den vielen bereichernden Diskussionen mit meinen Kolleginnen und Kollegen der Nationalen Ethikkommission profitiert haben.

Barbara Bleisch

Viele in meinem Bekanntenkreis sind in den letzten Jahren Eltern geworden. Einige haben sich sehnlichst Kinder gewünscht und gehen in ihrer Elternschaft auf, andere hadern mit der großen Verantwortung, die sie für ihre Kinder tragen. Ich habe aber auch Freundinnen und Freunde, die nie Kinder wollten oder bei denen sich die Gründung einer eigenen Familie einfach nicht ergeben hat. Andere hätten gern Kinder gewollt, haben aber keine bekommen. Ein befreundetes Paar hat sich getrennt, weil es sich über die Kinderfrage nicht einig war. Ich bin mit einem Frauenpaar befreundet, das sich die Verantwortung für die Kinder mit einem Männerpaar teilt. Zuweilen beneide ich die vier darum, dass sie acht Großeltern haben, die die Enkel umsorgen wollen. In den letzten Jahren stand ich Freundinnen bei, die sich auf ein Kind freuten und es verloren haben.

Ich erlebte das Ringen von Bekannten mit, die erfahren mussten, dass ihr Kind schwerkrank sein würde. Bevor sie sich für oder gegen einen Abbruch entschieden hatten, starb das Kind. In derselben Zeit wurde ich selbst Mutter und sah mich gemeinsam mit meinem Partner mit Fragen konfrontiert, über die ich nie zuvor nachgedacht hatte. In jener Zeit erwachte auch mein Interesse an den philosophischen Fragen, die sich im Zusammenhang mit eigenen Kindern und der Familie generell auftun: Warum wollen viele Eltern werden, warum wünschen sie sich eigene Kinder? Was ist eigentlich eine Familie angesichts der Möglichkeiten der modernen Reproduktionsmedizin? Wozu sind Eltern verpflichtet, wozu Kinder, und welche Aufgaben haben wir als Gesellschaft den jüngeren Generationen gegenüber?

Die Frage, ob wir Kinder haben wollen, betrifft unser Leben zweifelsohne grundlegend. Wer Kinder bekommt, wird verantwortlich für einen Menschen, der für lange Zeit und in manchen Fällen sogar für immer auf seine oder ihre Fürsorge angewiesen ist. Eltern eröffnen sich aber auch Erfahrungshorizonte, die ihnen vorbehalten sind. Wer keine Kinder bekommt, kann sich dagegen Freiräume bewahren, die sich für Mütter und Väter verengen. Nicht immer fügen sich die Dinge jedoch so, wie wir sie uns zurechtgelegt haben: Ein Kinderwunsch kann unerfüllt bleiben; ein Kind sich ungeplant ankündigen; eine Diagnose während der Schwangerschaft zu ungeahnten Konflikten führen. Doch selbst wenn sich das Schicksal machtvoll in unsere Pläne drängt, lassen sich heute Mittel ergreifen, es zumindest teilweise in seine Schranken zu weisen. Verfahren wie die Befruchtung im Labor, die Selektion von Embryonen oder die Eizellspende sind allerdings heftig umstritten. Bei den Fragen, um die es in diesem Streit geht, handelt es sich teilweise um rechtliche Fragen, etwa, ob wir dürfen, was wir technologisch vermögen. Rechtliche Normen werden durch demokratische Prozeduren festgelegt und schaffen einen allgemeinverbindlichen Rahmen, in dem die Einzelnen ihr Leben selbstbestimmt gestalten können. Die Regeln des Rechts sind dabei offen für Veränderung: Regelmäßig engagieren sich Menschen für eine Änderung der Gesetze in Sachen Reproduktionsmedizin. Sie fordern mehr Freiheit oder mehr Verbote, und nicht alle Regionen der Welt regeln die entsprechenden Fragen gleich.

An dieser Stelle kommen philosophische Fragen ins Spiel, die zum Gegenstand haben, wie die entsprechenden Regelungen ausgestaltet sein sollen und welche Fragen überhaupt einer Regelung bedürfen. In den entsprechenden Diskussionen wird oft Bezug genommen auf Konzepte wie Verantwortung und Autonomie, Diskriminierung und Menschenwürde, Kindeswohl und Ausbeutung. Doch was genau meint der Begriff der Menschenwürde? Wann liegt eine Diskriminierung vor? Welches Verständnis von Kindeswohl sollte dem rechtlichen Schutz von Kindern zugrunde gelegt sein? Um Fragen wie diese beantworten zu können, ist es hilfreich, rechtliche und philosophische Betrachtungsweisen zu verbinden – und genau dieses Anliegen verfolgen wir mit diesem Buch. Eine besondere Herausforderung besteht dabei in der Gefahr des Rechtsmoralismus: Das Recht darf nicht einfach eine bestimmte moralische Auffassung in Gesetze gießen, sondern muss – in liberalen Gesellschaften – unterschiedlichen Moralvorstellungen gegenüber neutral bleiben. Die moralphilosophische Argumentation muss daher alle Argumente bedenken und sorgfältig prüfen, um sich nicht dem Verdacht auszusetzen, voreingenommen und bevormundend zu sein.

Die philosophische Betrachtung muss sich dabei auch daran messen lassen, wie gut es ihr gelingt, die grundlegenden normativen und begrifflichen Fragen praxisnah zu diskutieren und ihren handlungsorientierenden Anspruch einzulösen. Oft genug wird der Philosophie unterstellt, dass sie im Elfenbeinturm verbleibe und dass ihre Überlegungen in der Theorie überzeugend, doch für die Praxis zu abstrakt und letztlich nicht brauchbar seien. Die interdisziplinäre Betrachtung, also die Verbindung juristischer und philosophischer Diskurse, vermag diesen Verdacht zu entschärfen: Sie verortet die philosophischen Überlegungen in der gesellschaftlichen Praxis und ermöglicht die Rückbindung des Rechts an seine normativen Grundlagen.

Die philosophische Betrachtung so grundlegender Fragen wie der nach dem Kinderwunsch dient aber auch einem zweiten Zweck. Sie problematisiert den Freiheitsraum, den das Recht dem Individuum zugesteht. Denn auch wenn alle rechtlichen Unklarheiten (vorläufig) beseitigt und die Freiheitsräume der Bürgerinnen und Bürger abgesteckt sind, stellt sich den Individuen nach wie vor die Frage, wie sie diese Freiheit in Verantwortung nutzen können. Was heißt es zum Beispiel, als Paar verantwortungsvoll mit einem Kinderwunsch umzugehen, wenn die Beteiligten fortgeschrittenen Alters sind oder die Umsetzung des Wunsches besondere Risiken birgt? Was bedeutet es, die Entscheidung für einen Abbruch einer Schwangerschaft verantwortlich zu fällen? Die Entscheidungen sind gerade in diesem Feld typischerweise konfliktreich und berühren tief sitzende Wertvorstellungen, zwischen denen wir uns hin- und hergerissen fühlen. Vielleicht wissen Menschen, ob sie Kinder wollen – aber oft wissen sie nicht, ob sie wollen dürfen, was dazu erforderlich sein kann.

Die Aufgabe der Philosophie ist es nicht, anderen Menschen zu sagen, was sie tun sollen. Philosophie predigt nicht, Philosophie regt zum Selberdenken an. Sie kann aber ausloten, wie wir in systematischer Weise und hinreichend tiefgründig über fundamentale Fragen des Lebens nachdenken können. Philosophie kann uns dabei helfen, die richtigen Fragen zu stellen – und sie genau zu stellen. Dazu ist es notwendig, wie Jay F. Rosenberg schreibt, die Fragen, die uns bewegen, »in die Reichweite der Tätigkeit der Vernunft zu bringen, sie vom Herzen in den Verstand zu verlagern«.[4] Die Fragen vom Herzen in den Verstand zu verlagern heißt, dem Bestreben nach Klarheit Genüge zu tun. Gerade weil es sich bei der Frage nach eigenen Kindern um Herzensanliegen handelt, brauchen wir die Hilfe des Verstandes, um konstruktiv mit ihnen umgehen zu können. Denn selten spricht das Herz mit einer Stimme; öfters sind wir innerlich zerrissen. Philosophie kann diese Zerrissenheit fassbar machen, indem sie uns dabei hilft, unsere widerstreitenden Intuitionen freizulegen und ihre Berechtigung und Tragweite nüchtern zu prüfen. Das ist ein fortwährender Prozess, der keinen Abschluss kennt und immer wieder die Bereitschaft voraussetzt, die eigene Ambivalenz zuzulassen und sich selbst zu hinterfragen. Eine so verstandene Philosophie berücksichtigt, was der Schriftsteller Markus Werner meinte, als er schrieb: »Allein das Zögern ist human.«[5]

Dieses Zögern ist auch diesem Buch eigen: Wohl sind klare Positionsbezüge unabdingbar, wenn es um unverhandelbare Normen geht wie jene, dass Kinder nicht zur Ware degradiert oder Frauen nicht ausgebeutet werden dürfen. Viele Fragen lassen aber verschiedene Antworten zu, die gleichermaßen berechtigt sind. Im Feld der Ethik gibt es, mit einem Ausdruck des Philosophen John Rawls, durchaus »vernünftige Meinungsverschiedenheiten«, die sich nicht dadurch auflösen lassen, dass wir dem anderen einen Denkfehler nachweisen. Dann ist es angezeigt, zunächst nach den grundlegenden Konflikten und Problemstellungen zu suchen, damit wir über diese ins Gespräch kommen können.

1 KINDER WOLLEN

»Theoretisch wäre es einer der größten Triumphe der Menschheit […] wenn es gelänge, den verantwortlichen Akt der Kinderzeugung zu einer willkürlichen und beabsichtigten Handlung zu erheben.«
SIGMUND FREUD[1]

»Ein Bekenntnis zu Freiheit und moralischem Pluralismus gebietet, die reproduktive Autonomie einer Person nur dann einzuschränken, wenn das Risiko, dass jemand anderes zu Schaden käme, das zweifelsohne dringliche Interesse überwiegt, selbst entscheiden zu können, ob und wie man sich fortpflanzen will.«
EMILY JACKSON[2]

Als Sarah 25 Jahre alt ist, schreibt sie an ihrer Masterarbeit, hat viele Freundinnen und Freunde, eine glückliche Beziehung und den Kopf voller Pläne. Die Frage nach dem Kinderwunsch stellt sich ihr zu diesem Zeitpunkt nicht, sie sorgt einfach gewissenhaft dafür, dass sie nicht schwanger wird. Irgendwann später wird sie wohl schon noch Kinder wollen, wenn sie ihr Studium abgeschlossen, eine Stelle gefunden, eine gewisse finanzielle Sicherheit erreicht und noch etwas von der Welt gesehen hat. Einige Jahre später meldet sich der Kinderwunsch dann mit großer Wucht: intensiv, existenziell, unnachgiebig. Das Studium ist mittlerweile abgeschlossen, und Sarah hat eine Arbeitsstelle, die ihr gefällt. Mit einem Kind würde der berufliche Aufstieg vielleicht verlangsamt, aber Sarah ist zuversichtlich, Beruf und Familie vereinbaren zu können. Ihrem Partner Felix allerdings, mit dem sie seit zwei Jahren zusammenwohnt, gefällt es in der freien Zweisamkeit, und es steht außerdem die Möglichkeit eines berufsbedingten Auslandsaufenthalts im Raum. Erstmals in ihrem Leben spürt Sarah die Last der Entscheidung: Soll sie die Verwirklichung ihres Kinderwunsches aufschieben? Felix für ihr Vorhaben zu gewinnen versuchen, mit dem Risiko, die Verantwortung für das Kind dann doch mehr oder weniger allein tragen zu müssen? Sich von Felix trennen und hoffen, einen neuen Freund zu finden, der sich auch Kinder wünscht? Eizellen einfrieren lassen und so Zeit gewinnen? Neue Lebenspläne schmieden, in denen Kinder nicht zwingend vorkommen?

Nochmals ein paar Jahre später entscheiden Sarah und Felix gemeinsam, sich doch auf das Abenteuer Kind einzulassen. Inzwischen ist Sarah 37 Jahre alt, und das Ticken ihrer »biologischen Uhr« beunruhigt sie. Eigentlich würde sie gerne mindestens zwei Kinder haben. Eine Schwangerschaft stellt sich aber von alleine nicht ein. Der Arzt, den das Paar nach einiger Zeit aufsucht, diagnostiziert bei Sarah eine altersbedingt nur noch eingeschränkte Fruchtbarkeit. Von den ein bis zwei Millionen Eizellen, die eine Frau bei ihrer Geburt hat, ist in diesem Alter nur noch ein kleiner Bruchteil vorhanden, und die noch verbleibenden Eizellen sind oft nicht mehr von der besten Qualität. Außerdem werden bei Felix verlangsamte Spermien festgestellt. Die beiden geben sich ein weiteres Jahr Zeit: Auf den Zyklus von Sarah abgestimmter Sex, Verzicht auf Alkohol, verordnete Freiheit von Stress – es will trotzdem nicht klappen. Sarah und Felix beginnen einerseits, sich damit auseinanderzusetzen, was es für sie bedeuten würde, kinderlos zu bleiben. Andererseits befassen sie sich mit den Möglichkeiten, die die moderne Medizin bietet. Im Gespräch mit einer Reproduktionsmedizinerin erfahren sie, was in ihrem Land möglich und erlaubt ist. Auf anderen Wegen hören Sarah und Felix, was darüber hinaus in anderen Ländern angeboten wird. Ihre Geschichte lässt sich in verschiedene Richtungen weiterdenken: Sie kann mit einer Schwangerschaft und einer problemlosen Geburt in eine neue Phase eintreten. Sie kann sich aber auch als lang, hürdenreich und schmerzhaft erweisen – und viele weitere Entscheidungen mit sich bringen.

Geschichten wie diese gibt es viele. Der Kinderwunsch ist nicht irgendein Wunsch, sondern er tangiert uns Menschen in existenzieller Weise. Ihn wieder aufzugeben, hat er sich erst einmal in unser Leben gedrängt, kann eine unerträgliche Vorstellung sein – genauso wie uns auf eine unerwünschte Elternschaft einzulassen. Zur Erfüllung oder Verhinderung eines Kinderwunsches ergreifen Frauen und Männer oft alle erdenklichen Mittel, von denen immer mehr zur Verfügung stehen. Die Entwicklungen in der Fortpflanzungsmedizin und der Gentechnologie haben uns nicht nur die Möglichkeit eröffnet, größtenteils eigenmächtig darüber zu entscheiden, ob, wann und wie wir Eltern werden, sondern darüber hinaus Spielräume geschaffen, um auf die Eigenschaften unseres Nachwuchses Einfluss zu nehmen. Wo bis vor wenigen Jahrzehnten vornehmlich die Natur oder das Schicksal über die Erfüllung unserer Kinderwünsche entschieden oder diesen Wünschen unüberwindbare Grenzen gesetzt haben, lässt sich heute nicht nur planend, sondern auch korrigierend und gestaltend eingreifen.

Mit dieser neu gewonnenen Freiheit stehen wir stärker und in neuer Weise in der Verantwortung. Vor mehr als hundert Jahren prognostizierte Sigmund Freud, dass der Gipfel des Triumphs der Menschheit erreicht sein würde, wenn es uns gelänge, den »Akt der Kinderzeugung« zu einer »willkürlichen und beabsichtigten Handlung« zu machen.[3] So verstanden, triumphiert die Menschheit derzeit tatsächlich. Doch *erstens* bleibt ihre »beabsichtigte Handlung« manchmal ohne Erfolg. *Zweitens* sind am Akt immer häufiger nicht nur das Paar, sondern weitere Personen – etwa die Reproduktionsmedizinerin, der Samenspender – beteiligt, die ihr Handeln genauso wie die Frau oder das Paar moralisch verantworten müssen. *Drittens* sind mit dem *Kinder machen*[4], als das der Soziologe Andreas Bernard die moderne Reproduktion bezeichnet, eine Vielzahl von Entscheidungen verbunden, die die Betroffenen nicht selten in große Entscheidungsnöte bringen. Vor diesem Hintergrund müssen wir uns die Frage stellen, ob die Menschheit angesichts der genannten Fortschritte tatsächlich triumphieren darf – oder ob die neu gewonnene Freiheit auch kritisch gesehen werden muss.

Dass wir überhaupt erwägen und entscheiden können, ob wir Kinder haben wollen oder lieber kinderlos bleiben, scheint uns in unseren Lebenszusammenhängen mittlerweile selbstverständlich. Dabei wird zusehends der hinter uns liegende lange Weg vergessen, der von grundlegenden technologischen und sozialpolitischen Zäsuren geprägt war, die die Art und Weise, wie wir Kinder bekommen, radikal verändert haben. Diese Zäsuren vollzogen sich nicht geräuschlos – ganz im Gegenteil: Sie waren und sind auch heute noch begleitet von rechtlichen und ethischen Positionsbezügen, die die Chancen und Risiken der neuen Technologien ganz unterschiedlich bewerten und einordnen.

Als eine *erste solche Zäsur* ist die Einführung der Pille zu nennen. Sie machte die Entscheidung für oder gegen Kinder überhaupt erst möglich. Zwar hat die Geburtenkontrolle eine weitaus längere Geschichte, die bis in die Antike zurückreicht. Doch der Zugang zu mehr oder minder verlässlichen Verhütungsmethoden ist erst seit rund 50 Jahren gewährleistet – und das auch nur in bestimmten Ländern und Schichten. Mit der Möglichkeit, die eigene Fruchtbarkeit zu kontrollieren, hat sich auch der Blick auf Kinder verändert: Ein Kind zu bekommen wird seitdem nicht mehr vorrangig als Schicksal empfunden, sondern Kinder werden »gewollt« oder eben »nicht gewollt«. Eine Schwangerschaft wird entsprechend aktiv verhindert – oder aber sorgfältig geplant und wohlüberlegt in die eigene Biographie eingepasst. Rechtliche Rahmenbedingungen und gesellschaftliche Normen beeinflussen zwar weiterhin, ob, wann und unter welchen Umständen Frauen Mütter und Männer Väter werden – oder auch Frauen Väter und Männer Mütter[5]. Mit der Emanzipation der Frau und der gesellschaftlichen Liberalisierung wurden diese Normen immerhin aufgeweicht und machten einer Vielfalt an Lebensentwürfen Platz.

Die *zweite Zäsur* erfolgte mit der Einführung der In-vitro-Fertilisation, also der Zeugung im Labor: Sie machte es möglich, eine Schwangerschaft auch dann herbeizuführen, wenn sie sich spontan nicht einstellt. Das erste aus einer Befruchtung außerhalb des Körpers einer Frau hervorgegangene Kind kam 1978 in Großbritannien zur Welt. Die Geburt von Louise Brown wurde als Wunder und Meilenstein der Medizin gefeiert – jedoch auch heftig kritisiert. Die Reaktionen auf die Geburt dieses ersten »Retortenbabys«, wie es genannt wurde, fielen zunächst nämlich auch feindselig und harsch aus. Die britischen Wissenschaftler Patrick Steptoe und Robert Edwards, die dem Kind zum Leben verholfen hatten, mussten ihre Tat öffentlich rechtfertigen und verwiesen dabei stets von Neuem auf ihre ärztliche Pflicht, Hilfe zu leisten, wo sie gebraucht werde. Zeitungskommentare aus jenen Tagen zeugen von tiefgreifender Verunsicherung: Das Spiel mit der Natur sei gefährlich, seine Folgen nicht abschätzbar. In der *Neuen Zürcher Zeitung* vom 28. Juli 1978 hieß es: »Die aufgeworfenen ethischen und legalen Fragen lassen sich […] nicht eilig erörtern. Sie sind viel zu komplex. Sie kamen *grundsätzlich* schon durch die *künstliche Befruchtung* zur Debatte. Sie werden jetzt durch die Zeugung außerhalb des Mutterleibes erweitert und komplizierter: die Zeugung wird noch mehr *entmenschlicht*; die Möglichkeit der *genetischen Manipulation* wird größer; man wird wohl auch imstande sein, ein befruchtetes Ei nicht der Donatorin, sondern einer anderen Frau einzupflanzen.«[6] Die Wochenzeitung *Die Zeit* schrieb wenige Tage später von einem wissenschaftlichen Sturm, »dessen ethische Ausläufer an den Grundfesten unserer Kultur rütteln«.[7] Der Journalist Günter Haaf bezeichnete im besagten Artikel die wissenschaftliche Leistung der beiden Forscher zwar als unbestreitbar, sie könne aber auch auf eine »abschüssige Bahn führen«. Als Beispiele nannte er »die Einführung von Eierspendern und Eierbänken«, die Vorstellung, »Retortenkinder von Mietmüttern austragen zu lassen, einer Kaste von Gebärmaschinen«, »die Möglichkeit, Embryos künstlich zu zeugen, einzufrieren und beliebig lange zu lagern«, »die Versuchung, genetische Fixierungen zu treffen – das Geschlecht der Kinder zu bestimmen oder ihnen Eigenschaften wie Intelligenz, Augenfarbe, Gesichtszüge nach Wunsch zu verpassen«. Der Journalist forderte angesichts all dieser Ungeheuerlichkeiten, die er am Horizont aufziehen sah, den Entwurf einer neuen Ethik, begleitet von einer »breiteren, tieferen Diskussion, an der sich alle beteiligen«.

Mit Bezug auf die Zeugung im Labor als einer Technik, die Paaren zum ersehnten Kind verhilft, die auf natürlichem Weg kein Kind bekommen können, sind solch kritische Stimmen heute weitgehend verstummt. Die In-vitro-Fertilisation ist mittlerweile ein etabliertes Verfahren und eine häufig praktizierte Variante der Zeugung – was allerdings nicht darüber hinwegtäuschen darf, dass sie für die Frau belastend und mit Risiken verbunden ist: Sie erfordert zur Stimulierung der Eierstöcke die Einnahme von hochdosierten Hormonpräparaten über längere Zeit hinweg, die Eizellentnahme unter Narkose und die Einsetzung einer Eizelle nach der Befruchtung. Das Verfahren wurde Anfang der 1990er Jahre mit der sogenannten »intra-cytoplasmatischen Spermieninjektion« (ICSI) noch einmal maßgeblich weiterentwickelt und sein Anwendungsbereich ausgedehnt. Diese Methode verhilft auch nahezu unfruchtbaren Männern zur Vaterschaft, weil ein einziges Spermium, das direkt in die Eizelle gespritzt wird, zur Befruchtung ausreicht.

Der Befruchtung im Labor verdanken viele Menschen ihr Leben und viele Eltern ihre Kinder. Weltweit ist jährlich von 2,4 Millionen entsprechender Behandlungszyklen auszugehen, die zu 500 000 Geburten führen. Europa ist an gut der Hälfte dieser Behandlungen beteiligt. In Ländern wie Belgien, Tschechien, Dänemark, Estland oder Slowenien kommt bereits eines von 25 Kindern mittels einer In-vitro-Fertilisation oder anderer Fruchtbarkeitsbehandlungen zur Welt, derweil deren Anteil in den USA rund 1 Prozent ausmacht.[8] Die so gezeugten Kinder unterscheiden sich nach allem, was wir wissen, nicht von anderen Kindern, und wir scheinen zu einem verantwortungsvollen Umgang mit der neuen Technologie gefunden zu haben. Dabei sind viele der damals von Günter Haaf befürchteten Entwicklungen eingetreten: Die Eizellspende, die Leihmutterschaft und die Konservierung von Embryonen etwa sind heute an vielen Orten ohne weiteres möglich, werden aber weiterhin kritisch diskutiert, genauso wie der Einbezug der genetischen Diagnostik in die Reproduktionsmedizin. Die In-vitro-Fertilisation hat zu all diesen Verfahren den Grundstein gelegt: Sie hat den Zugriff auf Eizellen und Embryonen überhaupt erst ermöglicht, und damit auch deren Untersuchung und eine etwaige Selektion. Die Kritik an der Befruchtung im Labor richtet sich denn auch, wenn sie noch geäußert wird, meist nicht gegen diese Technik an sich, sondern gegen die weiteren Möglichkeiten, die sie eröffnet hat.

Dass der Kinderwunsch auch unerfüllt bleiben kann, wird angesichts der vielen neuen Möglichkeiten oft gar nicht bedacht. Tatsächlich ist heute weltweit schätzungsweise jedes sechste Paar von ungewollter Kinderlosigkeit betroffen; manche von ihnen erwägen, Hilfe in Anspruch zu nehmen. Die Infertilität liegt dabei grob gesagt zu je einem Drittel der Fälle an der Frau, am Mann oder an beiden, wobei in zehn Prozent der Fälle keine Ursache gefunden werden kann.[9] Das größte Fruchtbarkeitsrisiko für Frauen ist heute der Trend zur späten Mutterschaft. Ungewollte Kinderlosigkeit ist laut Weltgesundheitsorganisation eine Krankheit, vor allem aber bedeutet sie für viele Paare zunächst Verunsicherung, Schmerz und Trauer. Betroffenen

Personen steht eine ständig wachsende Palette an medizinischen, technologischen und naturheilkundlichen Hilfsmitteln zur Überwindung ihrer Unfruchtbarkeit zur Verfügung. Deren Wirksamkeit drücken Reproduktionskliniken teilweise in einer »Baby-Take-Home-Rate« aus – in der Wahrscheinlichkeit also, nach der Anwendung einer bestimmten Methode auch tatsächlich ein Kind zu bekommen. Wenn ein Paar sich Kinder wünscht, heißt das also noch lange nicht, dass es auch Kinder haben wird. Angesichts des Umstands, dass die Reproduktionsmedizin weltweit je nach Schätzung jährlich zwischen 12 und 25 Milliarden US-Dollar umsetzen soll[10], scheint es nicht übertrieben, heute von einer Reproduktionsindustrie zu sprechen.

Natürlichkeit – ein Ideal?

Dass manche in Anbetracht solcher Zahlen Unbehagen befällt, ist nachvollziehbar. Doch worin genau ist dieses begründet, und worauf bezieht es sich? Als die deutsche Schriftstellerin Sibylle Lewitscharoff im März 2014 in einer Rede im Dresdner Staatsschauspiel sagte, In-vitro-Fertilisationen, Samenspenden oder sogenannte Regenbogenfamilien mit gleichgeschlechtlichen Elternpaaren erfüllten sie mit »Horror« und »Abscheu«, sah sie durch diese »widerwärtigen« Verfahren insbesondere die Natur des Menschen und die Familie bedroht. Ihre Abscheu reichte so weit, dass sie sich zu der Aussage hinreißen ließ, »Kinder, die auf solch abartigen Wegen entstanden sind«, seien »als Halbwesen anzusehen«.[11] Wie immer man zu reproduktionstechnologischen Verfahren stehen mag – sicherlich ist es unzulässig, die auf solchen Wegen entstandenen Kinder zu verunglimpfen. Lewitscharoffs Wortwahl wurde dafür auch kritisiert[12], ihre Anklage der modernen Reproduktionsmedizin erfuhr aber ebenso Zuspruch. Die an die Rede anschließende öffentliche Diskussion legte *vier grundsätzliche Sorgen* offen, die in stets neuen Spielarten die Debatten um die Reproduktionstechnologie bis heute begleiten.

Die *erste Sorge* betrifft die Institution der Familie, die durch die neuen Verfahren ausgehöhlt werde, was auch das Wohl der so entstandenen Kinder gefährde. An dieser Überlegung wird deutlich, dass reproduktive Fragen immer auch eine familienpolitische Dimension aufweisen. Die stets weiter zunehmenden Möglichkeiten, durch künstliche Befruchtung oder durch die Hinzunahme fremder Samen- und Eizellen Kinder zu zeugen, bedrohen aber sicherlich nicht die Institution der Familie an sich – sie eröffnen im Gegenteil auch gleichgeschlechtlichen Paaren die Möglichkeit der Familiengründung und verhelfen Personen, die als unfruchtbar gelten, zum ersehnten Nachwuchs. Wer reproduktionsmedizinische Maßnahmen aus familienpolitischen Gründen ablehnt, bezieht sich vielmehr auf eine normative Idee von Familie, die eine Überlegenheit gegenüber alternativen Formen behauptet, die erst nachgewiesen werden müsste.

Die *zweite Sorge* betrifft die mangelnde »Natürlichkeit« reproduktionsmedizinischer Verfahren. Dabei bleibt allerdings notorisch unklar, was der Rückgriff auf Konzepte wie »Natur« oder »Natürlichkeit« eigentlich leisten kann und soll. Häufig werden die Begriffe rein suggestiv verwendet oder weltanschaulich vereinnahmt, was sie zwar nicht überflüssig macht, aber nach ihrer weiteren Klärung verlangt. Wogegen soll der Begriff der »Natürlichkeit« etwa kontrastiert werden: gegen das Kulturelle, das das »Natürliche« in gesellschaftlichen Kontexten stets neu formt? Gegen das technisch Gemachte und somit Artifizielle? Gegen den Wandel, der das Ursprüngliche verändert? Gemeinsam ist allen Varianten von »Natürlichkeits-Einwänden«, dass dem von Natur aus Seienden gegenüber dem von Menschen Hervorgebrachten ein systematischer

Vorrang eingeräumt wird. Dieser »Natürlichkeitsbonus«[13], wie der Philosoph Dieter Birnbacher es nennt, geht mit verschiedenen weiteren Annahmen einher. Zum einen werden natürliche Gefahren beispielsweise unreflektiert als geringer eingestuft als solche, die von technologischen Interventionen ausgehen. So schätzen etwa Impfgegner das Risiko, dass ihr Kind an den Nebenwirkungen einer Impfung Schaden nehmen könnte, höher ein als die Gefahr, dass es später unter der Krankheit leiden könnte, gegen die es hätte geimpft werden können – selbst wenn Studien in eine andere Richtung weisen. Zum anderen sind wir eher bereit, eine Naturkatastrophe hinzunehmen, als negative Auswirkungen einer technologischen Intervention. Hinter dieser Voreingenommenheit stecken Befürchtungen, die im Zusammenhang mit mangelnder Natürlichkeit häufig geäußert werden: etwa die Sorge, dass die Folgen einer neuen Technologie nicht hinreichend gewissenhaft abgewogen werden, oder auch das Bedenken, dass künstliche Interventionen ungeachtet ihrer Risiken erfolgen, solange sie den Interessen Dritter dienen. Die Natur ist im Vergleich zur Technik zwar vielleicht nicht sicherer, aber sie ist mit Gewissheit nicht manipulativ. Wie in anderen Lebensbereichen auch, die vom technologischen Wandel erfasst sind, ist die Frage des Vertrauens entscheidend: Darf davon ausgegangen werden, dass jene, die die entsprechenden Technologien anwenden, ihre Verantwortung hinreichend ernst nehmen? Diese Frage stellt sich mit Blick auf unsere Kinder insofern verschärft, als sie für viele zum Kostbarsten in ihrem Leben überhaupt zählen. Dabei wird das »Natürliche« oft in hohem Maße idealisiert. Die Geschichte jeder Kultur erzählt über weite Strecken die Bändigung der Natur, deren negative und oft grausame Auswirkungen wir in den Griff zu bekommen versucht haben. Unfruchtbarkeit als »natürliche« Variante der menschlichen Fortpflanzungsfähigkeit wurde beispielsweise immer schon zu überwinden angestrebt.

Der Kaiserschnitt als artifizieller Geburtsvorgang mag nicht von allen gutgeheißen werden, wenn er allein aus Gründen der Planbarkeit erfolgt; in vielen Fällen ist er aber schlicht lebensrettend für Frau oder Kind. Ebenso mag die Ultraschalldiagnostik für einige zu weit gehen, wenn sie dazu dient, den Fötus vorgeburtlich zu vermessen und auf Unregelmäßigkeiten hin abzusuchen; sie dient jedoch auch dazu, mögliche Komplikationen frühzeitig zu erkennen und abzuwenden.

Bedenken der »Unnatürlichkeit« werden denn auch oft gar nicht als eigentliche Argumente vorgebracht. Vielmehr kommt in ihnen ein eher diffuses Unbehagen zum Ausdruck, das sich angesichts einer zu weit gehenden Technisierung des Kinderbekommens einstellt. So wird etwa befürchtet, seine Eigengesetzlichkeit werde unterlaufen, die Demut vor dem Wunder der Natur gehe verloren oder der Mensch mache sich einer Hybris schuldig, wenn er sich »Züchtungsphantasien« hingebe, die ihm nicht zustünden. Das Nachdenken darüber, wie wir in Zukunft Kinder bekommen dürfen und sollen, muss sich deshalb auch mit allgemeinen Befürchtungen angesichts der technischen Umwälzungen auseinandersetzen, die an das grundsätzliche menschliche Selbst- und Naturverständnis rühren. Oder wie es der Bioethiker Johann S. Ach auf den Punkt bringt: »Man versteht die – zum Teil sehr heftig ausgetragenen – bioethischen Kontroversen über Reproduktionsmedizin, Gentechnologie, Klonen und Embryonenforschung vermutlich erst dann richtig, wenn man erkennt, dass sie zugleich immer auch Kontroversen um Gesellschaftsentwürfe und Menschenbilder sind und letztlich um die zentrale Frage kreisen, welche Aspekte des Menschseins uns wirklich wichtig sind.«[14] Es ist genau diese Sorge um zentrale Aspekte des Menschseins, die auch den Soziologen Hartmut Rosa in seinem Buch *Unverfügbarkeit* umtreibt, wenn er fragt: »Wenn es aber in meiner und der Ärzte Gewalt liegt, ob und welche Kinder ich bekomme – ändert sich dann nicht meine Beziehung zum Leben überhaupt?«[15] Letztlich reden wir also, wenn wir über das Kinderwollen und über die Grenzen unserer Kinderwünsche sprechen, über uns und unser Welt- und Selbstverhältnis. So konstatiert auch der Journalist Bertram Eisenhauer im Eingangszitat in dieses Buch: »Aber wenn die Leute über Kinder reden, reden sie oft gar nicht wirklich über die Kinder, sondern sie reden über sich selbst.«[16] Es ist nicht zuletzt der sehr persönliche Zugang zur Thematik, der die Diskussion über das Kinderwollen zuweilen so schwierig macht.

Mit dem Einwand der »Unnatürlichkeit« wird manchmal auch auf eine *dritte Sorge* Bezug genommen, die dem Wohl möglicher Kinder gilt, die mithilfe reproduktionsmedizinischer Maßnahmen gezeugt werden. So wird zum einen befürchtet, dass sich eine künstliche Befruchtung nachteilig auf die Gesundheit des Kindes, seine Interessen und die Beziehung zu seinen Eltern auswirke. Bis heute wurden allerdings weltweit schätzungsweise über acht Millionen Kinder nach In-vitro-Fertilisationen geboren – die meisten von ihnen gesund und mit nicht weniger intakten Beziehungen zu ihren Eltern als andere Kinder auch. Verschiedene Studien deuten zwar auf eine leicht erhöhte Gefahr für diese Kinder hin, zu früh geboren zu werden oder gewisse epigenetische Veränderungen aufzuweisen, die mit einem vermehrten Auftreten von Herzkreislauferkrankungen, Übergewicht und Autismus einhergehen sollen. Über die Interpretation dieser Studien ist man sich aber weitgehend uneinig. Zum anderen wird diskutiert, ob nicht das Kinder*wollen* an sich nachteilig für mögliche Kinder sei. Der Kinder*wunsch* sei einer Idee der totalen Machbarkeit und Kontrolle gewichen, das bescheidenere »Wünschen« habe dem skrupellosen »Wollen« Platz gemacht. Doch wenn wir Kinder heute nicht mehr einfach bekommen, sondern immer öfter auch planen, vermessen oder im Labor »machen«, werden sie dadurch nicht zunehmend zum »Lifestyle-Projekt« für ambitionierte Eltern oder gar zum Kunstwerk noch ambitionierterer Fertilitätsmediziner? Eltern, die ihre Kinder mit großem emotionalem und finanziellem Aufwand in die Welt bringen, könnten die Erwartung an sie haben, dass sie auch entsprechend perfekt ausfallen. Eltern, die ihre Kinder mit hohen Forderungen konfrontieren, gab es freilich immer schon. Und insofern, als die meisten heute eine Familie »planen«, sind auch die meisten Kinder »Wunschkinder«, ganz unabhängig davon, wie sie gezeugt worden sind.

Viertens wird kritisch darauf hingewiesen, dass die Dringlichkeit des Kinderwunsches gepaart mit den wachsenden Möglichkeiten, diesen mit technischen Interventionen zu erfüllen, eine Industrie befeuert habe, die Frauen zum begehrten Investitions- und Forschungsobjekt werden lasse. Gerade weil der Kinderwunsch nicht irgendein Wunsch ist, sondern auf den Wunsch nach einer bestimmten Lebensform und einem bestimmten Lebensinhalt zuläuft, ist die Nachfrage nach medizinischer Unterstützung groß, wenn spontan keine Schwangerschaft eintritt.[17] Die Technik hat mittlerweile nicht nur die Zeugung, sondern auch Schwangerschaft und Geburt umfassend erobert. In früheren Zeiten mussten sich Ärzte und Hebammen nahezu gänzlich auf die Schilderungen und die körperlichen Symptome schwangerer Frauen verlassen. Mit Stethoskop und Horchrohr ausgestattet, blieb das ärztliche Personal buchstäblich außen vor, und das neue Leben wuchs im verborgenen Dunkel des weiblichen Körpers heran. Mittlerweile wird der Embryo bereits frühzeitig aus der Dunkelheit der Gebärmutter ins Licht bildgebender Verfahren gezerrt. Der Ort der Menschwerdung hat sich zum durchleuchteten Raum gewandelt, der vermessen, fotografiert und gefilmt wird und in den mit immer ausgefeilteren Methoden eingedrungen werden kann. »Der Frauenleib« ist damit zum »öffentlichen Raum« geworden, schrieb die Historikerin Barbara Duden bereits 1991.[18] Viele schwangere Frauen erleben sich entsprechend wenig überraschend als überwachte und medikalisierte Personen, die ihrem eigenen Gefühl weitaus weniger trauen können als den Daten, die Blutentnahmen und diagnostische Apparaturen zutage fördern, die wiederum ausgebildetes Fachpersonal interpretiert und übersetzt. Für wenig Geld lassen sich mittlerweile sogar kleine Ultraschallgeräte für den Heimgebrauch mieten, die nicht nur die lückenlose Überwachung des heranwachsenden Kindes, sondern ein noch intensiveres Schwangerschaftserlebnis versprechen. Die Zeugung von Kindern wurde damit sozusagen vom Himmel auf die Erde geholt: Viele Frauen sind nicht länger einfach »guter Hoffnung«, sondern erleben Schwangerschaft und Geburt als geplantes, vielfach geprüftes und gesichertes Ereignis. Manche mögen das bedauern, denn die Technisierung der Reproduktion hat auch verschiedene Geister gerufen, die sie lieber wieder loswerden würden. Doch der Umstand, dass Kinder zu bekommen wenigstens in den industrialisierten Ländern dieser Welt nicht mehr ein möglicherweise sogar gefährliches Widerfahrnis ist, das Frauen mehr oder minder ungefragt hinzunehmen oder auch als unerfüllten Wunsch zu verschmerzen haben, ist eine gute Nachricht und darf als eine Geschichte des Fortschritts erzählt werden – gerade mit Blick auf die Gleichberechtigung der Frau und ihrer Selbstbestimmung.

Vorgeburtliche Tests dienen aber nicht nur der Beruhigung, Überwachung und Absicherung – sie können im Gegenteil auch Befunde zutage fördern, die auffällig sind, weitere Untersuchungen nach sich ziehen und möglicherweise in Entscheidungsnöte führen: Was, wenn etwas nicht stimmt? Wie ist mit der Besorgnis und in der Folge womöglich einem bestätigten auffälligen Befund umzugehen? Traut man sich zu, ein Kind zur Welt zu bringen, das höchstwahrscheinlich eine Behinderung hat und der besonderen Pflege vielleicht weit über seine Volljährigkeit hinaus bedarf? Darf man sich gegen ein solches Kind entscheiden? In all diesen Situationen stellt sich die schwierige Frage, was es heute eigentlich heißt, Kinder zu wollen und vor allem Eltern zu werden: Welche reproduktiven Wünsche und Ziele sind legitim – und auf welche Unterstützungsmaßnahmen dürfen wir zurückgreifen, um diese zu verwirklichen? Machbar ist zweifelsohne vieles und immer mehr. Was jedoch ist wirklich wünschbar – für die Personen mit Kinderwunsch, für ein mögliches Kind, aber auch für die gesamte Gesellschaft? Anders gefragt: Welche rechtlichen und moralischen Grenzen sind dem Kinderwollen gegebenenfalls zu setzen, und aus welchen Gründen?

Reproduktive Autonomie als Leitidee

Fragen wir danach, was wir mit Blick auf eigene Kinderwünsche wollen dürfen, fragen wir nach der *reproduktiven Autonomie* und deren Grenzen. Autonomie wird allgemein als Fähigkeit verstanden, über das eigene Leben bestimmen und Lebenspläne in Übereinstimmung mit den persönlichen Überzeugungen, Wünschen und Werten verfolgen zu können.[19] Reproduktive Autonomie meint entsprechend, dass es Personen vorbehalten sein soll, selbstbestimmt über die Verwirklichung ihrer Kinderwünsche zu entscheiden auf der Grundlage eigener Motive und Erwägungen. Ursprünglich wurde dieses Prinzip als *Recht auf Freiheit von Fremdbestimmung* verstanden: Menschen dürfen und sollen selbstbestimmt und entsprechend ihren eigenen Vorstellungen eines guten Lebens entscheiden können, ob, wann und mit wem sie Kinder bekommen und damit ihrem Leben eine spezifische Wendung geben. Zuweilen ist in diesem Zusammenhang auch von »negativer reproduktiver

Freiheit« die Rede: Der Staat soll sich in die ganz persönlichen Angelegenheiten der Fortpflanzung nicht einmischen.[20] Die kanadische Schriftstellerin Margaret Atwood führt in ihrem Roman *Der Report der Magd*[21] in dystopischer Weise vor Augen, von welch zentraler Bedeutung der Schutz der reproduktiven Autonomie von Frauen ist: Der Roman erzählt von einem fiktiven Land, in dem die Geburtenrate nach einer Umweltkatastrophe gegen null tendiert. Die wenigen Frauen, die noch Kinder bekommen können, werden gezwungen, den männlichen Machthabern Nachkommen zu gebären, von denen sie nach der Geburt sogleich getrennt werden. Die jungen Frauen dienen den Herrschern also als veritable »Gebärmaschinen«, und ihre reproduktive Autonomie wird in höchstem Grad missachtet.

Das Recht auf reproduktive Autonomie ist längst in verschiedenen Rechtstexten verbrieft und als Menschenrecht anerkannt. In der Abschlusserklärung der UN-Menschenrechtskonferenz in Teheran aus dem Jahr 1968 heißt es beispielsweise: »Paare haben ein grundlegendes Menschenrecht, über die Anzahl und den Altersabstand ihrer Kinder frei und verantwortungsbewusst zu entscheiden.«[22] Außerdem ist weithin anerkannt, dass die Selbstbestimmung in Fragen der Fortpflanzung ein verfassungsmäßig geschützter Aspekt der persönlichen Freiheit ist. Damit wird dem Umstand Rechnung getragen, dass die Frage, ob jemand Kinder haben will, ein wesentlicher Aspekt der eigenen Lebensgestaltung ist. In den Worten des Schweizerischen Bundesgerichts zum Beispiel stellt »der Wunsch nach Kindern eine elementare Erscheinung der Persönlichkeit« dar.[23]

Historisch geht die Forderung nach reproduktiver Autonomie zurück auf den Kampf um den Zugang zur Empfängnisverhütung und zu sicheren Methoden des Schwangerschaftsabbruchs, also auf den Wunsch, *kein* Kind zu bekommen.[24] Leicht wird vergessen, dass die Freiheiten von heute – der schiere Umstand, dass sich Frauen überhaupt für oder gegen Kinder entscheiden können – von der Frauenbewegung hart errungen werden mussten. Es ist beispielsweise erst knapp 50 Jahre her, dass Frauen in ganz Westeuropa mit der Parole »Mein Bauch gehört mir!« auf der Straße die Straffreiheit des Schwangerschaftsabbruchs einklagten. Heute ist ein Abbruch in den meisten westlichen Ländern vor Ablauf einer bestimmten Frist straffrei. In die reproduktive Freiheit wurde in der jüngeren Geschichte aber auch in gravierender Weise eingegriffen, wenn Personen an der Fortpflanzung gehindert wurden. Zwangssterilisationen, die in den USA insbesondere während der ersten Hälfte des 20. Jahrhunderts, in Deutschland vorwiegend während der NS-Zeit und in der Schweiz vereinzelt sogar bis in die 1980er Jahre hinein stattfanden, sind solche Eingriffe. Genannt werden auch die bevölkerungspolitisch motivierten Programme zur Geburtenkontrolle, so die inzwischen aufgegebene »Ein-Kind-Politik« in China oder die aggressiven Kampagnen zur subventionierten Massensterilisierung in den ärmeren Regionen Indiens.

Die Debatten um die reproduktive Autonomie berühren aber nicht nur die Frage, wie weit das *Recht auf Freiheit von Fremdbestimmung* reicht und unter welchen Umständen es allenfalls eingeschränkt werden darf oder muss. Weit kontroverser wird darüber diskutiert, ob reproduktive Autonomie auch einen Anspruch darauf begründen kann, bei der Verwirklichung eines Kinderwunsches Unterstützung zu erfahren oder zumindest nicht daran gehindert zu werden, Technologien nachzufragen, die Unterstützung versprechen. Zuweilen ist in diesem Zusammenhang die Rede von der »positiven reproduktiven Autonomie«. Die Diskussion um eine positive Spielart der reproduktiven Autonomie ist dabei insbesondere den anhaltenden Entwicklungen in der Fortpflanzungsmedizin und der Genetik geschuldet, die weit zahlreichere und vielfältigere reproduktive Interessen geschaffen hat als diejenigen, nicht zur Reproduktion gezwungen oder an ihr gehindert zu werden. So wird reproduktive Autonomie beispielsweise angeführt, um genetische Untersuchungen am Embryo oder die Auswahl seines Geschlechts zu rechtfertigen; es wird auf sie verwiesen, um das Einfrieren von Eizellen und das Vertagen der Mutterschaft auf später zu legitimieren; und sie wird als Argument vorgetragen, um die Leihmutterschaft für Männerpaare mit Kinderwunsch zu verteidigen. Alle diese Praktiken sind freilich umstritten. Im Zentrum der Auseinandersetzung steht dabei stets die Frage, wie weit die reproduktive Autonomie reicht respektive welche reproduktiven Interessen sie schützt. Mittlerweile ist weitgehend anerkannt, dass das Recht auf reproduktive Autonomie mehr umfassen muss als die bloße Freiheit von Fremdbestimmung. Wenn Personen zugestanden sein soll, über die Verwirklichung ihrer Kinderwünsche selbstbestimmt entscheiden zu können, kann sich dieses Recht nicht in der Abwesenheit von Fremdbestimmung erschöpfen. Darüber hinaus müssen Rahmenbedingungen gegeben sein, die die Betroffenen überhaupt erst befähigen und es ihnen ermöglichen, ihr Recht auch tatsächlich zu realisieren. Worin reproduktive Autonomie genau besteht, über ihren Gehalt und ihre Reichweite, herrscht allerdings nicht nur Unklarheit, sondern auch Uneinigkeit.

Die britische Rechtswissenschaftlerin Emily Jackson plädiert in ihrem Buch *Regulating Reproduction* für ein umfassendes Verständnis von reproduktiver Autonomie: Solche Entscheidungen seien intimer Natur und definierten mitunter, wer wir seien. »Ich würde behaupten, dass es für ein befriedigendes und eigenverantwortliches Leben von wesentlicher Bedeutung sein kann, in den eigenen reproduktiven Entscheidungen ernst genommen und respektiert zu werden«[25], schreibt sie. Als früher Vertreter eines umfassenden Verständnisses reproduktiver Freiheit gilt insbesondere auch der inzwischen verstorbene amerikanische Philosoph John Robertson. Reproduktive Freiheit muss ihm zufolge auch die Nutzung neuerer, einschließlich selektiver Reproduktionstechnologien umfassen. Robertson behauptete, es obliege jenen, die eine Technologie verbieten wollten, nachzuweisen, dass diese für Dritte schädlich sei – ansonsten lasse sich eine Einschränkung reproduktiver Freiheit nicht rechtfertigen.[26] Dabei hatte Robertson insbesondere die künstliche Befruchtung, die Eizell- und Samenspende und die Selektion genetisch belasteter Embryonen im Blick. In der angloamerikanischen Literatur finden sich inzwischen aber auch zahlreiche Stimmen, die das Recht auf reproduktive Autonomie selbst für Maßnahmen in Anschlag bringen, die zum Zweck der Optimierung eines potenziellen Kindes nachgesucht werden.[27]

Im kontinentaleuropäischen Raum ist der explizite Verweis auf die reproduktive Autonomie in ihrer positiven Spielart in der juristischen Diskussion noch eher selten. Häufiger werden für den Schutz entsprechender Anliegen etablierte Konzepte wie das Recht auf persönliche Freiheit, auf Schutz der Familie oder der Privatsphäre herangezogen. Der Europäische Gerichtshof für Menschenrechte hat beispielsweise in verschiedenen Entscheidungen festgehalten, dass der Zugang zu Methoden der assistierten Fortpflanzung grundsätzlich zum Schutzbereich des Menschenrechts auf Familien- und Privatleben zu zählen sei.[28] Das Schweizer Bundesgericht entschied schon sehr früh, dass die Verwirklichung des Kinderwunsches mithilfe der Reproduktionsmedizin einen Aspekt der verfassungsmäßigen persönlichen Freiheit darstelle.[29] Auch in Deutschland gehen neuere Stellungnahmen davon aus, dass die »Fortpflanzungsfreiheit« eine grundrechtlich geschützte Freiheit sei, die sich auch auf neuere Verfahren erstrecke.[30] Die deutsche Rechtswissenschaftlerin Friederike Wapler nimmt explizit Bezug auf die reproduktive Autonomie und versteht diese ebenfalls umfassend: Sie müsse zunächst jede Entscheidung, Kinder zu bekommen, einbeziehen, »ganz gleich auf welchem Wege«.[31] Der Schweizer Rechtswissenschaftler Bernhard Rütsche argumentiert darüber hinaus, dass reproduktive Autonomie auch das Recht auf Zugang zu Verfahren beinhalten müsse, die Paaren zu einem *gesunden* Kind verhelfen können.[32]

Um Missverständnissen vorzubeugen: Ein Anspruchsrecht auf ein Kind wird nirgendwo postuliert oder auch nur insinuiert. Ein Recht auf ein Kind kann es nicht geben (auf Personen kann nie Anspruch erhoben werden). Nach allgemeinem Verständnis muss der Staat selbst auch keine Angebote zur Verfügung stellen, damit Paare ihren Kinderwunsch realisieren können. Das Recht auf reproduktive Autonomie verlangt aber im Minimum, dass wir vom Staat nicht daran gehindert werden, Maßnahmen zu ergreifen, um diese zu verwirklichen. Ein Verständnis von reproduktiver Autonomie, das sich in diesem Minimum erschöpft, bleibt jedoch defizitär. Vielmehr müssen auch Informationen gegeben und Ressourcen vorhanden sein, um entsprechende Entscheidungen überhaupt selbstbestimmt treffen zu können, etwa wenn es um Verhütung, Schwangerschaftsabbruch oder pränatale Gesundheitsvorsorge geht. Reproduktive Autonomie ausüben zu können verlangt also, Umstände vorzufinden, unter denen diese auch wahrgenommen werden kann.[33] Die kanadische Rechtswissenschaftlerin Erin Nelson verdeutlicht dies an einem Beispiel: Es sei wenig hilfreich, einer Frau zwar das Recht einzuräumen, über einen Schwangerschaftsabbruch zu entscheiden, wenn sie für diesen eine weite Reise in Kauf nehmen müsste, die ihr aufgrund der hohen Fahrtkosten, ihrer Arbeit oder anderer Verpflichtungen gar nicht anzutreten möglich wäre.[34]

In diesem Zusammenhang wird zuweilen auch diskutiert, ob die finanziellen Aufwendungen für entsprechende Maßnahmen solidarisch zu tragen wären. Wenn reproduktive Autonomie tatsächlich als ein *Recht* und nicht bloß als ein *Privi-*

leg für einige Wohlhabende Bestand haben soll, stellt sich auch die Frage nach dem gerechten Zugang zu reproduktionsmedizinischen Leistungen. Die Kosten einer In-vitro-Fertilisation oder einer pränatalen genetischen Untersuchung werden beispielsweise je nach Land ganz, teilweise, unter bestimmten Voraussetzungen oder gar nicht von den Krankenkassen getragen. Derartige Kostenaspekte dürfen nicht vernachlässigt werden, will man die rechtsgleiche Ausübung der reproduktiven Autonomie gewährleisten. Ob Frauen oder Paare für eine Behandlung selbst aufzukommen haben, beeinflusst ihre Entscheidungen bezüglich Verhütung, Schwangerschaftsabbruch, Pränataldiagnostik oder Fortpflanzungsmedizin oft erheblich. Da die Gewährleistung der Gesundheit der Bevölkerung eine staatliche Aufgabe ist, stellt sich die Frage, unter welchen Umständen eine Behandlung als eine medizinische Maßnahme zur *Therapie einer Krankheit* anzusehen ist und wann es sich dabei um ein Angebot der sogenannten *wunscherfüllenden Medizin* handelt, für die Personen grundsätzlich selbst aufzukommen haben. Ein Anspruch gegenüber dem Staat, eine Behandlung auch vergütet zu bekommen, besteht dem gängigen Verständnis nach auch nur dann, wenn diese eine notwendige und medizinisch sinnvolle Leistung darstellt. Im Bereich der Fortpflanzungsmedizin sind die entsprechenden Grenzziehungen höchst umstritten und werden in diesem Buch nicht weiter vertieft.

Nicht alle stehen einer Ausweitung des Rechts auf reproduktive Autonomie über die Freiheit vor Fremdbestimmung hinaus offen gegenüber. Zuweilen wird sie in ihrer positiven Spielart auch gänzlich zurückgewiesen. Die Bezugnahme auf reproduktive Autonomie sei zwar hilfreich und zielführend, um darzulegen, warum niemand zum Kinderbekommen gezwungen oder daran gehindert werden dürfe. Sie tauge jedoch nicht zur Begründung, warum alle erdenklichen Mittel ergriffen werden dürften, um einen Kinderwunsch zu erfüllen, kritisiert beispielsweise die Philosophin Onora O'Neill. Reproduktion sei kein individuelles Projekt, bei dem es ausschließlich um die Interessen der Frau gehe. Vielmehr gehe aus einem solchen Wunsch im besten Fall ein Kind hervor – das überdies die Autonomie seiner Eltern nicht erweitere, sondern maßgeblich einschränke. Autonomie ist für O'Neill deshalb schlicht das falsche Prinzip, wenn es darum geht, Maßnahmen zu legitimieren, um ein Kind zu bekommen.[35] Die Politikwissenschaftlerin Katharina Beier weist zwar ein positives Recht auf reproduktive Autonomie nicht gänzlich zurück, betont aber ebenfalls, dass »die Praxis der Fortpflanzung niemals ein rein individuelles Unterfangen darstellt«. Reproduktive Angelegenheiten hätten grundsätzlich eine »überindividuelle Dimension«.[36] Zum einen entsteht möglicherweise neues Leben – wobei noch näher zu bestimmen sein wird, ab welchem Zeitpunkt auf dieses Bezug genommen werden kann und muss. Zum anderen involviert jede Zeugung mindestens zwei Personen.

Wer wollte bestreiten, dass das stimmt? Doch der Hinweis auf die Tatsache, dass Kinder zu wollen kein individuelles Projekt ist, entbindet uns nicht von der Aufgabe zu klären, wozu wir hinsichtlich der Erfüllung unserer Kinderwünsche berechtigt sind – und was wir unterlassen sollten oder einander gar verbieten dürfen. Die jeweilige Grenzziehung, was noch als Ausdruck des Rechts auf reproduktive Autonomie gelten kann und was von diesem nicht mehr erfasst ist, gibt Auskunft darüber, welche Interessen im Zusammenhang mit einem Kinderwunsch als legitim erachtet werden. Eine Entscheidung über diese Frage kommt dabei nie ohne Wertung aus, die ihrerseits einer Begründung bedarf – insbesondere dann, wenn wir als Gesellschaft nicht nur zur kritischen Reflexion aufrufen, sondern auch strikte Verbote erlassen wollen. Sind beispielsweise das Ansinnen einer fünfundfünfzigjährigen Frau, noch ein

Kind zu bekommen, der Wunsch nach einem Kind, das eine bestimmte genetische Krankheit nicht hat, oder das Anliegen, den Samenspender auswählen zu können, legitime reproduktive Interessen? Die Interessen im Kontext des Kinderwollens und Elternwerdens sind heute vielfältig und betreffen neben der Nutzung neuerer Technologien auch verschiedene Aspekte der Schwangerschaft und der Geburt.[37] Um diesen vielfältigen reproduktiven Interessen gerecht zu werden, ist es notwendig, reproduktive Autonomie in einem umfassenden Sinn zu verstehen und ihre Grenzen neu auszuloten.

Das Prinzip der Autonomie im Kontext der Reproduktion ist aus einem weiteren Grund von zentraler Bedeutung. Eng verwoben mit der reproduktiven Autonomie ist nämlich ein anderes Recht: das Recht auf *körperliche Unversehrtheit*. Es schützt vor unerwünschten Eingriffen in den eigenen Körper. Viele reproduktive Entscheidungen beziehen sich allerdings allein auf den Körper der Frau, weshalb der Schutz der reproduktiven Autonomie für Frauen von besonderer Bedeutung ist. Nicht nur Schwangerschaft und Geburt sind intensive körperliche Erfahrungen. Auch eine Entnahme von Eizellen zum Zweck ihrer Befruchtung im Labor, vorgeburtliche Untersuchungen oder ein Schwangerschaftsabbruch betreffen nicht nur reproduktive Interessen, sondern auch die körperliche Integrität der Frau. Das »Schwangerwerdenkönnen«, wie die Politikwissenschaftlerin Antje Schrupp ihr Buch programmatisch nennt[38], ist schlichtweg zentral für die Art und Weise, wie reproduktive Autonomie das Leben von Frauen berührt. Selbstverständlich haben auch Männer reproduktive Interessen: Auch sie beschäftigt die Frage, ob eine pränatale Diagnostik angezeigt ist, oder der Ort oder die Art und Weise, wie ihre Partnerin das gemeinsame Kind zur Welt bringt. Ihre körperliche Integrität ist von den entsprechenden Entscheidungen aber nicht betroffen. Die Belange der reproduktiven Autonomie von Frauen und

Männern sind in diesem Sinne ungleich.[39] Durchsetzen können Männer ihre reproduktiven Interessen nur dann, wenn dazu kein unerwünschter Eingriff in die körperliche Integrität der Frau erforderlich ist. So dürfen etwa Samenzellen nicht konserviert oder verwendet werden ohne die Zustimmung des Mannes, von dem diese stammen, und die diagnostische Untersuchung eines Embryos in vitro, der mit seinen Samenzellen gezeugt worden ist, bedarf mitunter seiner Einwilligung.

Kinderwünsche und ihre Grenzen

Dass reproduktive Autonomie – in welchem Umfang auch immer – ein Menschen- und Grundrecht ist, bedeutet nicht, dass ihr keine Schranken auferlegt werden könnten. Es bedeutet aber, dass es für entsprechende Einschränkungen gute Gründe geben muss – dass sie also notwendig sein müssen, um gewichtige gesellschaftliche Interessen oder die Rechte anderer Personen zu schützen. Als Kernbereich der reproduktiven Autonomie kann das grundsätzliche Recht verstanden werden, Kinder zu zeugen oder auf die Reproduktion zu verzichten; in diesen Kernbereich darf nicht eingegriffen werden. Über diesen Bereich hinaus stellt sich die Frage, welche gesellschaftlichen Interessen oder Schutzansprüche Dritter Einschränkungen der reproduktiven Autonomie zu rechtfertigen vermögen.

Seit einigen Jahren steht aber selbst die reproduktive Autonomie als Freiheit vor Fremdbestimmung wieder vermehrt unter Druck. Anlass dafür sind sowohl politische wie technologische Entwicklungen. Politisch gesehen wird an einigen Orten das Rad der Zeit ganz offensichtlich zurückgedreht: In Polen wurden in jüngerer Zeit immer wieder Anläufe zu einer Verschärfung des Abtreibungsgesetzes unternommen, die oft Zehntausende Menschen auf die Straße trieben und tagelange

Massenproteste auslösten. Die Absicht der konservativen Kräfte war dabei, den Schwangerschaftsabbruch praktisch gänzlich zu verbieten. In die gleiche Richtung gehen Bestrebungen in einzelnen US-amerikanischen Bundesstaaten, den Schwangerschaftsabbruch bereits ab dem Zeitpunkt zu untersagen, an dem sich der Herzschlag des Fötus feststellen lässt, was ungefähr ab der sechsten Schwangerschaftswoche der Fall ist, also häufig noch bevor die Frau überhaupt weiß, dass sie schwanger ist. Die entsprechenden Gesetzesverschärfungen werden meist mit dem Verweis auf die »Heiligkeit des Lebens« begründet. Die uneingeschränkte Geltung reproduktiver Freiheit wird jüngst überdies von Klimaaktivisten in Frage gestellt: Vor dem Hintergrund des Klimawandels fordern sie einen weitgehenden Verzicht auf eigenen Nachwuchs. Sie sind der Meinung, dass unser Planet längst an die Grenzen seiner Belastbarkeit gelangt sei, und rechnen vor, dass jedes weitere Kind den ökologischen Fußabdruck seiner Eltern massiv erhöhe.

Neben diesen gesellschaftlichen und politischen Verschiebungen sorgt aber auch eine Vielzahl an technologischen Entwicklungen für neue Debatten um die Grenzen reproduktiver Autonomie. So sind beispielsweise seit einigen Jahren pränatale Tests auf dem Markt, die mittels einer simplen Blutentnahme bei der schwangeren Frau erlauben, das heranwachsende Kind genetisch zu untersuchen. Mit großer Treffsicherheit können diese Tests Chromosomenstörungen wie beispielsweise Trisomien beim Embryo nachweisen und unter Umständen auch den Ausschlag für einen Schwangerschaftsabbruch geben. Embryonen können aber auch mithilfe einer Präimplantationsdiagnostik im Labor untersucht und selektioniert werden. Solche Selektionsverfahren werden kritisch diskutiert: Befürchtet wird etwa, ihnen liege zwangsläufig ein Werturteil zugrunde, welches Leben ein hinreichend gutes oder sogar lebenswertes Leben sei.

Wohl am häufigsten wird der Schutz des Kindeswohls als Begründung vorgetragen, weshalb der reproduktiven Autonomie Schranken aufzuerlegen seien. So wird beispielsweise diskutiert, ob Leihmutterschaft das Kindeswohl beeinträchtige und ob sie deshalb verboten werden müsste. Oder es wird gefragt, ob ein Kind durch eine anonyme Samenspende in seiner Identitätsfindung empfindlich gestört werde und seine Interessen verletzt würden, und sie deshalb zu unterlassen sei. Wie das Kindeswohl genau zu fassen ist und worin dieses besteht, ist allerdings unklar und umstritten und Gegenstand ausufernder Debatten. Die Orientierung der Fortpflanzungsmedizin am Prinzip des Kindeswohls bereitet aber noch weit grundsätzlichere Probleme: Ein Kind, dessen Wohl geschützt oder verletzt werden könnte, gibt es in vielen Fällen nämlich gar nicht, weil es ohne das in Frage stehende Verfahren gar nicht existieren würde. Wollen wir beispielsweise wissen, ob späte Mutterschaft oder gleichgeschlechtliche Elternschaft das Wohl des Kindes beeinträchtigen, kann auf dieses Kind gar nicht Bezug genommen werden, denn es existierte ohne diese fraglichen Formen der Elternschaft nicht. Auch im Rahmen der Diskussion diagnostischer Verfahren ist die Bezugnahme auf das Wohl des werdenden oder bereits geborenen Kindes oft nicht schlüssig. Im Rahmen einer Präimplantationsdiagnostik werden beispielsweise Embryonen auf eine schwere Erbkrankheit hin untersucht, und ein davon nicht betroffener Embryo wird übertragen, ausgetragen und gesund geboren. Zu behaupten, es wäre ein Verstoß gegen das Kindeswohl gewesen, die entsprechende Diagnostik unterlassen zu haben, ist nicht zutreffend. Denn die Embryonen, die Träger der Erbkrankheit waren, wurden verworfen und sind entsprechend nicht als Kinder geboren worden. Diese Schwierigkeit, die vielen Aussagen über Vor- und Nachteile bestimmter Verfahren eigen ist, wird gemeinhin als »Nicht-Identitäts-Problem« (»non-identity problem«[40]) bezeichnet. Es ist in unzähligen Spielarten bekannt und ausführlich diskutiert worden. Zu behaupten, es wäre besser für eine Person, nicht geboren worden zu sein, ist widersinnig, denn wäre sie nicht geboren, gäbe es sie nicht; wird sie aber geboren, wird sie dies in die jeweilige Familiensituation hinein und möglicherweise auch mit ihrer Behinderung oder Krankheit. Jede Person, die andere Umstände vorfindet, ist eben eine *andere* Person.

Wenn also auch in vielen Situationen nicht auf das Wohl des individuellen Kindes Bezug genommen werden kann, so besteht dennoch ein allgemeines Interesse daran, dass Kinder Eltern haben, die in der Lage sind, angemessen für sie zu sorgen. Ist eine Frau den körperlichen oder psychischen Belastungen eines fortpflanzungsmedizinischen Verfahrens voraussichtlich nicht gewachsen oder bestehen berechtigte Zweifel, ob ein Paar sich in die Elternrolle einfinden kann, so sollte die Ärzteschaft eine entsprechende Behandlung aufgrund des medizinethischen Prinzips, dass niemandem Schaden zugefügt werden darf, unterlassen. Auch wenn ein Risiko besteht, dass ein solches Verfahren an sich zu einer Schädigung des Embryos führt oder seine Risiken nicht abschätzbar sind, ist seine Anwendung untersagt.

Schließlich ergibt sich aus der Gewichtung der reproduktiven Autonomie als Menschenrecht, dass bestimmte reproduktive Handlungen möglicherweise zwar *moralisch* problematisch sind, allerdings keine genügend gewichtigen gesellschaftlichen Interessen oder Rechte Dritter bestehen, die ein *rechtliches* Verbot rechtfertigen könnten. So mag beispielsweise die Selektion von Embryonen aus moralischer Sicht problematisch erscheinen, etwa aufgrund der Befürchtung einer Diskriminierung oder eines Urteils über den Lebenswert von kranken Menschen. Die Praxis der Eizellspende wiederum ist nicht für alle moralisch unbedenklich, etwa weil sie im Widerspruch zu traditionellen Familienformen steht oder weil eine Ausbeutung der Spenderinnen befürchtet wird. Die entsprechenden moralischen Bedenken werden denn auch kontrovers diskutiert und auch in diesem Buch zur Sprache kommen. Gesellschaftliche oder individuelle Interessen, die ein *rechtliches Verbot* rechtfertigen könnten, sind aber oft nicht leicht auszumachen.

Reproduktive Autonomie und »technologischer Imperativ«

Wer reproduktive Autonomie als Leitidee postuliert, sieht sich allerdings mit weitergehenden Einwänden konfrontiert, von denen an dieser Stelle zwei hervorgehoben werden sollen. *Erstens* wird zu Recht betont, dass die Diskussion reproduktionsmedizinischer Angebote nie im luftleeren Raum stattfindet, sondern in einer Welt, die von finanziellen und machtpolitischen Interessen geprägt ist. Damit stellt sich die Frage, ob eine selbstbestimmte Entscheidung überhaupt möglich ist – respektive ob die *Bedingungen für autonomes Entscheiden* im Rahmen der vorherrschenden Verhältnisse gegeben sind. Die amerikanische Philosophin Rosemarie Tong ist diesbezüglich skeptisch: Sie vermutet hinter der modernen Reproduktionsmedizin eine weitere Form der Herrschaft über den Körper der Frau, seiner Inszenierung als technisch manipulierbares Objekt und eine Reduktion von Frauen auf ihre »Gebärfunktion«, um aus ihnen in erster Linie Kapital zu schlagen.[41] Dieser vor allem in feministischer Literatur vorgebrachte Einwand scheint nicht zuletzt angesichts der mit der modernen Reproduktionsmedizin verbundenen kommerziellen Interessen von hoher Plausibilität: Der »technologische Imperativ« unserer Zeit führe dazu, dass die erkämpften reproduktiven Freiheiten letztlich wieder eingeschränkt würden, schreibt etwa die kanadische Philosophin Sylvia Burrow. Frauen fänden sich heute nämlich in einer Situation wieder, in der sie allein aufgrund eines Kinderwunsches oder einer Schwangerschaft auf technische Unterstützung angewiesen seien. Die Hervorbringung »anderer Umstände«, die bis vor Kurzem noch in den intimen Entscheidungsraum von Individuen gehörte, werde nun Spezialistinnen und Spezialisten überantwortet.[42]

Die Skepsis hinsichtlich des Rechts auf reproduktive Autonomie richtet sich also nicht allein gegen deren behaupteten Umfang. Vielmehr wird hinterfragt, ob technologische Interventionen in das Kinderbekommen je als Stärkung weiblicher Autonomie gelten können. Eine Selbstbestimmung, die die Abhängigkeit von Expertinnen und Experten voraussetzt, verkommt offensichtlich zur Chimäre einer Freiheit in Unfreiheit. In der feministischen Bewegung finden sich allerdings auch Stimmen, die sich explizit *für* den Gebrauch der assistierten Reproduktion aussprechen. Man muss dabei nicht zwingend so weit gehen wie beispielsweise die kanadische Feministin Shulamith Firestone oder die amerikanische Wissenschaftstheoretikerin Donna Haraway, die in der Reproduktionstechnologie eine Möglichkeit sehen, Frauen aus »der Tyrannei der Fortpflanzung« und von der biologischen Mutterschaft zu befreien.[43] Auch wer grundsätzlich der Meinung ist, dass Elternschaft eine erstrebenswerte Lebensform ist und Mutterschaft eine reiche Erfahrung, die um ihrer selbst willen begehrt werden kann, kann die entsprechenden Angebote als eine Erweiterung der reproduktiven Autonomie begreifen, insofern als ein Kinderwunsch mit ihrer Hilfe auch tatsächlich Erfüllung finden kann. Frauen generell für unfähig zu erklären, selbstbestimmt eine Entscheidung zu fällen, welche technologischen und diagnostischen Angebote sie in Anspruch nehmen möchten, wäre auf jeden Fall eine bedenkliche Bevormundung.

Dennoch kann der Zusammenhang zwischen reproduktiver Technologie und reproduktiver Autonomie nicht geleugnet werden. Der Wunsch nach einem eigenen Kind ist mitunter so drängend, dass er angesichts der Verheißungen der Fortpflanzungsmedizin und einer Kultur der technischen Machbarkeit die Fähigkeit beeinträchtigen kann, die eigenen Grenzen zu achten und die Risiken für die eigene Gesundheit wie für diejenige eines potenziellen Kindes zu bedenken. Der Wissenschaftsjournalist Martin Spiewak zitierte bereits Anfang der 1990er Jahre in seinem Buch *Wie weit gehen wir für ein Kind?* eine US-amerikanische Studie, wonach Frauen, die sich in Behandlung befanden, auf die Frage, ob sie lieber gar kein Kind oder aber Drillinge hätten, zu 95 Prozent die Option »Drillinge« angaben, obwohl eine solche Mehrlingsschwangerschaft ohne Zweifel ein risikoreiches Unterfangen ist, und zwar sowohl für die Frau als auch für die Kinder.[44] Angesichts des Wunsches nach einem Kind, der unbedingt danach verlangt, erfüllt zu werden, schwinden zuweilen die Hemmungen auch gegenüber risikoreichen Eingriffen.

Zugleich erhöht das reproduktionsmedizinisch Machbare oftmals im Sinn eines »Diktats der Fruchtbarkeit«[45] den Druck auf Paare, und dabei namentlich auf Frauen, sich zu rechtfertigen, wenn sie (ungewollt) kinderlos bleiben. Haben sie einmal angefangen, technologische Angebote zur Erfüllung ihres Kinderwunsches in Anspruch zu nehmen, wollen sie zuweilen nichts unversucht lassen. Wie der Weg zum Wunschkind zur alles dominierenden Lebensaufgabe werden kann, erzählt die Philosophin und Journalistin Millay Hyatt in ihrem Buch *Ungestillte Sehnsucht*: Die Reproduktionsmedizin biete zwar ungewollt kinderlosen Personen mehr und mehr Hilfestellungen an, verstricke sie aber auch in eine Maschinerie, aus der ein Ausstieg bisweilen schwerfalle. Es komme zu einem »gefährlichen Spiel«, einer Allianz zwischen jenen, die um jeden Preis ein Kind wollen, und jenen, die Hilfe versprechen und ihre Angebote vermarkten.[46] Die prinzipielle Machbarkeit kann dabei zum Dogma verkommen – und genau das darf sie nicht: weder mit Blick auf die Freiheit von Frauen, gewisse Angebote ungenutzt verstreichen zu lassen; noch mit Blick auf neue Angebote, die nicht schon allein deshalb bereitgestellt werden sollten, weil sie potenziell auch vorhanden wären. Es mag zwar stimmen, dass Autonomie einen hohen Wert hat – tatsächlich ist sie auch eine anspruchsvolle Aufgabe, an der wir scheitern können. Freiheit birgt stets eine Janusköpfigkeit, insofern sie uns zwar die Wahl lässt, uns aber auch zum Wählen nötigt. Eine Zunahme an Möglichkeiten geht damit einher, dass einer wachsenden Zahl von Entscheidungen nicht aus dem Weg gegangen werden kann. Frauen und Paare müssen sich immer öfter zu Fragen des Kinderwollens verhalten – um den Preis der Freiheit, diese Frage zu gegebener Zeit auf sich zukommen zu lassen.

Autonomie in Beziehungen

Ein zweiter grundsätzlicher Vorbehalt gegenüber der reproduktiven Autonomie als Leitidee richtet sich gegen die zentrale Stellung, die der Selbstbestimmung auf diese Weise beigemessen wird: Autonomie und damit verbunden der Individualismus ist in liberalen Gesellschaften für einige fast schon zu einer Art Diktat verkommen. Das Recht auf Autonomie schütze das Individuum zwar richtigerweise davor, vom Staat, von seiner Gemeinschaft oder von seiner Familie eingeschränkt oder bevormundet zu werden. Doch ein Individuum brauche nicht nur Schutz vor Eingriffen in seine autonomen Entscheidungen; es benötige ebenso Halt in der Gemeinschaft, Zugehörigkeit und Geborgenheit. Eine einseitige Betonung des Prinzips der Autonomie verfehle deshalb einen wesentlichen Aspekt des Menschseins. Denn zum einen gebe es das beziehungsunabhängige, einzelne »Selbst« gar nicht, das im Alleingang entscheide. Zum anderen sei eine übermäßige Betonung der Autonomie auch nicht wünschenswert, weil auf diese Weise Individualismus, Rationalität und Vereinzelung herausgehoben und der Wert von Gemeinschaft geringgeschätzt würden. Die Idee der Autonomie sei deshalb um eine »relationale«, also eine beziehungsbezogene Dimension zu erweitern.[47] Unter dem Sammelbegriff der »relationalen Autonomie« werden Ansätze verhandelt, die nicht nur davon ausgehen, dass sich autonome Entscheidungen stets in einem Netz und in Abhängigkeit von Beziehungen vollziehen. Je nach Spielart betonen sie darüber hinaus auch die konstitutive Bedeutung von Beziehungen für unsere Autonomie: Autonomie hochzuhalten heiße nicht, das Individuum aus seinen Bezügen zu lösen oder es von diesen abstrahiert zu denken, sondern es genau als in diese verwoben zu sehen.

Die Forderung einer solchen beziehungssensitiven Dimension der Selbstbestimmung scheint nun gerade mit Blick auf reproduktive Autonomie besonders plausibel und drängend.[48] Denn anders als in sonstigen höchst persönlichen Bereichen kann es bei Fragen der Fortpflanzung nicht ausschließlich um die Interessen der Frau gehen.[49] Reproduktive Entscheidungen berühren unvermeidlich verschiedene Interessen – der möglichen Kinder, der Partnerinnen und Partner – und vollziehen sich nicht in einem Vakuum, sondern in sozialen Beziehungen. Die Idee der relationalen Autonomie verdeutlicht in erster Linie, dass für das Verständnis von selbstbestimmten Entscheidungen der Einbezug ihrer gesellschaftlichen und privaten Bedingungen notwendig ist – sowohl mit Blick darauf, dass wir unsere Wünsche immer in sozialen Beziehungen formen, als auch mit Blick darauf, dass unsere Entscheidungen Einfluss haben auf unsere Beziehungen.

Damit soll und darf jedoch die Bedeutung der reproduktiven Autonomie nicht relativiert werden.[50] Die Freiheit, nach eigenen Präferenzen zu handeln, bleibt zentral, mögen diese Präferenzen noch so sehr sozial bedingt und im eigenen Beziehungsumfeld verortet sein.[51] Die feministische Kritik an der Autonomie zeigt aber, dass beim Nachdenken über reproduktive Autonomie die Beziehungsebene, die angemahnt wird, besonders wichtig ist. Reproduktive Entscheidungen erschöpfen sich nicht darin, Nachwuchs zu zeugen, sondern sie sind darauf ausgerichtet, eine auf Lebenszeit angelegte, von umfassender Sorge und Verantwortung getragene Beziehung einzugehen – oder eben nicht. Die Medizinethikerin Claudia Wiesemann betont zu Recht, dass in die moralische Auseinandersetzung mit dem Kinderwunsch diese Beziehungsebene immer einfließen müsse. Erwägungen der reproduktiven Autonomie, die die umfassende Verantwortung der Eltern einschließen, gehen davon aus, dass Entscheidungen potenzieller oder werdender Eltern von der Sorge für ein anderes Wesen beziehungsweise im Hinblick auf die Möglichkeit einer Beziehung zu diesem getragen sind. Folglich sollte das Nachdenken über reproduktive Autonomie, so Wiesemann, auch nicht in erster Linie um einen Konflikt zwischen Frau und Embryo kreisen, sondern in der Beziehung und in der mit dieser einhergehenden Verantwortung seinen Ausgangspunkt nehmen.[52]

Zum Aufbau des Buches

Die Frage, was wir mit Blick auf unsere Kinderwünsche wollen dürfen, wird im Folgenden in fünf Hinsichten gestellt: *Erstens* stellt sich die Frage, warum sich viele überhaupt *ein eigenes Kind* wünschen und ob wir an der Erfüllung dieses Wunsches je gehindert werden dürfen (Kap. 2). Dass es an sich erlaubt sein sollte, ein Kind zu bekommen, mag trivial klingen; ist es aber nicht. Immer wieder ist es im Lauf der Geschichte dazu gekommen, dass Frauen und Paare ihren Kinderwunsch nicht realisieren durften. Gegenwärtig stellt sich zum einen die Frage, wem überhaupt Zugang zur Reproduktionsmedizin gewährt werden soll. Zum anderen werden Stimmen laut, die angesichts des Klimawandels einen Verzicht auf (viele) eigene Kinder fordern. *Zweitens* stellt sich die Frage, wann und vor allem bis zu welchem Alter wir Kinder wollen dürfen (Kap. 3): Ist ein *Kind zu meiner Zeit* legitim – oder haben wir uns bei der Erfüllung unseres Kinderwunsches nach den Zeitfenstern zu richten, die biologisch dafür vorgesehen sind? *Drittens* können wir fragen, was reproduktive Autonomie mit Blick auf den Abbruch von Schwangerschaften bedeutet (Kap. 4): Gibt es Gründe, die es rechtfertigen, eine Frau oder ein Paar daran zu hindern, sich *gegen ein Kind* zu entscheiden? *Viertens* haben Frauen oder Paare zuweilen qualifizierte Kinderwünsche, also den Wunsch nach einem *bestimmten* Kind (Kap. 5): Sie wünschen sich beispielsweise ein gesundes Kind oder ein Kind eines bestimmten Geschlechts. Ist es gerechtfertigt, Embryonen in solchen und anderen Fällen zu selektionieren, und darf in das Erbgut eines Embryos eingegriffen, dieser also gezielt verändert werden? *Fünftens* können Frauen und Männer zugunsten *fremder Kinderwünsche* Eizellen oder Samenzellen spenden oder Frauen sich als Leihmütter zur Verfügung stellen (Kap. 6). Gibt es hinreichend gute Gründe, ihnen das zu verbieten? Kann und soll Personen, die Kinder wollen, untersagt werden, fremde Keimzellen oder die Dienste einer Leihmutter in Anspruch zu nehmen, um ihren Kinderwunsch zu verwirklichen? Und was bedeuten die entsprechenden Praktiken für unser Verständnis von Elternschaft und Familie?

Über all diese Fragen wollen wir im Folgenden nachdenken: darüber, wie weit reproduktive Autonomie reicht und welche Erwägungen ihre Einschränkung zu rechtfertigen vermögen. Wir wollen dazu beitragen, ein diffus gewordenes normatives

Prinzip im Licht der neuen reproduktionsmedizinischen und gendiagnostischen Möglichkeiten zu klären – und aufzeigen, weshalb wir auf dieses heute weniger denn je verzichten können. Elternschaft ist für viele Menschen ein ihr Leben bestimmendes Projekt und ein verantwortungsreiches Unterfangen, das mit der zunehmenden Medikalisierung und Technisierung des Kinderbekommens sicher nicht einfacher, wenn auch in vielfacher Hinsicht sicherer und geprüfter geworden ist. Umso wichtiger ist es, über die neuen Möglichkeiten der Reproduktion kritisch nachzudenken und die mit ihr einhergehenden Fragen der Verantwortung in den Blick zu nehmen.

Eine Einschränkung ist an dieser Stelle zwingend: Dieses Buch ist für unsere Lebenszusammenhänge geschrieben. In vielen Regionen der Welt oder in anderen Gesellschaften sind reproduktive Rechte noch nicht einmal in Ansätzen gewährleistet. Frauen haben vielleicht keinen Zugang zu Verhütungsmitteln, sie begeben sich in größte Gefahr, wenn sie einen Schwangerschaftsabbruch illegal vornehmen, und pränatale Vorsorge steht ihnen nicht zur Verfügung. Insofern ist allein schon der Umstand nicht hoch genug zu schätzen, dass wir uns überhaupt ergebnisoffen mit Wünschen und Optionen im Zusammenhang mit dem Kinderwollen auseinandersetzen können. Diese Auseinandersetzung bleibt freilich anspruchsvoll, für jeden persönlich, aber auch für uns als Gesellschaft. Medizinische, technische und gesellschaftliche Entwicklungen fordern dazu auf, die Frage nach der reproduktiven Autonomie immer wieder neu zu verhandeln, und jedes Ergebnis auf diesem Gebiet ist nur vorläufiger Natur.[53] Die neue Technologie der Genomeditierung zwingt uns zum Beispiel dazu, uns mit der Möglichkeit zu befassen, Embryonen nicht nur zu untersuchen und auszuwählen, sondern auch zu gestalten. Da in unserem Teil der Welt die Optionen nicht nur zunehmen und vielfältiger werden, sondern ihre Abwägung auch immer folgenschwerer wird, sind die Fragen, wie weit reproduktive Autonomie reicht und wann deren Beschränkung legitim oder notwendig ist, nicht nur schwierig zu beantworten, sondern oft schon schwierig zu diskutieren. Zu tiefgreifend sind die Sehnsüchte und zu tief verwurzelt sind die Bilder, die wir mit dem Kinderwollen verbinden, als dass wir in einer Diskussion nicht auch in unseren innersten Überzeugungen angesprochen würden. Sich dieser Diskussion zu stellen bleibt dennoch unausweichlich.

2 EIN EIGENES KIND

»Ich glaube nicht, dass ich meine Motive, Kinder haben zu wollen, analysieren sollte.«
MARGARET LAURENCE[1]

»Sich Sorgen zu machen ist vielleicht die stärkste Veränderung, die ein Kind mit sich bringt. Aber vielleicht ist es zugleich der stärkste Grund, sich für ein Kind zu entscheiden und die Verletzlichkeit jederzeit vor Augen zu haben, die uns mit dem Leben der Körper auf dieser Erde verbindet.«
LEANDER SCHOLZ[2]

Weltweit kommen täglich rund 360 000 Kinder zur Welt. Viele von ihnen gewollt, manche lange ersehnt, andere gänzlich ungeplant. Ganz unabhängig davon, ob diese Kinder willkommen sind oder nicht und in welche Familie und sozialen Umstände sie hineingeboren werden – ein neues Leben beginnt, entfaltet sich, nimmt seinen Lauf. Etwas Neues beginnt auch für jene, die ein Kind bekommen: Sie werden Eltern, vielleicht zum ersten Mal überhaupt, sicher aber zum ersten Mal von diesem Kind. Kinder zu bekommen ist zumindest in unseren gesellschaftlichen Zusammenhängen nur noch selten eine Schicksalsfrage, sondern meist eine Entscheidung, der viele bohrende Fragen vorausgehen können, die aber auch von großen Hoffnungen begleitet ist. Warum aber werden Menschen Eltern? Weshalb wünschen sie sich, eigene Kinder in die Welt zu setzen? Entscheiden sie sich überhaupt bewusst für oder gegen Nachwuchs? Oder ist das Kinderbekommen auch heute noch treffender als Widerfahrnis beschrieben, weil es sich einer Abwägung von Gründen entzieht?

Die Frage, warum Menschen Eltern werden, hat sich in dieser Weise nicht immer gestellt. Die längste Zeit der Menschheitsgeschichte konnten wir nicht wählen, ob und wann wir Kinder bekommen. Vielmehr hatte man einfach welche – ohne sich bewusst für sie zu entscheiden – und stellte ihre Existenz nicht in Frage. Kinder gehörten einfach zu einer engen Verbindung beider Geschlechter dazu, und es blieb einem nichts übrig, als sie als »Geschenk« anzunehmen, selbst wenn sie einem nicht willkommen waren, oder aber zu verstoßen, weil ihre Existenz für das soziale Gefüge zu bedrohlich war. Blieb der Kindersegen hingegen aus, wurde er oftmals hoffnungsvoll herbeigesehnt oder -gebetet, und anhaltende Sterilität wurde nicht selten als Strafe oder gar Fluch gedeutet. Um sie zu behandeln, wurden mangels erprobter Therapien zuweilen Naturheiler und Gesundbeter aufgesucht, oft auf Kosten der Frauen, die ohne den Status der Mutterschaft als minderwertig und bemitleidenswert galten.

In den industrialisierten und urbanisierten Gebieten Europas versuchten Frauen zwar bereits vor der Erfindung der modernen Empfängnisverhütung Einfluss darauf zu nehmen, ob und wann sie schwanger wurden. Der starke Geburtenrückgang um 1900, der europaweit zu einer veränderten demographischen Zusammensetzung der Gesellschaft führte, legt das zumindest nahe.[3] Die Möglichkeit, Familienplanung im eigentlichen Sinn zu betreiben, geriet jedoch erst mit dem Aufkommen moderner Mittel der Empfängnisverhütung in Reichweite. Infolge der modernen Reproduktionsmedizin ist auch Sterilität kein Schicksalsschlag mehr, gegen den sich kein Mittel ergreifen ließe (Kap. 1). Was Sigmund Freud 1898 als einen »der größten Triumphe der Menschheit« bezeichnete, nämlich »den verantwortlichen Akt der Kinderzeugung zu einer willkürlichen und beabsichtigten Handlung zu erheben«[4], scheint damit im 21. Jahrhundert zumindest auf den ersten Blick in Erfüllung gegangen zu sein. Auf den zweiten Blick zeigt sich jedoch, dass das Unvorhersehbare, Schicksalsmächtige der Elternschaft keineswegs überwunden ist. Denn zum einen ist jedes Kind für sich genommen »unvorhersehbar« und in seinem Wesen unverfügbar. Es ist, mit Hannah Arendt gesprochen, ein »Neubeginn«[5], den weder seine Eltern noch Mediziner vorwegzunehmen oder zu gestalten in der Lage sind. Ob das so bleiben wird und aus welchen Gründen es vielleicht zwingend so bleiben sollte, ist Gegenstand anhaltender und weitreichender Kontroversen (Kap. 5). Gegenwärtig zumindest gilt nach wie vor, dass Eltern zu werden einem Schritt ins Offene und damit einem Wagnis gleichkommt, weil Kinder sich selbst gehörende Wesen sind, die wir erziehen und prägen, aber nicht nach eigenem Gutdünken fertigen können. Hermann Hesses Sentenz, dass jedem Anfang ein Zauber innewohne, stimmt vielleicht für nichts so sehr wie für die Geburt eines Kindes, die viele Menschen gespannt erwarten und dann in den entsprechenden Geburtsanzeigen gern als Wunder bezeichnen. Zum anderen stimmt zwar, dass heute wohl mehr Neugeborene als früher »gewollt« und damit im wörtlichen Sinn »Wunschkinder« sind. Aber Kinder zu bekommen oder eben nicht zu bekommen stellt sich auch heute nicht immer als mögliche Wahl dar. Nach wie vor kommt es zu zahlreichen ungewollten Schwangerschaften und entsprechend schwierigen Entscheidungen, die die betroffenen Frauen und Männer fällen müssen und deren Konsequenzen sie zu tragen haben. Außerdem kann der ersehnte Nachwuchs immer noch ausbleiben. Das Kinderkriegen als Wunschkonzert oder Resultat ausgeklügelter Planbarkeit darzustellen ist darum vermessen. Dennoch ist richtig, dass sich heute grundsätzlich überlegen lässt, ob man eigene Kinder haben möchte oder nicht.

Warum wir Kinder wollen

Die Sozialwissenschaften erforschen seit vielen Jahren, wie sich die Entscheidungsfindung für oder gegen Kinder über die Zeit verändert hat. Der Soziologin Elisabeth Beck-Gernsheim zufolge ist die Entscheidung für oder wider eigene Kinder vor allem für Frauen in den letzten Jahrzehnten zunehmend konfliktträchtig geworden.[6] Aber auch Männer beschäftigt die »Kinderfrage« oft über Jahre hinweg, und zuweilen wird sie zum zermürbenden Thema in Partnerschaften, das immer von Neuem auf später vertagt wird (Kap. 3). Im Nachhinein können dennoch die wenigsten Eltern angeben, warum sie sich eigentlich für eigene Kinder entschieden haben. Ist die Frage nach eigenen Nachkommen vielleicht gar keine Entscheidung wie andere: ein Prozess, in dem Gründe für und wider geprüft werden? Die kanadische Schriftstellerin Margaret Laurence schreibt dazu: »Ich glaube nicht, dass ich meine Motive, Kinder haben zu wollen, analysieren sollte. Zur Selbstbestätigung? Zum Spaß? Um dem eigenen Ego zu schmeicheln? Es spielt keine Rolle. Es ist, als würde man mich fragen, warum willst du schreiben. Wen kümmert's? Ich muss, und das ist es schon.«[7] Für sie scheint sich der Kinderwunsch also wie eine innere Notwendigkeit zu präsentieren, die sich jeder argumentativen Analyse entzieht. Worin aber sollte die von ihr beschriebene Notwendigkeit genau gründen? Einige würden sicherlich auf eine Art »natürliches« Begehren und auf den Sexualtrieb verweisen, der evolutionsbiologisch auf Existenzsicherung angelegt ist und gemeinhin als Notwendigkeit zur Fortpflanzung verstanden wird. Mit den modernen Mitteln der Schwangerschaftsverhütung ist es allerdings längst möglich geworden, Sexualität unabhängig von der Frage der Zeugung zu leben. Dennoch scheint es eine weit verbreitete Auffassung zu sein, dass die Sehnsucht nach eigenen Kindern ohne unser Zutun in uns angelegt ist und man diese entsprechend nicht erst ersinnen oder in sich kultivieren muss, um sie zu empfinden.

Diese Sehnsucht richtet sich oft explizit darauf, sich im eigentlichen Sinn »fortzupflanzen« und ein *eigenes* Kind zu bekommen: zu sehen, ob man sich in ihm wiedererkennt und sich auf diese Weise womöglich auch selbst noch einmal neu entdeckt. Die ungewollt kinderlose Autorin und Philosophin Millay Hyatt schreibt in ihrem Buch *Ungestillte Sehnsucht* davon, dass der Körper nicht nur Biologie, sondern auch Erinnerung, Geschichte und Kultur sei: »In meinem Kinderwunsch spricht auch der Wunsch meiner Eltern, Großeltern und Urururgroßeltern, nicht sterben zu wollen. Sprechen die Eindrücke, die ich bewusst und unbewusst mein Leben lang von Eltern-Kind-Beziehungen, von Schwangerschaft, Muttersein, Fürsorglichkeit und Reproduktion mitbekommen habe, in Form von Bildern, Erzählungen, eigener Erfahrung. Es sprechen Wertvorstellungen, Sehnsüchte, elementarer Fortpflanzungsdrang. Aus diesen unzähligen Fäden wob sich mein Wunsch zusammen [...].«[8] Weil sich also für viele der Kinderwunsch nicht in der Sehnsucht erschöpft, in einem sozialen Sinn Eltern zu werden, sondern spezifischer der eigenen Fortpflanzung gilt, erwägen sie eine Adoption erst, wenn eine Schwangerschaft auch mit medizinischer Unterstützung nicht eintritt.

Sich eigene Kinder zu wünschen als das alleinige »natürliche« Empfinden zu bezeichnen ist dennoch unzulässig. Denn es negiert zum einen, dass man sich auch von »naturwüchsigen« Sehnsüchten und Trieben distanzieren und anderen Wünschen den Vorrang geben kann, und unterstellt zum anderen, dass jene, die sich gegen Kinder entscheiden, ein »unnatürliches« Verhalten an den Tag legten. Für die Kanadierin Sheila Heti etwa steht ihr Leben als Schriftstellerin zum Leben als Mutter in Widerspruch, und ihre Präferenz gilt dem Schreiben, wie sie in ihrem Buch *Mutterschaft*[9] erzählt. Tatsächlich gibt es heute in unserer Gesellschaft viele und zunehmend mehr Menschen, die auf Kinder ganz bewusst verzichten. Manche von ihnen ziehen den Begriff der »Kinderfreiheit« dem der »Kinderlosigkeit« vor, um deutlich zu machen, dass sie Elternschaft als Norm zurückweisen und ihr Leben entsprechend nicht als defizitär begreifen.[10] Die Bedeutung, die eigene Kinder und spezifisch auch genetische Verwandtschaft haben, variiert, wie ethnologische Studien zeigen, auch zwischen einzelnen Kulturen und Gesellschaften.[11]

Vor allem Frauen müssen jedoch die Entscheidung, keine Kinder bekommen zu wollen, häufig nach wie vor rechtfertigen. Frauen wird anscheinend oftmals ganz unabhängig davon, wie sie selbst über Mutterschaft denken, ein natürliches Begehren nach eigenen Kindern nachgesagt, eine Art »Mutterinstinkt«, der sie unweigerlich dazu dränge, Kinder bekommen zu wollen.[12] Die Vorstellung, dass Frauen der Kinderwunsch ebenso wie die Sorge um Kinder angeboren sei, ist nicht einmal besonders alt, sondern ein Produkt der Moderne. Freilich wurden Frauen auch davor schon Mütter, aber diese Rolle hatte keinen herausragenden sozialen und moralischen Wert. Das Zeugen von Kindern ergab sich vielmehr in den meisten Fällen beiläufig und diente, wenn es überhaupt zweckgerichtet war, in erster Linie ökonomischen Zielen. Als zukünftige Arbeitskräfte und Erben sorgten Kinder für die Existenzsicherung einer Familie und waren Teil der elterlichen Altersvorsorge.[13] Elternschaft war außerdem stets prekär: Aufgrund der hohen Kindersterblichkeit war meist ungewiss, ob einem das Kind erhalten blieb, und viele Frauen starben an den Folgen der Schwangerschaft oder der Geburt. Es war deshalb keine Seltenheit, sondern eher die Regel, dass ein Elternteil abwesend, krank oder verstorben war. Großfamilienstrukturen und das Ammenwesen führten außerdem zu einer Mehrpersonenbetreuung, in der Erziehung eine Gemeinschaftsaufgabe und die biologische Elternschaft zumindest nicht immer entscheidend war. Erst im Laufe der Industrialisierung wurde die »große Haushaltsfamilie«, die mehrere Generationen unter einem Dach vereinte, verdrängt durch die lediglich aus Mutter, Vater und Kindern bestehende »Kleinfamilie«. Das ökonomische Argument, wonach eigene Kinder zusätzliche Arbeitskraft und eine Altersvorsorge versprachen, trat in den meisten industrialisierten Ländern allmählich in den Hintergrund. Dafür kam es zu einer verstärkten »Biologisierung« der Frau, die auf ihre sogenannte »weibliche Bestimmung« – das Gebären und Aufziehen von Nachwuchs – reduziert wurde.[14] Der Historiker Edward Shorter beschreibt in seinem Buch *Die Geburt der modernen Familie* die mütterliche Fürsorge für das Kleinkind als »eine Erfindung der Moderne«.[15] Die emotionalen Komponenten der Beziehung zu den eigenen Kindern rückten in den Vordergrund, und die Fähigkeit zur Mutterliebe wurde zur besonderen natürlichen Qualität der Frau erklärt.[16]

Die Zeiten, in denen Frauen auf ihre Funktionen als Gebärerin und Erzieherin reduziert wurden, sind heute glücklicherweise weitgehend vorbei. Dennoch werden Frauen nach wie vor sehr viel öfter als Männer mit der »Kinderfrage« konfrontiert, schreibt die US-amerikanische Essayistin Rebecca Solnit in ihrem Buch *Die Mutter aller Fragen.*[17] Von ihnen werde nach wie vor erwartet, sich mit der Option eigener Kinder auseinanderzusetzen und sich zu dieser bewusst zu verhalten. Als Frau, so lässt die Schriftstellerin Sheila Heti eine Romanfigur festhalten, »kannst du nicht einfach sagen, du willst kein Kind. Du musst schon einen ausführlichen Plan oder eine Vorstellung davon haben, was du stattdessen machen willst.«[18] Und dieser Plan sollte »lieber etwas Großartiges sein«. Der Mythos der Frau, die mit einem angeborenen Aufopferungswillen gesegnet ist und sich deshalb natürlicherweise zur Mutterschaft hingezogen fühlt, ist also nach wie vor wirkmächtig, wie etwa auch die französische Philosophin Elisabeth Badinter in ihren Arbeiten zeigt: Von Frauen wird oft grundsätzlich erwartet, dass sie Kinder haben wollen und dass sie, wenn sie keine haben, darüber unglücklich sind.[19]

Die Wirkmächtigkeit sozialer Erwartungen trat besonders deutlich zutage bei den Reaktionen auf eine Studie mit dem Titel *Regretting Motherhood,* die 2015 erschien[20]: Die israelische

Soziologin Orna Donath hatte 23 Frauen befragt, die angaben, ihre Mutterschaft zu bereuen. Sämtliche befragten Frauen machten zwar deutlich, wie sehr sie ihre Kinder liebten, sie formulierten aber zugleich ihre Zweifel daran, dass sie die Mutterrolle erfüllte, und sagten, sie hätten sich nach den Erfahrungen, die sie als Mütter gemacht hatten, nicht mehr für Kinder entschieden. Unter dem Hashtag *#regrettingmotherhood* meldeten sich nach Erscheinen der Studie weltweit Frauen zu Wort, die erleichtert waren, dass Mütter das Tabu brachen und davon zu sprechen begannen, wie sehr sie sich in ihrer Mutterrolle gefangen fühlten.

Die Studie sorgte vielerorts für hitzige Debatten: Darf eine Mutter überhaupt so etwas sagen?[21] Frauen mit Kinderwunsch fühlten sich außerdem verunsichert. So befragt sich etwa die Schriftstellerin Antonia Baum in ihrem Buch *Stillleben* selbst: Könnte ich nicht eine Frau sein, die für die Mutterschaft gar nicht gemacht ist und später bereuen würde, Mutter geworden zu sein?[22] Wohlgemerkt ging es bei den Diskussionen nicht darum, was es für Kinder bedeutet, wenn ihre Mütter öffentlich bekennen, dass sie ihre Mutterschaft bereuen. Die meisten Frauen äußerten ihr Bedauern ohnehin anonym. Die Debatten waren und sind vielmehr Zeugnis davon, dass der seit knapp zwei Jahrhunderten gepflegte Mythos von der hingebungsvollen Mutter, die in ihrer Rolle das allein selig machende Glück ihres Lebens findet, ganz offensichtlich bröckelt. Dabei ist es nicht zuletzt dieses überzogene Bild der guten – perfekten – Mutter, das für Frauen erdrückend sein kann. In Deutschland und Österreich ist dieses Mutterbild auch historisch bedingt: Der Mutterkult der Nationalsozialisten, die die Frau auf ihre Rolle als Gebärende und Familienversorgerin reduzierten, wirkte weit in die Nachkriegszeit hinein.[23] Das amerikanische Internet-Magazin *Slate* forderte vor drei Jahren in einem Beitrag mit dem Titel »Germany, Set Free the Rabenmutter!«,

Deutschland solle endlich anerkennen, dass Mutterschaft nicht bloß Glücksgefühle mit sich brächte, sondern auch als belastend empfunden werden könne, statt Frauen, die so empfänden, als »Rabenmütter« zu diskreditieren.[24]

Unter Druck gesetzt fühlen und fühlten sich aber nicht nur Frauen, die *keine* Kinder haben wollen, sondern auch jene, die sich Kinder wünschen und leidenschaftlich gerne Mütter sind oder wären. Für Diskussion sorgen nicht zuletzt Beiträge wie derjenige der Journalistin Bascha Mika, die Frauen »Feigheit« vorwirft, die statt in einer beruflichen Karriere in Vollzeit-Mutterschaft ihr Glück suchen: Anstatt etwas vom Leben und im Leben zu wollen, würden sie in eine Komfortzone desertieren, in der sie sich selbst aus dem Spiel der Öffentlichkeit nähmen und den Männern dieses Spielfeld komplett überließen.[25] Wie auch immer eine Frau sich entscheidet – die »Mutter aller Fragen« scheint sich für niemanden beiläufig zu stellen, sondern nach wie vor oder sogar wieder vermehrt in eine Kampfzone zu führen. Tatsächlich werden, worauf Elisabeth Badinter wiederholt hingewiesen hat, die Frage nach eigenen Kindern wie überhaupt reproduktive Entscheidungen nie im luftleeren Raum, sondern stets vor dem Hintergrund gesellschaftlicher Erwartungen und sozialer Rollen gestellt und getroffen – und zwar eben insbesondere im Fall von Frauen.[26]

Elternschaft und Glück

Ob Elternschaft im Ergebnis glücklich macht oder nicht, ist Gegenstand anhaltender sozialwissenschaftlicher Debatten, und eine abschließende Antwort ist kaum zu erwarten. Der Ökonom Nattavudh Powdthavee schreibt zum Beispiel, Kinder zu haben trage anders als lange behauptet zwar nicht an sich zum Lebensglück bei, beschädige dieses aber auch nicht. Ein direkter Zusammenhang zwischen Glück und Mutterschaft sei nicht nachzuweisen.[27] Zu anderen Schlüssen kommt der Ökonom Bryan Caplan: Zwar gebe es hinsichtlich der Bewertung der eigenen Lebenszufriedenheit kaum Unterschiede zwischen Eltern und kinderlosen Erwachsenen. Befrage man kinderlose Personen hingegen am Ende ihres Lebens, würden die meisten, wenn sie noch einmal entscheiden könnten, ein Leben mit Kindern wählen.[28] Verschiedene Studien zeigen außerdem, dass sich die Lebenszufriedenheit von Eltern mit zunehmendem Alter der Kinder ändert: Während die Kleinkindphase oft als kräfteraubend empfunden wird, steigt die Zufriedenheit im Grundschulalter der eigenen Kinder wieder an. Sind die Kinder erst einmal erwachsen, sind Eltern meist glücklicher als Gleichaltrige ohne Nachwuchs. Das dürfte auch damit zusammenhängen, dass das, was wir als »Lebensglück« bezeichnen, ganz unterschiedliche Dimensionen aufweist, etwa Wohlbefinden, Sicherheit, Zufriedenheit und Lebenssinn, die ökonomisch nur schwer messbar sein dürften. Je älter wir werden, umso stärker dürfte die Sinndimension ins Gewicht fallen.

Zu welchen Schlüssen auch immer die entsprechenden Studien kommen, einig sind sie sich darin, dass Elternschaft heute von vielen Menschen als anspruchsvoller beschrieben und erlebt wird als noch vor zwanzig Jahren. Das hat in erster Linie mit dem sich wandelnden Verständnis dessen zu tun, worin eigentlich die Aufgabe von Eltern besteht. Die vormalige klare Rolle als Zeugende, Ernährende und Fürsorgende hat sich in ein umfangreiches Aufgabenportfolio gelingender Förderung verwandelt, das Eltern anweist, ihre Kinder nicht nur sicher zu umsorgen und zu erziehen, sondern vor allem auch optimal auf das Leben vorzubereiten. Auf dem Marktplatz der Möglichkeiten ist für die Kinder das »Beste« zu unternehmen. Eltern sollen sich also zuständig fühlen für den Lebenserfolg ihres Kindes und zugleich möglichst liebe- und verständnisvolle Eltern sein. Einige sehen dabei gar ein »genetisches Wettrüsten« herannahen, bei dem Eltern bereits vorgeburtlich um die »beste« Ausstattung ihres Nachwuchses bemüht sind (Kap. 5). Kinder werden so zunehmend als Gesamtkunstwerke begriffen, die es zu gestalten, zu formen, zu prägen gilt. Dass Eltern an diesem Ideal der Verkörperung des perfekten und umfassenden Lebenscoachs ihrer Kinder scheitern, kann nicht verwundern. Für Mütter gilt dies umso mehr, als sie nach wie vor in den meisten Fällen die Hauptlast der Familien- und Erziehungsarbeit übernehmen.[29]

Die eigenen Kinder mit Bedacht zu erziehen und durchs Leben zu begleiten ist umso anspruchsvoller, als die meisten Eltern heute berufstätig sind und bleiben möchten. Die Diskussion um die sogenannte »Vereinbarkeitslüge« zwischen Karriere und Familie hat mittlerweile denn auch die Väter erreicht. Für viele gilt heute eine sogenannte »aktive Vaterschaft« als vorbildlich: Der Vater soll sich nicht länger auf seine Rolle als »Ernährer« bescheiden, sondern für die Kinder eine der Mutter ebenbürtige Bezugsperson sein.[30] Tatsächlich verbringen viele Eltern heute mehr Zeit mit ihren Kindern als früher. Es ist angesichts dieser Verschiebungen weithin anerkannt, dass für Fragen der Vereinbarkeit von Beruf und Familie nicht die Eltern allein zuständig sein können, sondern dass sie uns gesellschaftlich in die Pflicht nehmen, für angemessene Betreuungsangebote zu sorgen.

Trotz aller Herausforderungen, die eine eigene Familie in der Gegenwart also mit sich bringt, steht am Anfang des Nachdenkens über das Kinderbekommen vermutlich vor allem die Sehnsucht, ein neues Leben entstehen zu lassen und dem eigenen Leben und vielleicht auch der Partnerschaft dadurch eine neue Dimension zu verleihen. Vielleicht stellt man sich vor, dass mit eigenen Kindern zusammenzuleben, sie zu umsorgen und sie aufwachsen zu sehen, das Leben aufregender, bunter und irgendwie sinnerfüllter werden lässt. Vielleicht sehnt man sich auch danach, einer tief empfundenen, innigen, bedingungslosen Liebe zu einem eigenen Kind Ausdruck zu verleihen und diese Liebe möglicherweise mit einem Partner oder einer Partnerin zu teilen. Oder man möchte Werte weitergeben und auf diese Weise über sich selbst hinauswachsen. Doch sind diese verschiedenen Gründe, ein Kind in die Welt zu bringen, nicht egoistisch? Müsste es Eltern nicht in erster Linie um das Glück *für das Kind* und eben nicht um einen Zuwachs an *eigenem* Lebensglück oder Lebenssinn gehen? Simone de Beauvoir schreibt beispielsweise, ein Kind müsse zwingend »um seiner selbst willen und nicht um hypothetischer Vorteile willen gewollt werden«[31], ansonsten werde es instrumentalisiert. Doch ein Kind allein um des Kindes willen zu wünschen ist ein unmögliches Unterfangen. Da nämlich das Kind, bevor es seine Eltern in die Welt bringen, gar nicht existiert, kann es gar nicht um seiner selbst willen gewollt werden. Ähnlich läuft die Idee ins Leere, dass man das Geschenk des Lebens an ein Kind weitergeben wolle – es gibt schlicht niemanden, der dieses Geschenk empfangen könnte. Erst durch Zeugung und Geburt entsteht ein neuer Mensch, der als Rezipient für das mögliche Geschenk überhaupt in Frage käme. Was Simone de Beauvoir mit ihrer Forderung, ein Kind um seiner selbst willen zu wollen, vorgeschwebt haben dürfte, ist daher wohl eher die Idee, dass das Kinderbekommen verantwortlich erfolgen sollte. Eltern müssen sich klar darüber sein, dass Kinder ihre eigenen Bedürfnisse und Ansprüche haben werden; dass es mühselige Momente geben wird; dass die Entwicklungen der Kinder die Pläne ihrer Eltern auf das Heftigste zu durchkreuzen vermögen. So wie wir durchaus Freunde haben können, damit wir nicht einsam sind, sie aber ebenso um ihrer selbst willen schätzen, können wir auch Kinder haben, weil uns die Lebensform als Eltern beglückend erscheint, wir unsere Kinder aber dennoch um ihretwillen lieben.

Die Sehnsucht, in dieser Weise Kinder zu bekommen – als Weitergabe von Liebe, als existenzielle Erfahrung, als radikales Wagnis –, erfasst früher oder später sehr viele Menschen. Es ist und bleibt eine Sehnsucht, die sich schlecht begründen oder argumentativ durchdringen lässt. Wenn die Schriftstellerin Margaret Laurence von einem »inneren Müssen« sprach, hatte sie vermutlich das vage Gefühl vor Augen, dass der Wunsch für oder wider Kinder sich nicht wirklich in gängigen Weisen erklären lässt und auch nicht nach Erklärungen verlangt.

Sich eine Familie zu wünschen kann dabei so zentral für die eigene Vorstellung vom guten Leben sein, dass die Option der Kinderlosigkeit gar nicht erst bedacht wird. Bleibt eine Schwangerschaft aus, kann sich das wie ein schwerer Schicksalsschlag anfühlen. Ungewollte Kinderlosigkeit bedeutet für viele Unglück, Schmerz, Verlust und Trauer. Umgekehrt kann es für eine Person, die nie Kinder haben wollte, verstörend sein, doch Mutter oder Vater zu werden oder sich von der Partnerin oder vom Partner zu einem Kind gedrängt zu fühlen. Mutter oder Vater werden zu wollen oder Elternschaft bewusst für sich auszuschließen ist, wie Margaret Laurences Vergleich mit der Schriftstellerei zeigt, von ähnlich gewichtiger Bedeutung wie andere Projekte, die eng mit unserer Vorstellung eines erfüllten Lebens verbunden sind. Zwar haben nicht alle Menschen so klar konturierte Lebensprojekte, die bestimmte biographische Wendungen geradezu zwingend erscheinen lassen. Die meisten können sich vermutlich unterschiedliche Lebenswege vorstellen. Den Kinderwunsch hingegen mögen die wenigsten, wenn sie ihn einmal verspüren, aufgeben. Häufig wird er, ist er erst einmal da, immer drängender.

Der Philosoph Dieter Thomä erklärt diesen inneren Drang in seinem Buch *Eltern. Kleine Philosophie einer riskanten Le-*

bensform unter anderem damit, dass wir uns zum Kinderwunsch notwendig verhalten müssen. Elternschaft sei mit Sicherheit »von anderer Art als die meisten ›denkbaren‹ Projekte, etwa das einer Antarktis-Durchquerung zu Fuß oder das einer Selbsterfahrungsgruppe zu Haus«, so Thomä. Denn Elternschaft präsentiere sich erwachsenen Menschen als »eine Möglichkeit, die, ohne weiteres Zutun, in ihnen steckt – oder aber auch nicht«.[32] Während wir uns andere Lebensprojekte ausdenken müssen oder sie an uns herangetragen werden, ist die Möglichkeit, Kinder zu zeugen, tatsächlich immer schon in uns angelegt. Sobald wir erwachsen werden und sexuell aktiv sind, müssen wir uns, zumindest wenn wir heterosexuelle Präferenzen haben, zwangsläufig zu ihr verhalten: entweder indem wir vorsorgen, um keine Kinder zu zeugen, oder indem wir die Verhütung unterlassen, uns auf die Möglichkeit von Nachwuchs einstellen oder sie zumindest in Kauf nehmen.

Der Kinderwunsch unterscheidet sich aber noch in drei weiteren Hinsichten von sonstigen Lebensprojekten, die die Auseinandersetzung mit ihm in besonderer Weise existenziell werden lassen: *Erstens* ist der Wunsch *exklusiv*, insofern als er die jeweils andere Option ausschließt. Sind Frauen und Männer erst einmal Eltern geworden, können sie nicht ein bisschen Eltern sein oder halb kinderlos bleiben; Vaterschaft und Mutterschaft sind vielmehr eine Frage von »ganz oder gar nicht«. In Patchwork-Familien mag sich das zwar insofern anders darstellen, als beispielsweise Kinder eines neuen Partners oder einer neuen Partnerin im Lauf der Zeit auch als »eigene« Kinder empfunden werden können. Doch zu diesen Kindern entschließt man sich nicht oder zumindest nicht in gleicher Weise; sie wachsen einem vielmehr ans Herz, weil der Partner oder die Partnerin sie in das gemeinsame Leben mitbringt. *Zweitens* ist die Erfüllung des Wunsches *unumkehrbar*: Wer Vater oder Mutter geworden ist, bleibt es ein Leben lang. Elternschaft lässt sich nicht rückgängig machen. *Drittens* ist Elternschaft *unvorhersehbar*: Wir wissen zum einen nicht, wie das Kind sein wird, das zu uns stößt, wir kennen sein Wesen, sein Temperament, seine Neugier nicht. Dem Kind kann außerdem jederzeit etwas widerfahren, es kann auf Abwege geraten, unglücklich sein. Das Schicksal des eigenen Kindes ist nicht kalkulierbar, und Eltern liefern sich mit einem Bekenntnis zu diesem Risiko großer eigener Verletzlichkeit aus. Doch damit nicht genug: Es ist zum anderen ebenso unvorhersehbar, wie es sich ganz grundsätzlich anfühlen wird, Eltern zu sein, bevor wir es tatsächlich geworden sind. Elternschaft auf Probe gibt es nicht. Die Philosophin Laurie A. Paul spricht in diesem Zusammenhang von »transformierenden Erfahrungen«[33]: Wir treffen in unserem Leben zuweilen Entscheidungen, die so weitreichend sind, dass sie unsere Lebensumstände radikal verändern, sodass wir während des zu durchlebenden Prozesses selbst zumindest ein Stück weit zu anderen werden. Weil wir aber nicht wissen, wie wir dann sein und empfinden werden, wissen wir auch nicht, so Paul, ob wir eine Entscheidung, die wir heute fällen, morgen auch noch als richtig empfinden. Ob die Personen, die wir als Eltern sein werden, das Leben mit ihren Kindern mögen werden oder nicht, lässt sich deshalb nicht antizipieren. Wie also sollen wir entscheiden können, ob wir Kinder haben wollen?

Für einige besteht das Wagnis der Elternschaft genau in dieser Unmöglichkeit, zu antizipieren, wer wir selbst sein werden in jener neuen Rolle, die wir wahrzunehmen uns verpflichten. So schreiben etwa der Schriftsteller Florian Werner und die Philosophin Svenja Flaßpöhler in ihrem gemeinsam verfassten Buch *Zur Welt kommen. Elternschaft als philosophisches Abenteuer*: »Elternwerden heißt nicht nur, die Verantwortung für ein Menschlein zu übernehmen, es zu lieben und zu umsorgen. Im Elternwerden liegt vielmehr auch die Chance, das eigene Leben noch einmal anders zu begreifen. Auch Erwachsene werden, indem sie Kinder bekommen, neu geboren.«[34] Tatsächlich gibt es wenige Dinge im Leben, die so anspruchsvoll, emotionsreich, kosten- und zeitintensiv und gleichzeitig exklusiv, unumkehrbar und unvorhersehbar sind wie Elternschaft. Schon alleine diese Überlegungen zeigen, dass ein Abwägen für und wider Kinder ganz offensichtlich äußerst schwierig ist und dass das Kinderwollen vielleicht weniger als eine Entscheidung denn als eine Sehnsucht und ein Abenteuer beschrieben werden muss.

Weil wir unsere Leben bewusst zu führen gewohnt sind und das Risikobehaftete gern an das doch mehr oder weniger kalkulierte Freizeitvergnügen auslagern, tun wir uns vielleicht heute umso schwerer mit der Entscheidung für eigene Kinder. Denn diese kommt einer Art Sprung gleich, ist unumkehrbar und bringt gleichzeitig enorme Verantwortung mit sich. Junge Menschen berichten zuweilen, sie wünschten sich, sie würden in die Mutter- oder Vaterschaft hineinschlittern, sie würde ihnen einfach zustoßen, geradeso, als sehnten sie die frühere Schicksalsmächtigkeit der Kinderfrage wieder herbei. Frauen setzen die Pille ab und »warten mal ab«; Männer »passen nicht mehr so gut auf« – als würden sie dem Schicksal doch wieder einen Türspalt öffnen wollen, um die Entscheidung nicht selbst fällen zu müssen. Auch wenn wir für gewöhnlich denken, dass wir gerade Entscheidungen, die von so weitreichender Bedeutung sind, gut und lange bedenken sollten, gilt das offenbar für die Frage nach eigenen Kindern nicht: Sie hat etwas an sich, das sich so einfach gar nicht bedenken lässt. Die Gesundheitswissenschaftlerin Vangie Bergum schreibt dazu, diese Entscheidung gleiche viel weniger einer rationalen Abwägung von Pro- und Kontra-Argumenten als dem, was der Philosoph und Theologe Søren Kierkegaard als »Sprung des Glaubens« bezeichnete: Als Einsicht, dass uns eine Entscheidung noch einmal neu mit den Möglichkeiten des Lebens zu verbinden vermag und die nur mit »Furcht und Zittern«, wie Kierkegaard es nannte, getroffen werden kann.[35] Furcht ist vielleicht nicht vonnöten; Ehrfurcht oder Demut hingegen dürfte verständlicherweise viele erfüllen, die sich mit dem Elternwerden auseinandersetzen.

Der Kinderwunsch und die Klimadebatte

Kinder bekommen wir nie ganz für uns allein, sondern immer in einer sozialen Umgebung und in einem gesellschaftlichen Klima. Die gesellschaftliche Perspektive auf die Frage, warum wir eigene Kinder haben, beeinflusst mögliche Kinderwünsche aber nicht allein mit Blick darauf, welche Rollen für Frauen und Männer beziehungsweise Mütter und Väter in unserer Gesellschaft vorgesehen sind. Sie findet ihren Niederschlag auch in konkreten Debatten darüber, was Kinderwünsche oder deren Ausbleiben für das Wohl unserer Gesellschaft bedeuten. Die Weltbevölkerung wächst kontinuierlich, und dieses Wachstum wird weithin als Problem erachtet. Bei der nächsten Jahrhundertwende dürfte die Weltbevölkerung je nach Schätzung aus 10 bis 12 Milliarden Menschen bestehen, gegenüber heutigen knapp 7,7 Milliarden. Ob unser Planet ein solches Wachstum tragen kann, ist fraglich. Eine Schrumpfung der Bevölkerung lässt sich lediglich in hochentwickelten Ländern beobachten, wo die Geburtenrate unter den 2,1 Kindern pro Frau liegt, die notwendig wären, um eine Bevölkerung konstant zu halten. In diesen Ländern wird Kinderlosigkeit wiederum kritisch kommentiert und zuweilen sogar als egoistisch oder als Trittbrettfahrerei bezeichnet, weil alle an hinreichend Nachwuchs ein Interesse hätten, aber nicht alle dazu beitrügen.[36] Familien erfahren mittlerweile in vielen Ländern Förderung durch politische Maßnahmen. Einzelne Staaten haben sogar ganz konkrete Initiativen ergriffen, um das Bevölkerungswachstum wieder anzukurbeln: Italien, Frankreich und Südkorea etwa fordern ihre Bürgerinnen und Bürger in Kampagnen zur Reproduktion auf; der Schweizer Kanton Tessin bezahlt Eltern seit 2019 eine Prämie von 3000 Schweizer Franken für Neugeborene. Angesichts weltweit konstanten Bevölkerungswachstums lässt sich allerdings fragen, weshalb die lokale Bevölkerung zur Reproduktion ermuntert werden soll, während zeitgleich vielerorts die Einwanderung gebremst wird, die ja meist junge Menschen in andere Länder bringt. Die Maßnahmen zur Steigerung der Geburtenrate werden entweder mit nationalistischen Argumenten gerechtfertigt, wie etwa vom ungarischen Präsidenten Viktor Orban, der bis 2030 die Geburtenrate in Ungarn auf 2,1 anheben möchte – allein mit ungarischen Frauen notabene. Oder aber die entsprechenden Kampagnen werden staatspolitisch begründet: Eine schrumpfende Bevölkerung verändere die Alterspyramide zu einem Trichter, es gelinge den jeweiligen Gesellschaften nicht mehr, die Betreuung und Versorgung ihrer alternden Mitglieder sicherzustellen. Ob diese Analysen ökonomisch stimmen, wird allerdings bezweifelt. Während langer Zeit sei vorgerechnet worden, dass wir die nachfolgenden Generationen als Altersvorsorge zwingend benötigten, und vor dem Hintergrund dieser Prämisse schien es auch gerechtfertigt, Familiengründungen als Gesellschaft mitzufinanzieren. Diese Rechnung gehe aber längst nicht mehr auf, schrieb die Journalistin Claudia Baer in der *Neuen Zürcher Zeitung*: Eigene Kinder zu haben sei mittlerweile sogar egoistisch, weil man zur Erfüllung persönlicher Wünsche die finanzielle Unterstützung der Allgemeinheit in Anspruch nehme.[37]

Wie immer man diese ökonomische Auseinandersetzung bewerten mag: Die These, Kinder zu bekommen, sei von einem gesellschaftlichen Standpunkt aus egoistisch, hat angesichts der Debatte um den Klimawandel eine neue Wende erfahren. Als der wachstumskritische »Club of Rome« vor vier Jahren einen neuen Bericht vorlegte, sorgte insbesondere eine Aussage darin für großes mediales Echo: Der norwegische Zukunftsforscher Jørgen Randers und der britische Ökonom Graeme Maxton forderten in ihrer Studie nicht nur einen radikalen Umbau der Volkswirtschaften, sondern als Teil der Maßnahmen zur Rettung unseres Planeten auch Prämien für kinderlose Personen und Einkindfamilien. Frauen in Industrieländern, die bis zu ihrem fünfzigsten Geburtstag maximal ein Kind großzögen, sollten eine Prämie von 80 000 US-Dollar erhalten. Ihre Einschränkung auf Frauen in Industrieländern erklärten die Autoren damit, dass ein Kind in einem Industrieland großzuziehen mehr als dreißig Mal so viele Ressourcen beanspruche wie in einem Entwicklungsland. Aus ökologischen Gesichtspunkten sollten sich deshalb vor allem Bewohnerinnen und Bewohner des reichen Westens in der Erfüllung ihrer Kinderwünsche mäßigen.[38] Diese Forderung rechtfertigten Randers und Maxton damit, dass die Verdoppelung der Weltbevölkerung in den vergangenen 50 Jahren die Hauptursache für die fortschreitende Zerstörung unseres Planeten gewesen sei. Den ökologischen Fußabdruck des Einzelnen zu verkleinern sei aber erfahrungsgemäß äußerst schwierig. Tatsächlich verbrauchen wir pro Kopf immer mehr Ressourcen. Statt dem Ressourcenverbrauch den Riegel vorzuschieben, scheint es offenkundig effizienter, dem Bevölkerungswachstum Einhalt zu gebieten.

Was vor zwei Jahren noch für tiefe Irritation sorgte, ist mittlerweile zum beliebten Diskussionsstoff in Zeitungen, Zeitschriften und Talkshows avanciert: Wenn der Kindersegen letztlich ein ökologisches Problem darstelle, müsse darüber diskutiert werden, ob es überhaupt noch legitim sei, Kinderwünsche zu verwirklichen.[39] Dass Umweltschützer und zunehmend auch Politikerinnen angesichts des Klimawandels eine vegetarische Lebensweise propagieren, zu weniger Flugreisen und nachhaltigerem Konsum aufrufen, ist bekannt – aber sollen wir aus Klimaschutzgründen tatsächlich auch auf eigene Kinder verzichten? Die Ausgangslage der »Kinderfrage«, die Rebecca Solnit als »Mutter aller Fragen« bezeichnet[40], hat sich offenbar zumindest in manchen Kreisen und Zusammenhängen in ihr Gegenteil verkehrt: Gefragt werden Erwachsene in diesem Sinn nicht länger: »Warum hast du *keine* Kinder?«, sondern: »Warum hast du *überhaupt* Kinder?« Fast scheint es, als müsste sich rechtfertigen, wer sich trotz der herrschenden ökologischen Krise erdreistet, noch Nachwuchs in die Welt zu setzen. Doch ist es wirklich rechtfertigungsbedürftig, sich eigene Kinder zu wünschen und diese auch tatsächlich zu bekommen?

Mit der Frage nach der Rechtfertigung eigener Kinder wechseln wir die Ebene: Ging es vorhin um die Frage, welche persönlichen Gründe Menschen haben können, eigene Kinder zu wollen, wird nun danach gefragt, ob es moralische oder gesellschaftliche Aspekte gibt, die der persönlichen Entscheidung entgegenstehen. Die Frage danach, ob eigene Kinder zu wollen ein legitimes Unterfangen darstelle, mag dabei vielen abwegig erscheinen: Dass wir grundsätzlich Kinder haben *dürfen*, scheint schlicht und einfach evident. Kinder zu haben oder bewusst auf Kinder zu verzichten ist für viele Menschen zentraler Ausdruck ihrer Identität und ein wichtiger Inhalt ihres Lebens. Die entsprechende Entscheidung muss deshalb niemand rechtfertigen, sie ist vielmehr Kerngehalt der reproduktiven Autonomie, das heißt des Rechts, *frei von Fremdbestimmung* zu beschließen, ob, wann und mit wem wir Kinder bekommen möchten (Kap. 1).

Dieses Recht ist heute im Grundsatz unbestritten: Niemand darf zum Zeugen und Gebären von Kindern gezwungen werden – ebenso wenig, wie niemand daran gehindert werden darf, Kinder zu bekommen. Doch können nicht gesamtgesellschaftliche Interessen, das heißt, die Interessen der gesamten Menschheit und zukünftiger Generationen, wie sie angesichts des Klimawandels auf dem Spiel stehen, Eingriffe in die reproduktive Autonomie der einzelnen Person rechtfertigen? Oder zumindest die moralische Frage angemessen erscheinen lassen, ob es legitim ist, eigene Kinder zu wollen? Der Klimawandel ist zweifelsohne eine der gravierendsten Herausforderungen, denen wir uns als Menschheit zu stellen haben. Seth Wynes und Kimberly Nicholas von den Universitäten British Columbia und Lund kamen 2017 in einer Studie zu dem Schluss, dass eine Person durch Fleischverzicht 0,8 Tonnen CO_2 pro Jahr einsparen könne, mit einem autofreien Leben bringe sie es immerhin auf 2,4 Tonnen. Weiter rechneten sie vor, dass der Verzicht auf ein Kind mit satten 58,6 Tonnen zu Buche schlage. Weil jede Person aus Rücksicht auf andere darauf zu achten habe, ihren CO_2-Ausstoß möglichst gering zu halten, müsse also als Erstes genauer über die eigene Reproduktion nachgedacht werden.[41] Genau dazu wollte der »Club of Rome« mit seinem Vorschlag anregen – ebenso wie die Philosophin Sarah Conly, die aus ökologischen Gründen für eine »Ein-Kind-Politik« votiert[42], oder der Philosoph Travis Rieder, der aus Gründen der Nachhaltigkeit bis auf Weiteres nur Kleinfamilien mit maximal zwei Kindern zulassen möchte.[43]

Sind Eltern also Klimasünder? Sollten sie aus Rücksichtnahme auf das Gesamtwohl kritisch überdenken, ob sie von ihrer reproduktiven Freiheit Gebrauch machen und den Kinderwunsch tatsächlich verwirklichen wollen? Zunächst gibt es gute Gründe, die Prämisse, wonach Klimaschutz den Verzicht auf Kinder gebiete, und alle damit verbundenen Rechenoperationen als problematische Verkürzung zurückzuweisen. Denn Klimaschutz ist zwar notwendig, um die Lebensgrundlage für unsere Kinder zu erhalten, womit wir letztlich aber doch gerade auf eine Zukunft setzen, die diese Kinder erst verkörpern. Doch selbst wenn man sich auf die Argumentation einlässt, folgt aus ihr nicht zwingend, dass die reproduktive Autonomie eingeschränkt werden soll und darf. *Erstens* nämlich werden die Zahlen, auf denen die Forderungen beruhen, in Zweifel gezogen. Die 58,6 Tonnen CO_2, die jährlich einsparen solle, wer auf ein (weiteres) Kind verzichte, basierten auf unseriösen Erhebungen, warnt beispielsweise der Politikwissenschaftler Gregor Walter-Drop.[44] *Zweitens* – und sicher am grundlegendsten – kann man die Frage stellen, ob die Entscheidung für oder gegen Kinder überhaupt aus gesamtgesellschaftlicher Perspektive bewertet werden darf und soll. Wer von der eigenen reproduktiven Selbstbestimmung Gebrauch macht, muss sich zwar aus einer moralischen Perspektive auch die Frage stellen, ob er damit anderen Schaden zufügt. Mit Bezug auf den Klimawandel ist aber zum einen nicht so klar, worin eine Schädigung genau bestünde. Klimawandel und Bevölkerungswachstum sind zum anderen genauso wie die Umweltverschmutzung, globale Migration oder extreme Armut weltumspannende Probleme, die wir nur gemeinsam und mithilfe politischer Maßnahmen lösen oder eindämmen können. Insofern ist strittig, ob überhaupt an individuelle Verhaltensänderungen appelliert werden soll. Klar ist aber: Zu persönlichem Verzicht, zu Spendebereitschaft oder zu Solidarität aufzurufen ist in diesen Kontexten das eine; einander den Gebrauch der persönlichen Freiheit und die Verwirklichung eines existenziellen und identitätsstiftenden Wunsches moralisch oder gar rechtlich zu verbieten, das andere. Rechtlich gesehen muss es zum Kerngehalt reproduktiver Autonomie gehören, überhaupt entscheiden zu können, ob man Kinder möchte oder nicht. Diese Entscheidung darf nicht von Gesamtnutzenerwägungen abhängig gemacht werden, zumal es um eine persönliche Entscheidung für eine bestimmte Lebensform geht, die man danach zu verantworten hat.

Drittens ist gar nicht so klar, was eigentlich aus der dargestellten global-moralischen Perspektive bezüglich der Kinderfrage folgen soll. Wird ein Kosten-Nutzen-Kalkül für jedes neue Leben nahegelegt, dürften dabei Kinder nicht lediglich als potenzielle CO_2-Emittenten vermessen werden. Vielmehr gälte es in eine solche Rechnung einzubeziehen, dass mit jedem Kind auch sehr viel Gutes und Schönes in die Welt kommen kann: für seine Eltern, die sich dieses Kind vielleicht sehnlichst gewünscht haben, möglicherweise auch für seine Geschwister oder weitere Familienmitglieder, vor allem aber für die neue Person selbst, die nur unter der Bedingung, dass sie überhaupt existiert, Unmengen schöner Erfahrungen machen kann. Ein neuer Mensch kann überdies die Generationenkette weiterführen und selber wiederum Menschen in die Welt bringen, die ihrerseits gute, reiche Leben führen können. Vor dem Hintergrund eines Kosten-Nutzen-Kalküls könnte man folglich auch vertreten, dass jedes Kind, das zur Welt kommt, so viele schöne Erfahrungen machen kann und so viel Positives beizutragen vermag, dass es gute Gründe oder moralisch gesehen gar eine Pflicht gäbe, möglichst viele Kinder in die Welt zu bringen.[45] Ob es sich beim Hinzukommen weiterer Kinder um einen Netto-Glückszuwachs oder einen Netto-Leidzuwachs handelt, bleibt unklar – zumal es sich hier ganz offensichtlich um unvergleichbare Güter handelt: Wie soll das Glück eines Menschenlebens abgewogen werden gegen das Unglück eines Klimaflüchtlings?

Viertens droht beim Abwägen von reproduktiven Rechten gegen Überlegungen zum Gesamtnutzen womöglich eine sogenannte »schiefe Ebene«. Damit ist gemeint, dass solche Gesamtnutzenerwägungen Folgen nach sich ziehen könnten, die klarerweise zu verurteilen wären. Die Überlegung ist ungefähr die folgende: Wenn die Geburt eines Kindes prinzipiell vor dem Hintergrund eines Kosten-Nutzen-Kalküls gerechtfertigt werden müsste, müssten dann nicht auch Kinder angestrebt und ausgetragen werden, die über ein möglichst großes Glückspotenzial verfügen? Und wären dann nicht fragwürdige Selektionsempfehlungen die logische Konsequenz? Konsequentialisten, die die moralische Richtigkeit einer Handlung allein danach bewerten, welche Folgen sie für alle Betroffenen hat, könnten an dieser Stelle einbringen, dass es etwas ganz anderes sei, aus Rücksichtnahme auf das Gesamtwohl kritisch über die Geburtenrate nachzudenken, als Selektionsempfehlungen abzugeben. Das vermag aber nicht alle Kritikerinnen zu überzeugen: Weshalb sollte die konsequentialistische Logik Halt machen vor einer Bewertung von Leben, das sich lohnt oder nicht lohnt?

Fünftens lassen entsprechende Kalkulationen außer Acht, dass Menschen vielleicht auch klüger werden könnten. Kommende Generationen könnten in der Lage sein, Lösungen für die Klimaproblematik zu finden und dereinst beispielsweise weitaus weniger Treibhausgase zu produzieren als in gegenwärtigen Rechnungen veranschlagt. Ein Entschluss zum eigenen Nachwuchs kann gerade heißen, auf die Klugheit der nachfolgenden Generation zu hoffen, auf dass sie das eine oder andere der Menschheitsprobleme besser angehe, als wir es bislang getan haben. Vielleicht ist sogar eine Familiengründung gerade mit dem Wunsch verbunden, dem Planeten auch für kommende Generationen Sorge zu tragen. Der Philosoph Rüdiger Safranski geht zwar sicherlich zu weit, wenn er fragt, ob Personen ohne Kinder nicht Gefahr liefen, übergenerationelles Denken außer Acht zu lassen: »Wenn diese Mentalität an die Macht kommt, ist keine Zukunftspolitik mehr möglich.«[46] Selbstredend können auch Personen ohne Kinder an die Generationen von morgen denken. Aber Kinder in die Welt zu bringen kann vielleicht noch einmal in besonderer Weise dazu beitragen, zukünftige Generationen in den Blick zu nehmen. Denn Kinder stiften, wie der Philosoph Leander Scholz schreibt, eine »Beziehung zu einer Zukunft«, die weit über die eigene Zeit hinausreicht.[47]

Existenz als Zumutung

Die Frage, ob eigene Kinder zu bekommen einer Rechtfertigung bedarf, wird nicht nur aus gesellschaftlicher Sicht aufgeworfen, sondern auch mit Blick auf das Wohl eines potenziellen Kindes diskutiert: Darf auch dann Nachwuchs in die Welt gesetzt werden, wenn davon auszugehen ist, dass dieser leiden wird? Einige Philosophen halten menschliche Existenz an sich für ein großes Übel und schließen daraus, dass Kinder zu zeugen unter keinen Umständen gerechtfertigt sei. Solche Daseinsskeptiker oder moralische Antinatalisten gab es immer schon, angefangen bei Buddha über den deutschen Pessimisten Arthur Schopenhauer bis zum rumänischen Philosophen Emil Cioran. Anders als *ökologische* Antinatalisten wie die bereits erwähnten Travis Rieder oder Sarah Conly, die ihre Aufforderung zu einem freiwilligen Verzicht auf große Familien klimaethisch begründen, argumentieren *moralische* Antinatalisten mit dem individuellen Leid, das Menschen im Leben ereile, und der Sinnlosigkeit menschlicher Existenz. Für den südafrikanischen Philosophen David Benatar etwa fällt eine Bilanzierung menschlichen Lebens stets negativ aus, weshalb man die Bürde der Existenz allen noch nicht geborenen Menschen tunlichst ersparen sollte.[48] Jedes empfindungsfähige Wesen erfahre in seinem Leben unweigerlich eine Unmenge an Leid: Jeder Mensch wird nicht nur hungrig und durstig sein, erkranken und frieren, sondern sich auch unverstanden, einsam und ausgeschlossen fühlen. Benatar ist daher überzeugt, dass wir uns andauernd belügen und die Qualität unseres Daseins maßlos überschätzen, was er auf evolutionär verankerte Mechanismen zurückführt: Ohne Lebenstrieb wären wir längst ausgestorben, und für diesen Trieb ist es sicher förderlich, wenn wir unsere Existenz bejahen und verteidigen. Zögen wir stattdessen den Umstand in Betracht, dass unser aller Leben von unerfüllten und unerfüllbaren Wünschen beherrscht ist und wir alle sterben müssen, würden wir einsehen, auf welch eklatante Weise unser Lebensglück defizitär sei, mit Ausnahme einer kleinen Minderheit, in deren Leben die positiven Erfahrungen tatsächlich überwiegen.

Für Antinatalistinnen ist diesem Gedankengang nach die Zeugung eines Kindes eine Art russisches Roulette: Da auf jedes wundervolle Leben Millionen schrecklicher Existenzen folgten und niemand in der Lage sei, abzusehen, ob gerade das eigene Kind zu den wenigen Glücklichen gehören werde, sei Fortpflanzung nicht zu rechtfertigen.[49] Benatar führt außerdem ein »Asymmetrie-Argument« ins Feld: Die eigene Existenz zu bedauern ist ihm zufolge auch deshalb das einzig Vernünftige, weil uns, wären wir nicht geboren worden, sicher Leid erspart geblieben, uns aber keine Freude genommen worden wäre. Benatar behauptet also eine Asymmetrie zwischen der Abwesenheit von Freude und der Abwesenheit von Leiden. Während die Abwesenheit von Leiden *immer* gut ist – selbst wenn es niemanden gibt, der diese Abwesenheit spürt –, ist die Abwesenheit von Freude nur dann schlecht, wenn es jemanden gibt, dem diese Freude weggenommen wird. Gibt es niemanden, dem die Freude geraubt werden kann, ist deren Absenz auch nicht schlecht.[50] In dieser Logik argumentiert auch der Inder Raphael Samuel, der für Schlagzeilen sorgte: Er will seine Eltern dafür verklagen, dass sie ihn in die Welt gesetzt haben. Ihre Handlung sei umso weniger gerechtfertigt, als es unserem Planeten weit besser gehen würde ohne Menschen.[51]

Samuels Aktion ist allerdings für viele nicht mehr als eine aufmerksamkeitsheischende Provokation und der Antinatalismus eine krude Theorie, die den Lebenserfahrungen und Überzeugungen der allermeisten in eklatanter Weise widerspricht. Denn *erstens* würden wohl nur die wenigsten von sich sagen, sie wären lieber nicht geboren worden, und würden sich auch dagegen wehren, sich diesbezüglich als Opfer einer Art kognitiver Verzerrung zu sehen. *Zweitens* lässt sich die eigene Nichtexistenz schlichtweg nicht vorstellen und damit auch nicht mit der eigenen Existenz vergleichen. *Drittens* erschöpft sich das Gefühl, im eigenen Leben einen Sinn zu sehen, nicht in subjektiven Zuständen des Glücks; es gehören auch Enttäuschung, Leid und Verletzungen dazu. Und *viertens* führte der Antinatalismus, nähmen wir ihn hinreichend ernst, zum Aussterben der Menschheit. Und tatsächlich wirbt eine kleine radikale Gruppe namens »Voluntary Human Extinction Movement« derzeit genau dafür. Sehr viel mehr Jugendliche hingegen engagieren sich bei einer Organisation mit dem entgegengesetzten Ziel, der »Extinction Rebellion«: Sie fordern ein radikales Umdenken in der Klimapolitik und ihr Recht auf eine Zukunft ein, weil sie gerade nicht wollen, dass die Menschheit an ihr Ende kommt.

Elternschaft nur mit Lizenz?

Bedeuten die vorangegangenen Überlegungen im Umkehrschluss, Eltern zu werden sei unter allen Umständen gerechtfertigt? Oder sind dem Kinderwollen in bestimmten Fällen doch Grenzen zu setzen? Eines ist unbestritten: Kinder in die Welt zu bringen ist ein Akt großer und langfristiger Verantwortung. Um zu verhindern, dass Menschen Eltern werden, die dazu nicht in der Lage sein könnten, wurde vorgeschlagen, die Berechtigung, einen Kinderwunsch zu realisieren, an den Kompetenzen der Eltern festzumachen. Unter dem Stichwort der »Lizenzierung von Eltern« wird diskutiert, ob nur Erwachsene, die mutmaßlich hinreichend gute Eltern sein können, auch Kinder großziehen dürfen. Ausgehend von der Erkenntnis, dass Kindererziehung mitunter auch großen Schaden anrichten kann, hat beispielsweise der Philosoph Hugh LaFollette eine solche Lizenzierung angehender Eltern gefordert. Analog zu Eignungstests und Prüfungen, wie sie etwa Ärztinnen absolvieren müssen, bevor sie Patienten behandeln, geht sein Vorschlag dahin, dass nur Personen, die einen entsprechenden Test absolviert und bestanden haben, auch berechtigt sein sollen, eigene Kinder zu haben.[52] Die Idee der Lizenzierung wendet sich also nicht gegen das Recht, Kinder zu *zeugen*, aber gegen das Recht, *Eltern zu sein*. Das dürfte allerdings in vielen Fällen auf dasselbe hinauslaufen: Wer einen Kinderwunsch verspürt, hat in aller Regel auch den Wunsch, sich als Mutter oder Vater um dieses Kind zu kümmern.

Die Forderung nach einer Lizenzierung angehender Eltern ist jedoch weder praktikabel noch gerechtfertigt. So ist etwa unklar, was in einem solchen Verfahren genau getestet werden soll. Der Vergleich mit einer Ärztin hinkt, denn ärztliches Können besteht neben menschlichen Qualitäten aus einer Kombination von Wissen (welches Medikament wirkt wogegen, welche Symptome deuten auf welche Krankheit hin) und handwerklichen Fertigkeiten (etwa eine Wunde zu versorgen oder ein gebrochenes Bein zu schienen). Auch Eltern müssen eine Menge wissen (welche Nahrung und wie viel Schlaf braucht ein Kind) und Fertigkeiten beherrschen (ein Kind wickeln), aber eine schwere Kindheit dürfte nur in wenigen Fällen auf mangelndes elterliches Wissen zurückzuführen sein. Was Kinder benötigen, sind in erster Linie Fürsorge und Liebe und verlässliche Bezugspersonen, die sich vorbehaltlos um sie kümmern. Wie genau sollten solche Fähigkeiten jedoch getestet werden? Wer argumentiert, dass es genetische Dispositionen oder problematische Vorgeschichten geben könne, die unzureichende Formen der Elternschaft begünstigten, begibt sich in historisch äußerst heikle Fahrwasser – zu erinnern sei etwa an die düstere Geschichte der Zwangssterilisationen (Kap. 1).

Bisweilen wird vorgebracht, auch Personen, die ein Kind adoptieren möchten, müssten Eignungsabklärungen durchlaufen. Bei der Adoption ist aber die Ausgangslage eine andere. Eine strenge Eignungsprüfung ist bei ihr deshalb gerechtfertigt, weil Kindern unter staatlicher Mitwirkung neue rechtliche Eltern vermittelt werden. Der Staat muss sicherstellen, dass ein elternloses Kind in die wohlwollende Obhut einer Person oder eines Paares gelangt, welches bereit und in der Lage ist, diesem ein Zuhause zu bieten und sein Wohl zu gewährleisten. Bei der Frage des Kinderwollens stehen hingegen reproduktive Freiheiten auf dem Spiel; ein Kind, dessen Wohl zu schützen wäre, gibt es (noch) nicht (Kap. 1). Eine Lizenzierung von Eltern scheint auch deshalb nicht gerechtfertigt, weil weder die Elternschaft noch das Kindeswohl antizipierbar sind. Es wird kaum möglich sein, abschließend abzusehen, wie Personen sich gegenüber ihren Kindern verhalten werden, bevor sie nicht tatsächlich eigene Kinder haben. Selbst die talentiertesten Mütter und Väter können Kinder schlecht behandeln, wenn sie selbst unter Druck oder in besondere Lebensumstände geraten. Sie könnten also in Tests bestens abschneiden, aber durch einen Schicksalsschlag ihre erzieherischen Kompetenzen verlieren. Umgekehrt können Menschen an schwierigen Aufgaben wachsen und zu ungeahnten Fähigkeiten finden – denken wir etwa an den in seiner Filmadaption berühmten Roman *Der kleine Lord* von Frances Hodgson Burnett aus dem Jahr 1886, in dem ein kleiner Junge das verhärtete Herz seines Großvaters erobert und das Schicksal einer ganzen Familie zum Guten wendet, obwohl der Großvater Kinder zu Beginn nicht ausstehen kann. Kinder können aus Erwachsenen das Beste herausholen – genauso wie eigentlich kinderliebende Menschen an der Aufgabe, eigene Kinder großzuziehen, tragisch scheitern können. Genau deshalb wird Elternschaft als paradigmatisches Beispiel für »transformierende Erfahrungen« beschrieben.[53]

Vor allem aber stellt die Forderung nach einer Lizenzierung von Eltern Personen mit Kinderwunsch unter Generalverdacht, als wäre allein der Wunsch nach einem Kind bereits eine potenzielle Kindeswohlgefährdung: Wer weiß, was sie ihren Kindern antun könnten? Angemessen ist demgegenüber die gegenteilige Haltung: Die meisten Väter und Mütter möchten ihre Sache gut machen, ihre Kinder glücklich sehen und sie zu verantwortungsvollen Erwachsenen erziehen. Selbstredend sind Kinder zu schützen und werden Kinderschutzbehörden eingreifen müssen, wenn ein begründeter Verdacht besteht, dass ein Kind misshandelt oder vernachlässigt wird. In erster Linie aber brauchen Eltern in unterschiedlichem Ausmaß und in unterschiedlicher Form Unterstützungsangebote – und keine Aufsichtsbehörde, die ihre elterlichen Qualitäten aus einem Generalverdacht heraus vorab prüft.

Ein eigenes Kind um jeden Preis

Als genereller Einwand gegen die Berechtigung, Kinder zu bekommen, wird das Kompetenzargument denn auch nicht öffentlich diskutiert. Es hat sich aber implizit eingeschlichen im Kontext der Frage, wem zu reproduktionsmedizinischen Unterstützungsmaßnahmen Zugang gewährt werden soll. Lässt sich der Kinderwunsch spontan nicht erfüllen, weil die Fruchtbarkeit eingeschränkt oder nicht gegeben ist, erwägen manche den Rückgriff auf die Fortpflanzungsmedizin. Weil der Wunsch häufig eine existenzielle Dimension aufweist, wird für seine Realisierung zuweilen viel in Kauf genommen. Rechtlich gesehen ist inzwischen weithin anerkannt, dass reproduktive Autonomie grundsätzlich auch das Recht umfasst, auf die Fortpflanzungsmedizin zurückzugreifen, um den Kinderwunsch zu realisieren, und dass Einschränkungen dieses Rechts einer hinreichenden Begründung bedürfen (Kap. 1). Aus moralischer Perspektive wird dieses Recht aber immer wieder in Zweifel gezogen: Die Zeugung von Menschen sei ein Akt, in den man sich nicht einmischen solle; Menschen zu »machen« stehe uns nicht zu. Wer so argumentiert, wird bereits der In-vitro-Fertilisation kritisch gegenüberstehen und sie als ein Verfahren ablehnen, das in Prozesse eingreift, die dem natürlichen Geschehen und damit letztlich dem Schicksal überlassen werden sollten. Doch wie genau ist diese ablehnende Position zu begründen? Die einen werden auf den Wert des Unverfügbaren verweisen, den sie durch die Reproduktionsmedizin gefährdet sehen. Andere werden ins Feld führen, dass die Zunahme an technologischen »Lösungen« unerfüllter oder eigentlich unerfüllbarer Kinderwünsche in neue Abhängigkeiten führe, und zwar von einer Industrie, die vorgebe, Frauen befreien zu wollen, in erster Linie aber aus deren Wünschen und Sehnsüchten Kapital schlage. Wiederum andere stehen ausschließlich der Reproduktion mit fremden Samen- und Eizellen kritisch gegenüber. Sie befürchten einen Verlust der Genealogie und die Erosion der »genetischen Kleinfamilie«: In den mit technologischer Hilfe neugeschaffenen Familienkonstellationen hätten Kinder zwar soziale Eltern, wären aber ihrer genealogischen Wurzeln beraubt.[54] Der Kulturwissenschaftler Andreas Bernard schreibt in seinem Buch *Kinder machen*, dass allein in Deutschland wohl mehr als hunderttausend Kinder leben, die durch eine Samenspende gezeugt wurden, von denen aber lediglich fünf bis zehn Prozent wissen, wer ihr biologischer Vater ist.[55] Da genetische Herkunft einen wichtigen Bestandteil persönlicher Identität ausmacht, scheinen diese Zahlen tatsächlich bemerkenswert. Anonyme Samenspenden sind heute etwa im deutschsprachigen Raum zwar rechtlich verboten, und Kinder haben ein Recht, Auskunft zu erhalten darüber, wer ihre genetischen Eltern sind. Samen- oder Eizellspenden müssen also keineswegs mit einem Verlust der Genealogie einhergehen. In anderen Ländern besteht aber nach wie vor die Möglichkeit, auf anonyme Spenden zurückzugreifen.

Hinter der Klage der Fragmentierung von Familienstrukturen steckt zuweilen aber eine ungleich stärkere These: nämlich dass es für Kinder besser sei, bei ihren biologischen Eltern aufzuwachsen (Kap. 6). Aus diesem Grunde sei die künstliche Befruchtung mit Keimzellen, die nicht von den Wunscheltern stammen, gänzlich abzulehnen. Doch fehlen für diese These empirische Belege. Um eine stabile Identität auszubilden, brauchen Kinder verlässliche Bezugspersonen; dass diese mit ihren Kindern auch genetisch verwandt sind, ist dafür keine Bedingung. Vor allem aber dienen die Möglichkeiten der künstlichen Befruchtung meist gerade dem Zweck, mit den Eltern genetisch verwandte Kinder hervorzubringen und somit genealogische Verhältnisse zu garantieren. Paare, die auf natürlichem Weg keine Kinder bekommen, greifen zuweilen auf eine In-vitro-Fertilisation zurück, weil sie sich ein Kind wünschen, das zumindest mit einem Elternteil genetisch verwandt ist. Fernsehserien wie die US-amerikanische Sitcom *The New Normal* oder die Comedy-Serie *Modern Family* mit gleichgeschlechtlichen Eltern und Leihmüttern in den Hauptrollen zelebrieren die Kleinfamilie; bedrohen tun sie sie gerade nicht.

Dennoch können in einigen Ländern lediglich verschiedengeschlechtliche Paare die Fortpflanzungsmedizin in Anspruch nehmen. Gelegentlich wird in diesem Zusammenhang auf fehlende »Natürlichkeit« verwiesen: Während verschiedengeschlechtliche Paare natürlicherweise Nachwuchs zeugen könnten, sei dies für gleichgeschlechtliche Paare nicht vorgesehen und Elternschaft in ihrem Fall deshalb »unnatürlich«. Um die Frage, ob auch gleichgeschlechtliche Paare eigene Kinder haben dürfen, werden derzeit weitreichende gesellschaftspolitische Debatten geführt, die ein Paradebeispiel dafür abgeben, wie sehr die Reproduktionsmedizin in der heutigen Zeit wieder zu einem Schauplatz politischer und moralischer Kontroversen geworden ist. »Natur« ist keineswegs das geschlossene System, als das sie gerne dargestellt wird. Es gibt natürliche Ordnungen in Hülle und Fülle, die beigezogen werden können, um Normen zu begründen oder zu entwerten (Kap. 1). Die Wissenschaftstheoretikerin Lorraine Daston spitzt zu: »Für jedes Beispiel aus der Naturgeschichte, das ich mir zur Unterstützung meiner Lieblingsnorm einfallen lasse, können Sie zur Unterstützung ganz anderer Normen mit einer Fülle anderer Naturanalogien aufwarten: Matriarchat der Bienen versus Patriarchat der Paviane.«[56] Mit entsprechenden Zugangsbeschränkungen werden also in erster Linie dominante Vorstellungen von »natürlichen« Zeugungen und »normalen« Familien durchgesetzt und aufrechterhalten. Wenn Recht und Gesellschaft sich darauf berufen, postulieren sie als kulturelle Praxis ein normatives Verständnis von Elternschaft, das der komplexen Realität mit ihren verschiedenen Formen von Elternschaft aber nicht gerecht wird – oder einer alternativen Begründung bedürfte, die der Verweis auf die Natur allein nicht leisten kann.

Als Argument gegen die Zulassung gleichgeschlechtlicher Paare zur Fortpflanzungsmedizin wird zuweilen auch das Kindeswohl eingebracht: Kinder, die mit zwei Personen desselben Geschlechts aufwachsen, würden leiden, etwa weil sie Gefahr liefen, sozial ausgegrenzt zu werden, oder eine Mutter respektive einen Vater vermissten. Doch *erstens* gibt es keinen Nachweis dafür, dass bestimmte Familienformen an sich für das Aufwachsen von Kindern schädlicher sind als andere. Kindern von gleichgeschlechtlichen Paaren geht es Studienergebnissen zufolge ebenso gut wie Kindern von gemischtgeschlechtlichen Eltern.[57] Und *zweitens* dürfte, selbst wenn Kinder von gleichgeschlechtlichen Paaren häufiger Opfer von Ausgrenzung würden, daraus nicht gefolgert werden, dass gleichgeschlechtliche

Paare keine Kinder haben sollten. Das wäre im Gegenteil der endgültige Kniefall vor dem Unrecht der Diskriminierung. Mit demselben Argument hätte man Afroamerikanern in den USA bis vor einigen Jahrzehnten empfehlen können, sich nicht fortzupflanzen, weil ihre Diskriminierung eklatant war (was nicht heißen soll, dass sie heute beseitigt wäre). Der Hinweis auf eine vorliegende Diskriminierung kann in einer aufgeklärten Gesellschaft immer nur als Aufruf verstanden werden, sie abzuschaffen, also in diesem Fall: staatlicherseits mehr für die Gleichberechtigung gleichgeschlechtlicher Eltern und deren Kinder zu tun. Sicherlich ist es für ein Kind wünschenswert, wenn es Männer wie Frauen als Bezugspersonen haben kann, insofern Diversität stets horizonterweiternd wirkt und es für Kinder gut ist, von verschiedenen Identifikationsfiguren umgeben zu sein. Viele gleichgeschlechtliche Paare sorgen denn auch in vorbildlicher Weise dafür, dass ihre Kinder Beziehungen zu Frauen und Männern aufbauen können. Außerdem gibt es viele Dinge, die für Kinder gut wären: gesunde Ernährung, nicht zu viel Bildschirmzeit, hinreichende Bewegung, Kontakt zu Gleichaltrigen. Durch die Hintertür führen wir mit Überlegungen darüber, wer als hinreichend gute Eltern taugt, wieder das Kompetenzargument ein, das wir bereits zurückgewiesen haben.

Dies gilt auch mit Blick auf Forderungen, ganze Personengruppen aufgrund bestimmter Risikofaktoren vom Zugang zu reproduktionsmedizinischen Behandlungen auszuschließen – etwa solche, die in prekären Verhältnissen leben oder soziale Auffälligkeiten zeigen: Ihnen die entsprechenden Therapien zu verweigern mit Blick auf das Kindeswohl, stellt die Betroffenen unzulässig unter Generalverdacht. Das bedeutet freilich nicht, dass die Ärztin nicht erwägen müsste, eine bestimmte Behandlung im Einzelfall zu verweigern, wenn sie diese als gesundheitsgefährdend oder als nicht zielführend einschätzt. Dies wird beispielsweise dann der Fall sein, wenn eine Frau den Belastungen einer Schwangerschaft aufgrund einer Suchterkrankung mutmaßlich nicht gewachsen oder das ratsuchende Paar wegen psychischer Belastungen nicht in der Lage sein wird, seine elterliche Verantwortung wahrzunehmen. Die ärztliche Fachperson, die ein Paar auf seinem Weg unterstützt, muss ihr Tun und Unterlassen schließlich auch verantworten können.

Der Wunsch, eigene Kinder zu bekommen, ist sicherlich einer der existenziellsten Wünsche überhaupt. Nie zuvor in der Geschichte sind Menschen so weit gegangen und haben so viel Aufwand betrieben, um sich den Wunsch nach dem eigenen Kind zu erfüllen. Weil man sich für oder gegen Kinder entscheiden kann und weil der Einsatz dabei hoch ist, erwartet man vielleicht auch eher, dass das Kinderhaben jenen Beitrag zum guten Leben leiste, der den Verzicht wettmacht, den Kinder zweifelsohne auch mit sich bringen. Aber Kinder zu bekommen hat immer auch unplanbare, unverfügbare Seiten. Damit passen Kinder in gewisser Weise nicht in unsere Zeit und in unsere Gesellschaft, die eher dem Diktat von Planbarkeit und Kontrolle gehorchen. Kinder bringen ein Stück weit Anarchie in das durchorganisierte Leben, sie zwingen zum Umdenken – und gerade deshalb ist ihre Anwesenheit so wertvoll. Oftmals sind wir auch gar nicht in der Lage, die Gründe zu benennen, warum wir Kinder haben: Die Frage entzieht sich stets von Neuem der Analyse. Das heißt wiederum nicht, dass wir grundlos Kinder hätten. Vielmehr können wir es vielleicht so beschreiben, dass genau mit ihrer bloßen Möglichkeit die wahre Freiheit beginnt: Wir können Kinder haben – oder nicht. Wäre die Entscheidung für oder gegen sie leicht und die Motivlage klar und eindeutig, dann wären wir bereits festgelegt durch innere Pro- und Kontra-Listen, durch quantifizierbare Messungen und vorhersagbare Effekte. Kinder zu bekommen ist in diesem Sinn eine radikal freie Tat.[58] Denn die wahre Freiheit beginnt da, wo wir nicht wissen, sondern wagen.

3 EIN KIND ZU MEINER ZEIT

»In einer von Technologie durchdrungenen Welt kann das Ideal der natürlichen Fortpflanzung bestenfalls als persönliche Präferenz gelten, nicht aber als moralisches Prinzip, das für alle gilt.«
STEPHANIE BERNSTEIN UND CLAUDIA WIESEMANN[1]

»Wir verkennen, dass aus dem biologisch bedingten Zeitdruck auch ein Wert entspringen kann, und das ist der Wert der Selbstreflexion. Wenn wir wissen, dass wir wenig Zeit haben, werden wir gezwungen, über uns nachzudenken, uns klarzuwerden, welches Leben wir führen wollen.«
GIOVANNI MAIO[2]

Die älteste Mutter, die bis heute in die Geschichte eingegangen ist, dürfte die biblische Sarah sein. Nachdem sie und ihr Mann Abraham lange Zeit ungewollt kinderlos geblieben sind, entschließt sich Abraham, den Befehl Gottes zu beherzigen und Hagar, eine Magd, zur Frau zu nehmen, um mit ihr das ersehnte Kind zu zeugen. Hagar bringt bald darauf den gemeinsamen Sohn Ismael zur Welt und muss diesen gegen ihren Willen Sarah und Abraham überlassen. Doch Gott verspricht Abraham noch einen weiteren Sohn, den ihm nun seine eigene Frau Sarah gebären soll. Weil es Sarah aber, wie es im Alten Testament heißt, »nicht mehr nach Frauenart ergeht«[3], zweifelt sie am göttlichen Versprechen, dass sich ihr Kinderwunsch doch noch erfüllen wird. Sarah wird aber tatsächlich schwanger und schenkt mit 90 Jahren Isaak das Leben.

Mussten Abraham und Sarah noch auf Gottes Gnaden hoffen, liegt die Hoffnung heute auf der Reproduktionsmedizin, die auch eine späte Mutterschaft noch möglich macht. Geschichten von Frauen, die spät und sogar jenseits der Menopause Mütter werden, sorgen immer wieder für Schlagzeilen: Die italienische Rocksängerin Gianna Nannini wurde mit 54 Jahren Mutter und präsentierte ihren Babybauch stolz auf der Titelseite der *Vanity Fair*. Eine pensionierte Schweizer Pfarrerin brachte mit 66 Jahren Zwillinge zur Welt. Die deutsche Lehrerin Annegret Raunigk sorgte mit 65 Jahren als älteste Vierlingsmutter der Welt für Aufregung; sie war vor der Geburt ihrer Vierlinge bereits dreizehnfache Mutter. Als zum Geburtstermin älteste Mutter überhaupt gilt gegenwärtig die Inderin Omkari Panwar, die mit 70 Jahren Mutter von Zwillingen wurde. Solche »Uralt-Mütter«, wie sie bisweilen in der Presse genannt werden, scheinen viele Vorbehalte auf sich zu vereinen, die Kritikerinnen und Kritiker der modernen Reproduktionsmedizin gegenüber vorbringen: Unnatürlichkeit, Machbarkeitswahn, Kinder nach Plan. Inwiefern sind diese Ressentiments begründet und welche Bedeutung haben sie für die Bewertung später Mutterschaft? Dürfen Frauen Kinder gänzlich zu »ihrer Zeit« bekommen – oder hat eben doch alles »seine Stunde«, wie es im vielzitierten Buch Kohelet im Alten Testament heißt?[4]

In der Debatte um diese Fragen gerät eine Vielzahl unterschiedlicher Problemstellungen durcheinander. Zunächst ist unklar, worin »späte Mutterschaft« überhaupt besteht. Eine siebzigjährige Frau, die ein Baby bekommt, ist mit Sicherheit eine späte und auch alte Mutter. Doch wie steht es mit der fünfundvierzig- oder fünfzigjährigen Frau, die heute weitaus jünger erscheinen kann und oft bei besserer Gesundheit ist als eine Fünfundzwanzigjährige vor hundert Jahren? In der Medizin werden Frauen bereits ab 35 Jahren als »Spätgebärende« bezeichnet. Diese Zuschreibung beruht auf den Risiken, denen schwangere Frauen ab einem bestimmten Alter mit höherer Wahrscheinlichkeit ausgesetzt sind. Im fortgeschrittenen Alter treten beispielsweise eher Komplikationen wie Schwangerschaftsdiabetes oder Bluthochdruck auf, was die Gesundheit der schwangeren Frau gefährdet und eine Frühgeburt begünstigen kann. Auch das Risiko für Chromosomenanomalien wie Trisomien steigt mit zunehmendem Alter der Frau. Allerdings ist dieses Risiko nahezu ausschließlich auf das Alter der Eizellen zurückzuführen und nicht auf dasjenige der schwangeren Frau: Trägt eine ältere Frau ein Kind aus, das mit einer Eizelle einer jungen Frau gezeugt worden ist, erhöht sich das Risiko für Chromosomenanomalien nicht. Auch der Anstieg von Komplikationen während der Schwangerschaft und Geburt erfolgt nicht sprunghaft und lässt sich an keinem exakten Altersjahr festmachen. Die genannte Definition von »Spätgebärenden« lässt außerdem soziale Effekte später Elternschaft unberücksichtigt. Günstige Lebensumstände können biologische Risiken, die mit dem Alter einhergehen, zumindest teilweise aufwiegen. Ältere Mütter sind beispielsweise der Tendenz nach oft materiell und sozial besser abgesichert, was ihnen ermöglicht, auf ihre Gesundheit zu achten, was wiederum ihr Risiko für Frühgeburten und Erkrankungen während der Schwangerschaft zu senken vermag. Der Soziologe Hans Bertram ist sogar der Meinung, späte Eltern seien aus sozioökonomischer und psychologischer Sicht bessere Väter und Mütter: »Je gefestigter Mütter und Väter sich in ihrer Biographie fühlen, desto stabiler sind das Wissen und die Werte, die sie vermitteln.«[5]

Während also unklar ist, wie »späte Mutterschaft« genau definiert werden soll und welche Effekte sie aufs Ganze gesehen hat, ist unbestritten, dass sich das Alter der Erstgebärenden in den westlichen Ländern über lange Zeiträume hinweg immer weiter erhöht hat, nachweislich auch in den letzten Jahren. 2017 lag in Deutschland das Alter der Frau bei der Geburt ihres ersten Kindes durchschnittlich bei knapp 30[6], in der Schweiz bei knapp 31 Jahren[7] – Anfang der 1970er Jahre lag es noch über fünf Jahre tiefer. Die Gründe dafür sind vielfältig. Ein *erster* Grund liegt sicherlich in der demographischen Entwicklung, die dazu führt, dass wir immer älter und die Lebensläufe vieler Menschen entsprechend gespreizter werden. Das Elternwerden entfernt sich der Tendenz nach mehr und mehr von jenem Lebensalter, das biologisch eigentlich für diese Lebensphase vorgesehen wäre. Fast wirkt es, als hinke die evolutionäre Ausstattung der Frau ihrem Lebenswandel und ihren Bedürfnissen hinterher. Der Gynäkologe Wolfgang Holzgreve nennt die späte Mutterschaft einen »Megatrend«, der in seiner Bedeutung vollkommen unterschätzt werde.[8] Dabei ist im Grunde genommen nicht die späte Mutterschaft neu, sondern nur das späte »Erstkind«: Nachzügler waren gerade früher, als sich die Familienplanung noch nicht mithilfe von Verhütungsmitteln abschließen ließ, keine Seltenheit – wenn auch nicht bis in das Alter jenseits der Menopause hinein.

Ein *zweiter* Grund für die Zunahme spät erstgebärender Frauen liegt in der Emanzipation der Frau: Frauen haben in den letzten Jahrzehnten die Möglichkeit erkämpft, sich ebenso wie Männer beruflich zu verwirklichen und finanziell unabhängig von einem Partner zu bleiben, und nehmen dafür auch längere Bildungswege in Kauf. Nach absolvierter Ausbildung oder abgeschlossenem Studium möchten sie vielleicht noch erste Berufserfahrungen sammeln. Der Kinderwunsch wird entsprechend gerade von gut ausgebildeten Frauen oft erst einmal aufgeschoben. Aber auch ohne große berufliche Ambitionen fühlen sich viele Fünfundzwanzigjährige noch deutlich zu jung, um eine Familie zu gründen, sind sie doch gerade erst dabei, den eigenen Weg zu finden und mit den sich bietenden Optionen zu experimentieren. Soziologinnen und Soziologen machen dafür mitunter ein Phänomen verantwortlich, das sie als »verschleppte Adoleszenz« bezeichnen: Viele Frauen und Männer lebten selbst in ihren späten Zwanzigern noch wie Jugendliche. Verantwortung für ein eigenes Kind zu übernehmen scheint ihnen zu diesem Zeitpunkt unvorstellbar. Die Philosophin Claudia Bozzaro spricht in diesem Zusammenhang von einem »Leben im Aufschub«: Wichtige Entscheidungen würden auf unbestimmte Zeit vertagt.[9]

Der weitaus häufigste Grund für Frauen in der westlichen Welt, die Realisierung des Kinderwunsches in eine spätere Lebensphase zu verschieben, ist *drittens* das Fehlen eines passenden Partners. Häufig hätten Frauen durchaus gern früher Kinder, aber ihre Beziehung scheint ihnen zu wenig verlässlich. Das hat sicherlich nicht zuletzt auch mit den veränderten Erwartungen von Frauen an ihre Partnerschaft und an gemeinsam gelebte Elternschaft zu tun. Ein Partner, der sich verpflichtet, die

Kinderbetreuung zu wesentlichen Teilen mitzutragen, ist nicht immer zugegen. Während Männer es sich biologisch gesehen leisten können, ihre Adoleszenz auszudehnen und den Kinderwunsch hintanzustellen, stellt sich die Sachlage für Frauen anders dar: Sie können mit der Familiengründung nicht beliebig warten. Zwar wird immer wieder diskutiert, ob nicht auch späte Vaterschaft negative Auswirkungen auf ein Kind haben könne, etwa erhöhte Risiken für Autismus oder Schizophrenie. Die diesbezügliche Studienlage ist aber dünn. Solche Risiken schränken überdies nicht die Möglichkeit der Vaterschaft an sich ein, selbst wenn auch für Männer zutrifft, dass ihre Fruchtbarkeit im Laufe des Lebens abnimmt, da die Spermien an Qualität und Beweglichkeit einbüßen. Anders bei den Frauen: Ihre Lebenspläne mögen sich ebenfalls verändert haben; die Zeitspanne, in der es überhaupt möglich ist, ein eigenes Kind zu bekommen, jedoch nicht. Die Tatsache, dass ein Kinderwunsch für Frauen über 35 bereits viel schwerer zu erfüllen ist als der Kinderwunsch für Zwanzigjährige, hat sich in den letzten Jahrzehnten und Jahrhunderten nicht verändert. Die »biologische Uhr« tickt tatsächlich und unerbittlich, zumindest für jene, die Kinder haben wollen.

»Eizellvorsorge« und reproduktive Zeit

Der Umstand, dass diese Uhr nur bei den Frauen tickt, wurde immer wieder als »ungerecht« bezeichnet. Nun ist es freilich unsinnig, einer biologischen Tatsache Ungerechtigkeit zu attestieren. Dennoch versuchen wir laufend und zum Teil sehr erfolgreich, die Willkür der Natur zu bändigen und mit ihr verbundene Chancenungleichheiten zu korrigieren. Medizinische Therapien dienen meist dazu, den Launen der Natur Einhalt zu gebieten. Weshalb sollten wir also nicht auch versuchen, die Uhr – bildlich gesprochen – wieder aufzuziehen, die Zeitspanne der Fruchtbarkeit zu dehnen und Frauen dadurch vom Diktat der Natur zu befreien? Die Fruchtbarkeit einer Frau ist am höchsten im Alter von 20 bis 25 Jahren, nimmt dann kontinuierlich ab und sinkt drastisch ab 35 Jahren, bis sie mit 45 Jahren meist ganz zum Erliegen kommt. Der Grund dafür ist, dass mit zunehmendem Alter sowohl die Anzahl der Eizellen wie auch deren Qualität abnimmt. Mit 51 Jahren setzt im Durchschnitt die Menopause ein. Einige Frauen sind allerdings von einer so frühen Menopause betroffen, dass ihre Chancen auf eigene Kinder bereits mit 30 Jahren stark reduziert sind.

Vor diesem Hintergrund erscheint die viel diskutierte Technologie des Einfrierens von eigenen Eizellen, das sogenannte »social egg freezing«, wie eine Ermächtigung von Frauen, ihre Fruchtbarkeitsspanne auszuweiten. Frauen mit Kinderwunsch lassen sich in jüngeren Jahren eigene Eizellen entnehmen, die zu einem späteren Zeitpunkt genutzt werden können, um eine Schwangerschaft herbeizuführen, falls sich eine solche dann spontan nicht einstellen sollte. Ob eine Schwangerschaft eintritt oder nicht, hängt nämlich (ganz unabhängig von der Frage, ob sie dies spontan oder nach einer reproduktionsmedizinischen Behandlung tut) zu einem hohen Grad von der Qualität der Eizellen ab. Werden die Eizellen hinreichend früh entnommen und in flüssigem Stickstoff konserviert, stehen die Chancen gut, dass sich der Kinderwunsch mithilfe ihrer künstlichen Befruchtung auch spät noch realisieren lässt. In diesem Kontext ist auch zu sehen, dass das »social freezing« zuweilen als »Eizellvorsorge« bezeichnet wird. Denn die Eizellen werden mit dem Ziel eingefroren, diese zu nutzen, wenn der Kinderwunsch erst später entsteht oder sich spontan keine Schwangerschaft einstellt. Die Konservierungstechnik, die seit bald zwei Jahrzehnten zur Anwendung kommt, wird *Vitrifikation* genannt. Rund 90 Prozent der auf diese Weise eingefrorenen Eizellen überleben, wenn man sie auftaut. Die Chance, dass ihre Befruchtung erfolgreich ist, ist ähnlich hoch wie bei neu gewonnenen Eizellen. Als »social egg freezing« wird dieses Verfahren deshalb bezeichnet, weil es auf ein Anliegen im Kontext sozialer Lebensbedingungen antwortet – im Gegensatz zum bereits seit einiger Zeit praktizierten »medical egg freezing«, das von Frauen genutzt wird, die wegen Erkrankungen oder lebensrettenden Therapien Gefahr laufen, ihre Fruchtbarkeit in jungen Jahren für immer zu verlieren. Das »egg freezing« wird zuweilen auch von Frauen genutzt, die eine Geschlechtsanpassung beabsichtigen. Eine Frau lässt sich vor der Transition zum Mann Eizellen entnehmen, um diese möglicherweise später – nach der Transition – verwenden zu können. Dieser Schritt wird erwogen, weil die mit der Transition meist einhergehenden geschlechtsangleichenden Eingriffe oder hormonellen Behandlungen die Fruchtbarkeit negativ beeinflussen oder gar aufheben. Die allermeisten konservierten Eizellen kommen gemäß bisher durchgeführten Studien freilich nie zum Einsatz, entweder weil sich die Person oder das Paar doch für ein Leben ohne Kinder entscheidet oder weil sich spontan eine Schwangerschaft einstellt.

Während die Konservierung von Eizellen aus medizinischen Gründen kaum Kritik ausgesetzt ist, wird das Einfrieren aus anderen Gründen kontrovers diskutiert. Die unterschiedliche Bewertung dürfte daran liegen, dass eine krankheitsbedingte Unfruchtbarkeit allgemein als Schicksalsschlag gesehen wird, dem abzuhelfen nur gerecht erscheint. Frauen dagegen, die die Familiengründung hinausgezögert haben, weil sie ihre Jugend noch genießen oder zuerst ihre berufliche Laufbahn vorantreiben wollten, wird immer wieder vorgehalten, sie hätten ihre Kinderlosigkeit selbst zu verantworten. Ein solches Urteil ist allerdings in mancher Hinsicht ungerechtfertigt. Bei einigen Frauen nimmt die Fruchtbarkeit schon früh ab, und haben sie nicht entsprechend vorgesorgt, ist für sie eine Schwangerschaft bereits in einem jungen Alter ausgeschlossen. Das Leid, das Frauen trifft, die ungewollt kinderlos bleiben und den Traum von einer Schwangerschaft und einem eigenen Kind aufgeben müssen, kann außerdem für eine an sich gesunde Frau genauso schwer sein wie für eine Frau, die sich in jungen Jahren einer Krebstherapie unterziehen musste.

Vor allem aber sind die Motive, die Frauen zu einer Eizellvorsorge bewegen, insgesamt sehr unterschiedlich: Einige nutzen die Technik, weil sie eine höhere Ausbildung anstreben, die sie vor der Familiengründung beenden wollen; andere, weil ihnen der passende Partner fehlt, der zur Vaterschaft und zur Übernahme von Familienarbeit bereit wäre. Die verschiedenen Umstände einfach als »selbst verschuldet« zu sehen und die Eizellvorsorge als »egoistisch« zu bezeichnen nimmt die Bedrängnis, die Frauen teilweise empfinden, nicht hinreichend ernst. Außerdem überschätzt eine solche Darstellung das Ausmaß der Kontrolle von Frauen über ihre Kinderwünsche und deren Realisierung.[10] Frauen, die sich für eine Eizellvorsorge entscheiden, fühlen sich oft einem großen Druck ausgesetzt, rechtzeitig einen passenden Partner zu finden – oder aber sie befürchten, ihre beruflichen Interessen gänzlich einer Familie opfern zu müssen. Gleichaltrige Männer vertagen das Nachdenken über eine Familiengründung gern auf später und sind nicht unbedingt bereit, die Option Vaterschaft zu dem Zeitpunkt zu bedenken, der für Frauen ideal wäre. Karriereplanungen lassen zudem gerade für gut ausgebildete junge Menschen weder einen Aufschub noch Unterbrechungen zu. Frauen werden zwar zumindest Verlängerungen von Fristen gewährt, oder sie profitieren von besonderen Förderinstrumenten, wenn sie nachweisen können, dass für ein entstandenes »Karriereloch« eine Mutterschaft ursächlich ist. Doch nach wie vor zögern nicht nur Frauen, die sich auf dem anspruchsvollen Weg zu herausgehobenen Berufspositionen befinden, den Kinderwunsch zu realisieren. Die Zeit der Ausbildung und des Berufsein- oder -aufstiegs scheint für viele bereits alle Energie aufzuzehren. In vielen beruflichen Umfeldern wird überdies geographische Mobilität verlangt, was eine Familiengründung zusätzlich erschwert. Dazu kommt oft eine lange Phase großer beruflicher Unsicherheit: Die unbefristete Stelle lässt auf sich warten, man hangelt sich von Praktikum zu Gelegenheitsjob, und es wird von den jungen Mitarbeitenden erwartet, dass sie bei verschiedenen Arbeitgebern Erfahrungen sammeln.

Vor diesem Hintergrund kann die Eizellvorsorge für Frauen ein willkommener Gewinn an »reproduktiver Zeit« sein. Die Journalistin Sarah Elizabeth Richards beschreibt dies so: »Das Einfrieren von Eizellen bringt das Ticken der biologischen Uhr nicht zum Verstummen. Vielmehr dämpft es dieses Ticken vorübergehend, sodass wir verschnaufen und die richtigen Lebensentscheidungen treffen können. Nach einer Weile kommt das Geräusch, nunmehr ruhiger und beharrlicher, zurück. Aber anstatt uns wie ein Opfer zu fühlen, von Angst gelähmt, fühlen wir uns mehr in der Lage, unser eigenes Schicksal zu bestimmen.«[11] Damit scheint das Verfahren nicht zuletzt ein probates Mittel zur Stärkung der weiblichen Selbstbestimmung darzustellen, das Frauen erlaubt, sich vom biologisch auferlegten Zeitkorsett zu emanzipieren. Zuweilen ist deshalb auch von der »Pille 2.0« die Rede: Ermöglichte es die Erfindung der Pille den Frauen, zu entscheiden, *ob* sie überhaupt schwanger werden möchten, erlaubt ihnen die Eizellvorsorge, *zu ihrer Zeit* Kinder zu bekommen. Darüber hinaus wird das »social egg freezing« als Maßnahme zur Gleichstellung der Geschlechter propagiert: Sie würde es Frauen ermöglichen, zu tun, was für Männer immer schon eine Option war: nach Jahren beruflichen Aufstiegs und persönlicher Selbstverwirklichung als Vierzigjährige über mögliche Kinderwünsche nachzudenken. Zu diesem Zeitpunkt haben sie sich – so zumindest ihre Hoffnung – eine berufliche Position erarbeitet, die ihnen nicht mehr von der kinderlosen Konkurrenz streitig gemacht werden kann, und sind eine Partnerschaft eingegangen, die für das Wagnis eines gemeinsamen Kindes belastbar genug scheint.[12]

Gesellschaftspolitische Fragen – technologische Antworten

Eine solche Darstellung ist allerdings nicht ohne Kritik geblieben. So argumentiert etwa die Philosophin Karey Harwood, die vertagte Mutterschaft sei in Wahrheit ebenso wie die Eizellvorsorge vor allem eines: nämlich eine Reaktion auf eine Vielzahl institutioneller Sachzwänge und gesellschaftlicher Erwartungen.[13] Frauen sollen erfolgreich und karrierebewusst sein, gleichzeitig kinderliebend und fürsorglich, wobei sich die vielen Ansprüche nicht nur ins Unermessliche steigern, sondern sich vor allem oft auch widersprechen. Dasselbe gilt freilich zunehmend auch für Männer. Von Mitte zwanzig bis Mitte dreißig müssen viele oft gleichzeitig wegweisende Entscheidungen treffen hinsichtlich Berufseinstieg, Karriereplanung, Beziehungsleben und Familiengründung. Diese Ballung biographischer Ereignisse, für die der Soziologe Hans Bertram den Begriff der »Rush-hour des Lebens«[14] geprägt hat, kann überfordern. Es überrascht deshalb wenig, wenn der Kinderwunsch auf ruhigere Zeiten vertagt wird und einige Frauen auch das Einfrieren von Eizellen erwägen. Doch was bedeutet es, eine technologische Antwort auf die gesellschaftliche Problematik der Vereinbarkeit von Familie und Beruf zu geben? Wird dadurch nicht ein gesellschaftliches Problem individualisiert – und letztlich auf dem Rücken der Frauen ausgetragen? Statt Frauen in ihrer Selbstbestimmung zu stärken, könnten sie durch diese Problemverschiebung erst recht unter Druck geraten, so zentrale Wünsche wie jenen nach einem eigenen Kind zunächst Karriereplänen unterzuordnen – ganz abgesehen davon, dass sie privat dafür auch noch die Strapazen, Risiken und nicht unerheblichen Kosten einer Eizellentnahme auf sich nehmen müssten.

An dieser Stelle stellt sich daher die Frage, worauf das »social egg freezing« eigentlich eine Antwort bieten soll: Handelt es sich dabei um ein Angebot, das Unternehmen oder der Gesellschaft ermöglichen soll, gut ausgebildete Fachkräfte im Arbeitsmarkt zu halten und nicht durch Mutterzeit oder Vereinbarkeitsprobleme zu verlieren? Oder ist es als Angebot zu sehen, das den Spielraum einzelner Frauen zu erweitern vermag, die ihre Lebensplanung eigenständig den veränderten sozialen Bedingungen anpassen wollen, nämlich dass wir länger leben und uns später in festen Beziehungen binden? Eines scheint klar: Trifft einzig die erste Beschreibung zu, ist tatsächlich Kritik angebracht. Zwar werden nicht alle der Meinung sein, die Vereinbarkeit von Beruf und Familie sei als gesellschaftliches Desiderat anzuerkennen. In einer liberalen Gesellschaft kann es jedoch nicht das Ziel sein, einander Wertvorstellungen und Präferenzen der persönlichen Lebensgestaltung aufzuzwingen. Selbstverständlich aber müssen Männern wie Frauen *gleiche Chancen* eingeräumt werden, mit Kindern erwerbstätig zu sein und damit gegebenenfalls auch für den eigenen Unterhalt aufkommen zu können. Maßnahmen wie flexible oder reduzierte Arbeitszeiten, Wiedereinstiegsmöglichkeiten und bezahlte Familienzeit tragen dazu bei, die Selbstbestimmung von Frauen wie Männern in diesem Bereich und damit auch die Gerechtigkeit zwischen den Geschlechtern zu erhöhen.[15]

Würde nun aber das Einfrieren der eigenen Eizellen von der Gesellschaft als geeignetes Mittel zur Gleichstellung propagiert, würde die Vereinbarkeit von Kind und Berufstätigkeit als alleiniges Problem der Frau fortgeschrieben, das auch durch sie zu beheben ist: Sie allein müsste dann die körperliche, soziale und finanzielle Last tragen, um Chancengleichheit zu erzielen. Eine Gesellschaft, für die Gleichstellung kein Lippenbekenntnis bleiben soll, muss demgegenüber entschieden in der Lage sein, andere Wege zu finden, den strukturellen Konflikt zwischen Berufsleben und Familienplanung zu entschärfen, als Frauen anzuraten, ihre Kinderwünsche buchstäblich auf Eis zu legen.[16] Dass in den USA mittlerweile einige Großkonzerne für ihre Arbeitnehmerinnen die Kosten für das »social egg freezing« übernehmen und das als Maßnahme zur Karriereförderung von Frauen anpreisen, hat vor diesem Hintergrund einen schalen Beigeschmack. Für Firmen, die in ihre Mitarbeiterinnen »investieren«, zahlt es sich offensichtlich aus, ihnen solche Verfahren zu vergüten, in der Hoffnung, dass sie ihren Kinderwunsch zugunsten der Arbeit auf später vertagen und ihre produktivsten Jahre in den Dienst des jeweiligen Unternehmens stellen. Ob Frauen sich in solchen Firmen wirklich frei entscheiden können, ein solches Angebot auch auszuschlagen, ob sie also beispielsweise auch beruflich unterstützt werden, wenn sie sich auf eine frühere Mutterschaft einlassen wollen, ist unklar – ganz abgesehen davon, dass Frauen mit der Annahme eines entsprechenden Angebots dem Arbeitgeber Einblick in einen der privatesten Bereiche ihres Lebens gewähren müssten.

Am Beispiel des »social egg freezing« lässt sich beobachten, wie sich alte Gräben der Frauenbewegung neu auftun: Auf der einen Seite die möglichst selbstbestimmte Frau, die ungehindert ihre Lebenspläne verwirklichen will und dazu auch technische Möglichkeiten in Anspruch nehmen können soll, wenn sie dies wünscht. Auf der anderen Seite die Frau, die diese Selbstbestimmung in erster Linie darin sieht, sich den Zwängen der Leistungsgesellschaft zu entziehen und ihre intimsten Räume privat zu halten, und die sich gerade deshalb vor einer drohenden Instrumentalisierung durch die Reproduktionstechnologie schützen will.[17] Diese Frontstellungen haben sich in den letzten Jahren vor dem Hintergrund des Zuwachses an reproduktionstechnologischen Angeboten weiter vertieft. Der Konflikt trägt aber wenig dazu bei, die weitreichende Frage zu klären, wie genau die reproduktive Autonomie von Frauen gewährleistet und durch sie selbst gelebt werden kann. Vielversprechender ist die Frage, welche Bedenken die jeweiligen Sichtweisen darüber vorbringen, wie man sich zum auf beiden Seiten unbestrittenen Anspruch auf Selbstbestimmung verhalten soll und wie diesen Bedenken bestmöglich begegnet werden kann. Unbestritten ist, dass beide Seiten in der Debatte um das »social egg freezing« die reproduktive Selbstbestimmung für sich veranschlagen.

Reproduktive Autonomie meint in erster Linie das Recht auf Freiheit vor Fremdbestimmung: Niemand darf gezwungen oder unter Druck gesetzt werden, Kinder zu bekommen oder auf solche zu verzichten (Kap. 1). Doch was genau heißt in diesem Kontext »Zwang«, was bedeutet »fremdbestimmt«? Können Frauen nicht auch selbstbestimmt – quasi als eine »sekundäre Strategie« der Chancengleichheit[18] – die Option der Konservierung ihrer Eizellen wählen, um eine berufliche Entwicklung nicht zu gefährden oder keine Kompromisse bei der Partnerwahl eingehen zu müssen?

Autonomie und ihre Rahmenbedingungen

Es ist eine Binsenwahrheit, dass Selbstbestimmung nicht im luftleeren Raum stattfindet, sondern stets in vielfältige Machtkonstellationen eingebunden und von gesellschaftlichen Idealen geprägt ist. Werden reproduktive Technologien wie das »social egg freezing« nicht von Instrumenten der Gleichstellungspolitik flankiert, wird die Gleichstellung mithilfe technologischer Instrumente letztlich untergraben und werden ungleiche Chancen fortgeschrieben. Das Prinzip der reproduktiven Autonomie als Dreh- und Angelpunkt eines liberalen und zugleich feministischen Diskurses über die Frage zu verstehen, wie wir Kinder in die Welt bringen wollen, bedeutet auch, dass Angebote wirkliche Angebote bleiben müssen. Dazu gehört selbstredend, dass sie ungenutzt gelassen werden können. Karriereaussichten an der Frage festzumachen, ob eine Person bereit ist, ihre Kinderwünsche zu vertagen, befreit Frauen in keiner Weise, sondern schränkt sie in ihrer Autonomie letztlich ein.

Diese Kritik ist zentral, denn sie zeigt, dass die Bedeutung neuerer reproduktiver Verfahren nicht ohne Einbezug des gesellschaftlichen Kontextes erfasst werden kann. Der Körper der Frau und insbesondere ihre reproduktiven Fähigkeiten waren und sind immer auch politische und ökonomische »Verhandlungsmasse«: Das »social egg freezing« wird dabei nicht nur als vermeintliche Lösung eines gleichstellungspolitischen und wirtschaftlichen Problems propagiert, sondern ist auch eine gewinnbringende Technologie, mit der sich viel Geld verdienen lässt. Feministinnen haben zu Recht darauf hingewiesen, dass Technik und Ökonomie immer wieder unheilvolle Allianzen eingehen, wenn Absatzmärkte und hohe Gewinne vermutet werden (Kap. 1). Das Marktvolumen moderner Reproduktionsmedizin wächst in den Industrieländern unbestritten seit Langem kontinuierlich an. US-amerikanische Marktforschungsinstitute gehen in ihren Berichten allerdings von unterschiedlichen aktuellen und zukünftigen Marktvolumina aus, rechnen aber einhellig mit jährlichen Wachstumsraten von konstant rund zehn Prozent. Während die Angaben zum aktuellen globalen Marktvolumen zwischen rund zwölf und 23 Milliarden US-Dollar schwanken, prognostizieren diese Quellen einen globalen Markt von 25 bis gegen 50 Milliarden US-Dollar für das Jahr 2026. Der Anteil Europas liege dabei bei 25 Prozent oder höher.[19]

Aber auch wenn mit der Reproduktionsmedizin viel und immer mehr Geld verdient wird: Kann die Eizellvorsorge nicht dennoch in bestimmten Fällen Sicherheit vermitteln und Handlungsspielräume in legitimer Weise erweitern? Die Motive von Frauen, erst spät Mütter zu werden, sind unterschiedlich. Bei vielen Frauen fehlt der Partner, der den Kinderwunsch teilt, oder es besteht die Sorge um eine tragfähige und belastbare Partnerschaft. Das »social egg freezing« ist in diesen Fällen ein Angebot, das Frauen möglicherweise etwas Sicherheit vermittelt, einen tiefliegenden Wunsch später, wenn die Umstände es zulassen, erfüllen zu können, und das damit etwas Ruhe in einer hektischen Zeit verspricht. Es ist also vor allem das Angebot einer Möglichkeit, einer Option – ohne notwendigerweise bereits zu wissen, ob man von ihr später auch Gebrauch machen will. Es verspricht Frauen, besser ausgerüstet zu sein für den immer häufigeren Fall, dass sich dann, wenn der Kinderwunsch aufkommt und die Familiengründung ansteht, die Schwangerschaft nicht mehr einstellen will. Damit ist die positive Spielart des Rechts auf reproduktive Autonomie angesprochen: nämlich das Recht, Maßnahmen zu ergreifen, um einen Kinderwunsch verwirklichen zu können – eventuell auch spät (Kap. 1). »Social egg freezing« kann in diesem Sinn klarerweise den Handlungsspielraum von Frauen erweitern. Selbst wenn betroffene Frauen die Eizellen später gar nicht nutzen, gibt ihnen das Verfahren die Möglichkeit, freier zu planen, und räumt ihnen größere Chancen ein, ihren eigenen Lebensplan zu verwirklichen.[20] Frauen vor diesem Hintergrund lediglich als Opfer eines sozialen Kontextes darzustellen, die nicht in der Lage sind, selbstbestimmte Entscheidungen zu treffen und sich im Zweifel auch gegen entsprechende Angebote zu entscheiden, ist nicht angemessen. Doch selbstredend gehören zur Möglichkeit der selbstbestimmten Entscheidung in dieser Frage nicht nur ein gesellschaftliches Umfeld, das die Vereinbarkeit von Elternschaft und Beruf für beide Geschlechter unterstützt, sondern auch hinreichende Informationen über medizinische Risiken und finanzielle Kosten. Diese Bedingung ist gerade im Bereich der Fortpflanzungsmedizin jedoch bei Weitem nicht immer erfüllt, was schon damit beginnt, dass die Eizellvorsorge oft nicht als das benannt wird, was sie ist: nämlich eine Technik der Reproduktionsmedizin mit Risiken und Nebenwirkungen. Um überhaupt mehrere reife Eizellen entnehmen zu können, die danach eingefroren werden, muss sich eine Frau einer hormonellen Behandlung unterziehen, die mit Nebenwirkungen wie Gewichtszunahme, Stimmungsschwankungen oder Durchblutungsstörungen einhergehen kann. Im schlimmsten Fall kann es zu einer sogenannten Überstimulation mit Zystenbildung kommen. Die Eizellen werden der Frau außerdem unter Narkose entnommen, die ihrerseits mit Risiken einhergeht. Zudem lässt sich die »biologische Uhr« nur überlisten, wenn die Eizellen früh entnommen und eingefroren werden. Viele Frauen denken aber erst über diese Möglichkeit nach, wenn die fruchtbaren Jahre bereits zur Neige gehen. Wirbt eine Firma mit dem Spruch: »Alles zu meiner Zeit«, ist das somit eine zweifelhafte Irreführung. Denn eine Eizellentnahme »zu meiner Zeit« macht wenig Sinn. Vertagen lässt sich gegebenenfalls das Befruchten und Übertragen der Eizellen, nicht jedoch ihre Entnahme.

Ganz unabhängig von diesen individuellen Risiken stellt sich die gesellschaftliche Frage, was es bedeuten würde, wenn das Einfrieren von Eizellen zum Normalfall würde. Der Erfinder der Antibabypille, der Chemiker Carl Djerassi, wagte bereits Ende der 1990er Jahre die Prognose, dass die moderne Medizin es möglich machen werde, die Fortpflanzung vom Geschlechtsakt zu trennen, wie einst die Pille den Geschlechtsverkehr von der Fortpflanzung getrennt habe.[21] Im Grunde genommen könnten die Menschen dann ganz auf die natürliche Zeugung verzichten. Wer erst einmal seine Eizellen eingefroren hätte, könnte sich – das futuristische Szenario zu Ende gedacht – auch sterilisieren lassen, denn für mögliche Kinderwünsche wäre vorgesorgt. Verhütung würde damit unnötig. Hat »social egg freezing« also ein revolutionäres Potenzial, vergleichbar mit demjenigen der Pille, deren Erfindung zweifelsohne enorme familien- und gesellschaftspolitische Konsequenzen hatte?

Als wie wahrscheinlich man immer ein solches Szenario einschätzt – wünschenswert wäre es nicht. *Erstens* nämlich greift ein Verfahren wie die Eizellvorsorge umfassender in den Körper der Frau ein, als die meisten Methoden der Empfängnisverhütung dies tun. Die Analogie zur Einnahme der Pille ist deshalb unangemessen – wenngleich auch die Pille seit einigen Jahren mit Blick auf die gesundheitlichen Risiken für die Frauen, die sie einnehmen, kritisch diskutiert wird. Genauso wie die Pille delegiert aber auch das Einfrieren von Eizellen die Verantwortung für die Familienplanung gänzlich an die Frau. *Zweitens* geht mit der Nutzung der Eizellen zwingend eine In-vitro-Fertilisation einher, die wiederum ihre eigenen Risiken birgt. *Drittens* bedeutet auch und gerade mit Bezug auf das »social egg freezing« dessen Normalisierung nicht zwingend einen Zugewinn an Autonomie. Im Gegenteil: Eine solche Normalisierung könnte der allgemeinen Erwartung Vorschub leisten, für einen späteren Kinderwunsch sei vorgesorgt. Frauen in ihrer Autonomie zu befördern heißt nicht, ihnen weiszumachen, dass sich ihre Kinderwünsche beliebig und problemlos nach hinten schieben lassen – Coverstorys von Filmschauspielerinnen, die mit sechzig noch schwanger werden, hin oder her. Wenn das Einfrieren von Eizellen insbesondere in den USA mit »Egg Freezing Partys« propagiert wird oder Eltern ihren Töchtern zum Collegeabschluss einen Gutschein für das Einfrieren der Eizellen überreichen, ist das eine Verharmlosung des Verfahrens und der Tragweite der damit verbundenen Entscheidungen.[22] Das gilt ebenso für Werbung, die die Konservierung von Eizellen als Versicherung gegen Kinderlosigkeit zelebriert.[23] Solches »social egg freezing« bei einem »Leben im Aufschub« kann mitunter dazu führen, dass die Unfähigkeit, eine Entscheidung zu treffen, immer weiter anhält oder dass erfolglos auf den richtigen Partner gewartet wird, der zur Elternschaft und zu der mit ihr einhergehenden Verantwortung bereit ist. Wenn Frauen, die eigentlich Kinder haben wollen, infolge ihres Glaubens an die Technologie Schwangerschaften immer weiter hinauszögern und schließlich ungewollt kinderlos bleiben, ist das vor allem eines, nämlich tragisch.

Späte Eltern und die Interessen des Kindes

Bis hierhin wurde allein die Perspektive von Frauen in ihren jeweiligen Lebensbedingungen eingenommen. Wie aber ist die Eizellvorsorge aus der Sicht potenzieller Kinder zu bewerten? Das Verfahren für sich genommen tangiert die Interessen des zukünftigen Kindes nicht. Die Frage jedoch, bis zu welchem Alter die Eizellen auch genutzt werden dürfen – bis zu welchem Alter einer Frau also zur Mutterschaft verholfen werden darf –, wird durchaus mit Blick auf die Interessen potenzieller Kinder diskutiert. Einige Rechtsordnungen kennen feste Altersgrenzen und ziehen diese mehrheitlich zwischen 45 und 50 Jahren. Doch wie lässt sich eine solche Altersgrenze rechtfertigen?

Eines dürfte klar geworden sein: Wenn Frauen sehr spät schwanger werden, erhöht sich das Risiko für Komplikationen, und zwar nicht nur für die schwangere Frau selbst, sondern auch für das werdende Kind. Aus medizinischer Sicht gibt es also berechtigte Vorbehalte gegen Schwangerschaften im hohen Alter. Höchstaltersgrenzen der Frau für die Nutzung konservierter Eizellen – wie auch für die Nutzung gespendeter Eizellen (Kap. 6) – können somit zum Schutz gesundheitlicher Interessen von Frau und zukünftigem Kind erforderlich sein. Doch gibt es abgesehen von medizinischen Erwägungen Gründe, dem Vorhaben, ein Kind »zu meiner Zeit« zu wollen, Grenzen zu setzen? Ist man beispielsweise ab einem bestimmten Alter gar nicht mehr in der Lage, die Belastungen, die das Elternsein mit sich bringt, zu bewältigen?

Die Betreuung von Kindern und Jugendlichen ist ohne Zweifel bisweilen eine nervenaufreibende, kräftezehrende und schlafraubende Aufgabe. Doch ob die Kraft gegeben ist, die Aufgaben der Elternschaft hinreichend gut zu meistern, müssen die betreffenden Personen für sich selbst bedenken und entscheiden. Das entbindet aber nicht davon, sich diese Gedanken auch tatsächlich zu machen: Sie sind keinesfalls trivial und gehören aus moralischer Perspektive dazu. Beginnen wir aber nach einem festgelegten Kriterienkatalog, Personen zu benennen, die wir als Eltern für fähig erachten, sind wir wieder bei der Forderung einer Lizenzierung von Eltern angelangt, die wir als unzulässig zurückgewiesen haben (Kap. 2). Frauen, die weit nach der Menopause noch Kinder haben wollen, sind ohnehin eine verschwindend kleine Minderheit, auch wenn die mediale Verarbeitung des Themas sich gern der Extremfälle bedient und damit ein verzerrtes Bild zeichnet. Häufiger als Mütter im Pensionsalter dürfte es Frauen geben, die ihren Kinderwunsch um ein paar Jahre aufschieben. Dies kann durchaus Ausdruck eines verantwortlichen Nachdenkens über eigene Elternschaft sein, werden später Elternschaft doch auch positive Aspekte zugeschrieben, zu denen zählt, dass einem Kind öfter ein emotional, sozial und finanziell stabiles Umfeld geboten werden kann.[24] Zuweilen wird in diesem Zusammenhang allerdings auch befürchtet, dass das Kinderwollen auf diese Weise zu einer Art »Businessplan« degradiert werde, den man zu beherrschen meine. Angesichts der Unwägbarkeiten, die Kinder zu bekommen stets auch bedeutet (ob das Kind gesund sein oder sich in der Gesellschaft zurechtfinden oder ohne schlimme Unfälle durchs Leben gehen wird), wäre ein solcher Blick auf Kinder natürlich vermessen.

Dass ältere Personen, die sich ein Kind wünschen, lediglich planerisch auf ihre Kinderwünsche blicken und erwarten, dass Kinder sich komplett in ihre Lebensläufe einpassen sollen, ist jedoch *erstens* eine grobe Unterstellung. Man könnte sogar umgekehrt sagen, dass ein Kinderwunsch, der langfristig heranwächst, zukünftigen Eltern viel Zeit lässt, sich damit auseinanderzusetzen, was auf sie zukommen wird. *Zweitens* lässt sich die geforderte Haltung des Respekts vor dem Schicksalhaften, Unplanbaren eben nicht verordnen, indem man bestimmte Technologien rechtlich verbietet oder moralisch diskreditiert. Sie lässt sich lediglich anregen und kultivieren, indem man über die Grenzen der reproduktionstechnologischen Möglichkeiten diskutiert und vor allem auch darüber, dass Eltern zu werden nie einem Wunschkonzert gleichkommt und nicht mit einer »Haltung des Bestellenwollens«[25] vereinbar ist, sondern zu ihr immer ein Moment des Unverfügbaren gehört.

Mit Blick auf späte Elternschaft könnte anstelle der Diskussion über eine feste Altersgrenze für künstliche Befruchtungen mit eigenen oder gespendeten Eizellen eher eine Debatte zielführend sein, wie sie die Philosophin Andrea Roedig in einem Essay in der *Neuen Zürcher Zeitung* mit Rückgriff auf Michel Foucaults Begriff der »Sorge um sich« vorgeschlagen hat: Sorge heiße, »sich mit den gegebenen Bedingungen von Leiblichkeit und Endlichkeit ehrlich auseinanderzusetzen. Das bedeutet nicht, den Körper und seine Verfassung als Fatum hinzunehmen, es bedeutet vielmehr, den Körper zu kultivieren im klugen Sinn des guten Masses. [...] Dazu gehört dann auch die Einsicht, dass irgendwann eine Zeit abgelaufen ist für die Fruchtbarkeit, für den jungen Körper.«[26] Mit dieser »Sorge um sich« geht auch einher, dass es einem erfüllten Leben vermutlich nicht zuträglich ist, alles zu jeder Zeit machen zu können oder machen zu wollen. Die Rede davon, dass alles »seine Zeit« habe, meint in einem schwächeren Sinn ja auch, dass es bessere und schlechtere Zeiten für gewisse Dinge geben kann – und dass wir deshalb vielleicht gut daran tun, unser Dasein in Lebensphasen geordnet zu sehen. Lebensklugheit hat denn auch viel zu tun mit der Einsicht, dass es hilfreich sein kann, bestimmte Türen irgendwann zu schließen, Optionen bewusst nicht mehr wahrzunehmen, Entscheidungen zu treffen, die definitiv sind.[27] In diese Richtung argumentiert der Bioethiker Giovanni Maio, der dem biologisch bedingten Zeitdruck sogar einen Wert abgewinnt, der in »Selbstreflexion« bestehe: Wenn wir wüssten, dass wir wenig Zeit haben, seien wir gezwungen, uns darüber klarzuwerden, woran uns im Leben wirklich liege. Der Zeitdruck könne so eine Intensivierung des Lebens bedeuten, weil wir nämlich angehalten wären, nach unserer Identität zu suchen und uns Gewissheit darüber zu verschaffen, wer wir sein wollten. »Der Zeitdruck ist wie eine Lupe, die auf das Wesentliche fokussiert«, so Maio: Wir würden dann Prioritäten setzen und nicht durch ein Leben schlittern, in dem wir uns stets alle Optionen offenließen.[28] Dass das so sein kann, ist sicher richtig. Aber muss es für alle gelten? Zwar wird in jüngerer Zeit wieder vermehrt diskutiert, ob wir nicht auch in einer liberalen Gesellschaft die Möglichkeit wahrnehmen sollten, Lebensformen von einem moralischen Standpunkt aus zu kritisieren.[29] Einander aber genuine Vorschriften darüber zu machen, wie wir das Leben zu leben haben, ist kaum berechtigt.

Kritisch diskutiert wird im Kontext der Eizellvorsorge aber nicht nur die Frage, ob Personen einfach irgendwann zu alt seien, um noch Eltern zu werden, sondern ebenso die Frage, ob alten Eltern noch hinreichend viel Zeit bleibe, um ihre Kinder ins Erwachsenenleben begleiten zu können. Werden Menschen im hohen Alter Eltern oder haben sie eine schwere Krankheit, läuft das potenzielle Kind Gefahr, früh (Halb-)Waise oder zu einem sogenannten »young carer« zu werden: einem Kind oder Jugendlichen, das oder der einen substanziellen Teil der Pflegearbeit für ein Elternteil übernehmen muss. Ist es zulässig, ein potenzielles Kind diesem biographischen Risiko auszusetzen?

Die Menschen in den industrialisierten Ländern leben heute im Durchschnitt gesünder als noch vor ein paar Jahrzehnten, der medizinische Fortschritt hält viele Therapiemöglichkeiten gegen Altersgebrechen bereit, die Lebenserwartung ist stark gestiegen. Eine fünfzigjährige Frau, die Mutter wird, kann ihr Kind in den allermeisten Fällen vermutlich noch gut ins Erwachsenenleben begleiten. Aber selbst wenn dem nicht so wäre: Ist es zwingend verantwortungslos, Kinder zu zeugen, wenn man in Betracht ziehen muss, dass man sie mit großer Wahrscheinlichkeit nicht mehr wird aufwachsen sehen? Das ist eine schwierige Frage. Mit Sicherheit spielt dabei eine Rolle, ob nur ein Elternteil mit einem baldigen Lebensende rechnen muss oder ob dies beide Elternteile betrifft. Auch wenn der Tod von Mutter oder Vater für ein Kind in den meisten Fällen erschütternd sein dürfte, stellt es doch einen großen Unterschied dar, ob ein anderer Elternteil zurückbleibt, der Trost und Geborgenheit schenken kann. Eine Haltung verantwortlicher Elternschaft heißt also sicher auch, sich darüber Gedanken zu machen, ob der zurückbleibende Elternteil in der Lage sein würde, die elterliche Sorge für das Kind allein zu übernehmen. Eltern können sich aber auch offen dafür zeigen, dem Kind nahe emotionale Beziehungen zu anderen Bezugspersonen zu ermöglichen – zu Paten und Patinnen, zu Nachbarn, zu weiteren Verwandten, sodass es, sollten die Eltern selbst sterben, nicht ohne Hilfe und Schutz zurückbleibt.[30]

Späte Elternschaft ist also nicht gegen frühe Elternschaft auszuspielen. Elternschaft ist vielmehr in jeder Phase eine herausforderungsreiche Aufgabe. Für ein förderliches Umfeld für ein Kind ist das Lebensalter der Eltern nur ein Faktor unter vielen. Vor allem aber sind Lebensgeschichten und menschliche Beziehungen zu jedem Zeitpunkt unendlich vielfältig: Die junge Mutter leidet möglicherweise an einer schweren Krankheit und bedarf früh der Pflege. Der ältere Vater hält vielleicht nicht mehr ganz mit auf dem Fußballfeld, dafür ist er in seinen Ratschlägen gelassen und gefestigt und kann seinem Kind viel Sicherheit bieten. Aus Gründen des Kindeswohls zumindest gibt es keinen Anlass, späte Elternschaft prinzipiell auszuschließen. Diese Überlegungen machen deutlich, dass es ungerechtfertigt wäre, Frauen nach der Menopause pauschal den Zugang zur assistierten Reproduktion zu verbieten. Dennoch kann es unter medizinischen Gesichtspunkten gute Gründe geben, eine fortpflanzungsmedizinische Behandlung in späterem Lebensalter zu unterlassen, beispielsweise medizinische Risiken einer potenziellen Mutter oder auch die nicht hinreichend gute Lebenserwartung beider Elternteile.[31] Da die gesundheitliche Verfassung von Personen nicht allein von ihrem Alter abhängt, können medizinische Kriterien aber nicht in Altersangaben gegossen werden, die zur Gesetzesgrundlage erhoben werden. Vielmehr ist es einerseits an den involvierten medizinischen Fachpersonen, die jeweilige Situation mit Blick auf mögliche Risiken sorgfältig einzuschätzen und ausschließlich ethisch vertretbare Behandlungen anzubieten. Andererseits ist es an jenen, die auch spät noch Kinder wollen, sich zu fragen, ob sie sich der verantwortungsvollen Aufgabe, die Elternschaft darstellt, zu stellen vermögen. Mit dieser Frage sind freilich alle konfrontiert, die Kinder wollen – zu jedem Zeitpunkt.

Dies bedeutet aber auch, dass sämtliche Überlegungen zu später Elternschaft – mit Ausnahme derjenigen, die Risiken für Mutter und Kind betreffen, die auf späte Schwangerschaft zurückzuführen sind – auch für ältere Männer gelten, die Vater werden wollen. Auch von ihnen darf im Sinn einer Haltung verantwortungsvoller Elternschaft erwartet werden, dass sie sich überlegen, wann die Zeit für ein Kind passend ist – und wann nicht mehr. Alte Väter ereilte noch nie dasselbe Stigma wie alte Mütter, denen schnell Unverantwortlichkeit und Egoismus unterstellt wird. Prominente Fälle wie etwa Richard Gere oder Elton John, die mit 69 respektive 71 Jahren zum zweiten Mal Vater wurden, sorgen für weitaus weniger Schlagzeilen als die Entscheidung einer Frau, in ähnlichem Alter ein Kind in die Welt zu setzen. Im Sinn der Gleichbehandlung wäre es zu begrüßen, den voyeuristischen, misogynen Impuls, der die Berichterstattung über »Grandma Moms« grundiert, im Zaum zu halten – und auch Spätgebärenden zuzugestehen, dass sie durchaus in der Lage sind, eine verantwortungsvolle Entscheidung für ein Kind zu treffen.

4 NICHT DIESES KIND

»Bei den feministischen Kämpfen gegen staatliche Abtreibungsverbote geht es […] nicht darum, ein ›Recht‹ auf Abtreibung zu fordern oder darum, ein ethisches Urteil darüber zu fällen, wie schlimm oder nicht schlimm eine Abtreibung ist. Sondern es geht um die Frage, ob man Menschen, die schwanger werden können, als freie Subjekte betrachtet, die in Bezug auf ihre (unter Umständen schwangeren) Körper verantwortlich handeln, oder ob man sie entmündigt und im wahrsten Sinne des Wortes in ihren Körper hineinregiert.«

ANTJE SCHRUPP[1]

»Verlieren wir womöglich vor lauter theoretischen Erwägungen aus dem Blick, worum es für die Frauen und ihre Partner in einem Schwangerschaftskonflikt geht? Dass sie sich nämlich von einem Kind verabschieden müssen, das sie noch nicht einmal kennen? Dass sie entscheiden müssen, womöglich an den Rand der Gesellschaft gedrängt zu werden, wenn sie ihr Kind bekommen? Dass sie nicht wissen, was sie einem Menschen zumuten, ob sie dies vor ihm werden verantworten können?«

HILLE HAKER[2]

Astrid und Markus haben zusammen eine Tochter, sie ist Kabarettistin, er ihr Manager. Als Astrid mit ihrem zweiten Kind im sechsten Monat schwanger ist, erfährt das Paar bei einer Routineuntersuchung, dass ihr Kind mit dem Down-Syndrom zur Welt kommen wird. Astrid und Markus sind anfänglich voller Hoffnung und beginnen sich zu erkundigen, was diese Diagnose bedeutet. Als weitere Untersuchungen ergeben, dass das Kind einen schweren Herzfehler hat und gleich nach der Geburt zahlreiche Operationen notwendig würden, stürzt das Paar in eine tiefe Krise. Der 2016 erschienene deutsche Spielfilm 24 *Wochen*[3] macht die Hoffnungen, Sorgen und Nöte des Paares und die Gewissenskonflikte, denen es sich unerwartet stellen muss, nachvollziehbar. Markus möchte nicht, dass Astrid die Schwangerschaft abbricht. Astrid dagegen ist stark verunsichert: ihre Tochter, ihre Arbeit, das Umfeld, ein schwerkrankes Baby – wie soll sie das alles bewältigen? Nach vielen Auseinandersetzungen mit Markus und Gesprächen mit Fachpersonen entscheidet Astrid, die Schwangerschaft im sechsten Monat zu beenden. Markus steht ihr letztlich bei, und gemeinsam nehmen sie Abschied.

Ganz unabhängig von der Frage, ob sich eine Frau ein Kind gewünscht hat und sich plötzlich mit einer schwerwiegenden Diagnose konfrontiert sieht, oder ob sie ungewollt schwanger wird und sie die Vorstellung, in neun Monaten ein Kind zur Welt zu bringen, aus der Bahn wirft – die Erwägung eines Schwangerschaftsabbruchs dürfte in vielen Fällen mit tiefgreifenden Zweifeln und existenziellen Fragen einhergehen: Könnte ich dem Kind, das in mir heranwächst, eine hinreichend gute Mutter sein? Hätte dieses Kind angesichts meiner Lebensumstände oder einer schwerwiegenden Diagnose ein gutes Leben? Würde ich, wenn dieses Kind zur Welt käme, meinen anderen Aufgaben weiter gerecht werden können: als Partnerin oder Partner, als Mutter oder Vater von bereits geborenen Kindern, als beruflich engagierte Person? Würde ich einen Abbruch der Schwangerschaft je bereuen – oder umgekehrt die Entscheidung in Frage stellen, das Kind bekommen zu haben?

1971 bekannten auf Initiative der Feministin Alice Schwarzer 374 Frauen im Wochenmagazin *Stern*, eine Schwangerschaft abgebrochen zu haben. Unter ihnen fanden sich bekannte Schauspielerinnen wie Senta Berger, Romy Schneider und Lis Verhoeven. Vorbild der Kampagne war eine im selben Jahr durchgeführte Aktion der französischen Zeitschrift *Le Nouvel Observateur*, bei der unter anderem Simone de Beauvoir, Catherine Deneuve und Marguerite Duras öffentlich gemacht hatten, sie hätten abgetrieben. Die Frauen brachen damit ein Tabu, denn eine Abtreibung war damals nicht nur in vielen Kreisen geächtet, sondern in beiden Ländern auch rechtlich verboten. Mittlerweile ist ein Abbruch in vielen Ländern innerhalb bestimmter Fristen straffrei. Das Misstrauen und die Schuldzuweisungen gegenüber Frauen, die sich für einen Abbruch entscheiden, sind aber zum Teil geblieben. Papst Franziskus ging im Oktober 2018 sogar so weit, den Schwangerschaftsabbruch mit einem »Auftragsmord« zu vergleichen.

Anders als zuweilen suggeriert, ist der Schwangerschaftsabbruch kein neues Phänomen. Aus heilkundlichen Schriften, die bis in die Antike zurückreichen, geht hervor, dass die Abtreibung in einem frühen Stadium der Schwangerschaft als Mittel zur Schwangerschaftsverhütung verstanden wurde, ähnlich wie heute die sogenannte »Pille danach«. Erst im Laufe des 19. Jahrhunderts schritten das Wissen über die vorgeburtliche Entwicklung des Embryos und über operative Abbruchmethoden so weit voran, dass frühe Abbrüche überhaupt als Beendigungen von Schwangerschaften in den Blick gerieten. Damit stellte sich die Frage, wie die entsprechenden Praktiken moralisch zu bewerten und rechtlich zu regeln sind.[4] Wie auch immer die Rechtslage in der Folge ausgestaltet war, abgetrieben wurde immer, unter Umständen illegal und unter gefährlichsten Bedingungen. Waren entsprechende Eingriffe verboten, fanden sie in Hinterhöfen statt, durchgeführt von wenig oder gar nicht qualifizierten Personen und ohne Einhaltung hygienischer und medizinischer Mindeststandards.

»Mein Bauch gehört mir!«

In Westdeutschland war der Schwangerschaftsabbruch bis 1976 gänzlich verboten. Der berühmte Paragraph 218 aus dem Jahr 1871 schrieb fest: »Eine Schwangere, welche vorsätzlich abtreibt oder im Mutterleib tötet, wird mit Zuchthaus bis zu fünf Jahren bestraft.« Zu Demonstrationen gegen dieses Verbot kam es zwar bereits während der Weimarer Republik, doch die damaligen Proteste von Sozialdemokratinnen und Kommunisten blieben erfolglos. Die Nationalsozialisten verschärften den Paragraphen sogar, indem sie den Abbruch einer Schwangerschaft unter Todesstrafe stellten – solange das Kind gesund war, denn »erbkrankem Nachwuchs« wurde kein Lebensrecht zugestanden. Im Jahr 1972 führte die DDR die sogenannte »Fristenregelung« ein, die einer Frau den Abbruch bis zur zwölften Schwangerschaftswoche erlaubte. Die Frauenbewegung in der BRD nahm sich diese Regelung zum Vorbild: Sie wollte nicht länger hinnehmen, dass Frauen das Recht verwehrt wurde, sich gegen eine Schwangerschaft zu entscheiden. Allerdings scheiterte die Fristenregelung 1975 noch am Bundesverfassungsgericht. Eingeführt wurde stattdessen eine »Indikationenregelung«, die bis 1995 Bestand hatte: Der Abbruch war ihr gemäß straffrei bei einer Gefahr für die gegenwärtige oder zukünftige körperliche oder psychische Gesundheit der schwangeren Frau (medizinische Indikation), bei der Diagnose einer schwerwiegenden Behinderung des werdenden Kindes (embryopathische Indikation), bei einer Schwangerschaft aufgrund einer Vergewaltigung (kriminologische Indikation) sowie bei einer drohenden Notlage für die schwangere Frau (soziale Indikation).

Unter dem Schlagwort »Mein Bauch gehört mir!« erstritten Feministinnen nicht nur in Westdeutschland, sondern in vielen Ländern Europas, in den USA und in Australien in Protestkundgebungen die Straffreiheit des Schwangerschaftsabbruchs. 2018 beschloss Irland als eines der letzten europäischen Länder die Aufhebung des Verbots per Referendum. In vielen Rechtsordnungen wurde dabei ein Kompromiss etabliert, der der sensiblen Frage nach dem Schutz von ungeborenem Leben bei gleichzeitiger Achtung der Selbstbestimmung und der körperlichen Unversehrtheit der Frau Rechnung zu tragen versucht. Dieser Kompromiss besteht darin, dass der Schwangerschaftsabbruch zumindest in einer ersten Zeit straflos bleibt, ohne dass die Frau Gründe für ihre Entscheidung angeben muss. Die Fristen variieren dabei zwischen 12 Wochen in der Schweiz, 14 Wochen in Deutschland, 16 Wochen in Österreich, 18 Wochen in Schweden und 22 Wochen in Island.[5] In Deutschland besteht überdies eine Beratungspflicht mit Bedenkzeit: Die schwangere Frau muss eine Beratungsstelle aufsuchen, die ihr die Konsequenzen ihrer Entscheidung aufzeigt. Diese Pflichtberatung soll dem Schutz des ungeborenen Lebens dienen und die Frau zur Fortsetzung der Schwangerschaft ermutigen.[6] In den meisten Ländern ist ein Abbruch zudem auch nach Ablauf der Frist rechtmäßig, wenn er notwendig ist, um eine Lebensgefahr für die schwangere Frau oder eine schwerwiegende Beeinträchtigung ihrer körperlichen oder seelischen

Gesundheit abzuwenden. Er erfordert dann aber eine Begründung und eine ärztliche Entscheidung.

Nur für knapp 40 Prozent der Frauen weltweit gelten so liberale Regeln, wie sie Westeuropa kennt. Rund 25 Prozent sind weiterhin von einem Totalverbot des Schwangerschaftsabbruchs betroffen, das nur dann (und auch dann nicht immer) eine Lockerung erfährt, wenn das Leben der Frau durch die Fortsetzung der Schwangerschaft akut bedroht ist. Derartige Verbote führten allerdings nachweislich in keinem Land zu einer Abnahme der Schwangerschaftsabbruchsrate. In Lateinamerika, wo Abtreibungen in den meisten Ländern illegal sind, liegt die Abbruchsrate um ein Vielfaches höher als in Ländern wie Deutschland oder der Schweiz. Der Zusammenhang zwischen gesetzlicher Regelung und den Abbruchstatistiken dürfte dabei vor allem ein indirekter sein: In Ländern, die eher eine liberale Praxis verfolgen, herrscht oft eine weniger rigide Sexualmoral vor; entsprechend offener wird über Verhütung gesprochen, und Mittel zur Empfängnisverhütung sind frei zugänglich. Ungewollte Schwangerschaften sind damit seltener. Elternschaft vor der Ehe wird außerdem in den entsprechenden Ländern kaum mehr tabuisiert, und Frauen, die ungeplant schwanger werden, stehen zumindest gesellschaftlich weniger unter Druck, sich gegen ein Kind zu entscheiden.

Viele Untersuchungen zeigen, dass Verbote das Risiko unsachgemäß durchgeführter Schwangerschaftsabbrüche erhöhen. Laut der Weltgesundheitsorganisation sind nach wie vor fast die Hälfte aller Abbrüche gesundheitsgefährdend[7] – und diese Hälfte findet vorrangig in ärmeren Gebieten in Ländern statt, in denen Abtreibungen rechtlich verboten oder gesellschaftlich geächtet sind. Die Philosophin Alison Jaggar kritisiert mit Blick auf diese Zustände, ein Verbot des Schwangerschaftsabbruchs stünde im Widerspruch zu fundamentalen Menschenrechten wie dem Recht auf Leben und körperliche

Integrität. Denn Frauen würden trotz Strafandrohung Wege zum Abbruch finden und dafür unter Umständen ihre Gesundheit und zuweilen sogar ihr Leben aufs Spiel setzen. Ihnen bliebe aus ökonomischen oder gesellschaftlichen Gründen oftmals keine andere Wahl.[8]

Auch wenn der Schwangerschaftsabbruch in den meisten europäischen Ländern innerhalb bestimmter Fristen legal ist, geraten liberale Regelungen immer wieder unter Beschuss – in den vergangenen Jahren etwa in Polen, wo das rechtskonservative Bündnis »Stoppt Abtreibung« einen Anlauf für eine Restriktion des im Vergleich zu allen anderen europäischen Ländern ohnehin schon stark beschränkten Zugangs zum Schwangerschaftsabbruch unternahm. 2016 scheiterte es allerdings nach massivem Protest im Parlament. Auch in den USA werden aktuell in verschiedenen Gliedstaaten drastische Verschärfungen des Abtreibungsrechts diskutiert und verabschiedet. Dazu gehören die sogenannten »Fetal Heartbeat-Gesetze«, denen zufolge der Abbruch ab dem Moment verboten sein soll, in dem das Herz des Embryos zu schlagen beginnt. Konkret bedeutet dies ein Abbruchverbot ab ungefähr der sechsten Schwangerschaftswoche – also häufig in einer Phase, in der eine Frau noch gar nicht von ihrer Schwangerschaft weiß. Diese geplanten oder eingeführten Gesetzesverschärfungen sind allerdings mit dem berühmten Entscheid »Roe v. Wade« des Obersten Gerichtshofs aus dem Jahr 1973, wonach die Frau bis zur Lebensfähigkeit des Fötus grundsätzlich selbstbestimmt über den Schwangerschaftsabbruch entscheiden kann, nicht vereinbar. In Reaktion auf sie wiederholt sich auch die Geschichte der Frauen, die ihre persönliche Erfahrung eines Abbruchs öffentlich machen, wie sie es vor bald 50 Jahren im *Nouvel Observateur* und im *Stern* taten: Die US-amerikanische Schauspielerin und Drehbuchautorin Busy Philipps teilte im Mai 2019 unter dem Hashtag *#youknowme* die Geschichte ihrer Abtreibung mit der Öffentlichkeit, zahlreiche Frauen taten es ihr in der Folge gleich.

Auch in Deutschland wurde in jüngster Zeit wieder kontrovers über den Schwangerschaftsabbruch diskutiert, und zwar insbesondere in Zusammenhang mit dem sogenannten »Werbeverbot«. Stein des Anstoßes war das Verbot jeglicher »Werbung« (verstanden im altertümlichen Wortsinn von »Werbung« als einer »Verbreitung von Informationen«) für den Schwangerschaftsabbruch. Bereits die Information auf den Webseiten von Ärztinnen und Ärzten über die Methoden der Durchführung von Abbrüchen konnte unter Umständen strafbar sein. Inzwischen wurden Ärztinnen, Krankenhäuser und weitere Einrichtungen, die Schwangerschaftsabbrüche vornehmen, vom Informationsverbot ausgenommen. Für weitergehende Informationen müssen sie allerdings auch künftig auf offizielle Stellen verweisen. Die Diskussion um dieses Werbeverbot war Anlass einer breiter geführten gesellschaftlichen Debatte über den Schwangerschaftsabbruch: Die einen möchten den Akt des Schwangerschaftsabbruchs an sich entkriminalisieren, während andere einen zu weichen Umgang damit beklagen. Letztere bemängeln außerdem, es würde nicht hinreichend über die psychischen Folgen von Schwangerschaftsabbrüchen gesprochen. Um die »Häufigkeit und Ausprägung seelischer Folgen von Schwangerschaftsabbrüchen« zu untersuchen, gab der deutsche Gesundheitsminister Jens Spahn 2019 eine wissenschaftliche Studie in Auftrag, was für einige Kritik sorgte: Es deute nichts darauf hin, dass eine Abtreibung zwingend einen negativen Einfluss auf die psychische Gesundheit von Frauen habe, die Studie sei politisch motiviert.[9] Außerdem stelle sich auch die Frage, was denn die Alternative zu einem Abbruch wäre: Immerhin müsste auch gefragt werden, mit welchen Folgen Frauen zu kämpfen hätten, die gegen ihren Willen ein Kind austragen, gebären und danach zur Adoption freigeben oder großziehen müssten. Die australische Sozialwissenschaftlerin Erica Millar, die sich eingehend mit der Geschichte und Soziologie der Abtreibung befasst hat, ist in ihren Untersuchungen bei Frauen nach Abtreibungen auf ein breites Gefühlsspektrum getroffen, das von Trauer über Erleichterung bis hin zu Dankbarkeit reicht, aus einer unerwünschten und zuweilen als quälend empfundenen Situation befreit worden zu sein. Die Befindlichkeit von Frauen, die sich gegen die Fortsetzung einer Schwangerschaft entscheiden, spiegle nicht zuletzt gesellschaftliche Wertungen, so Millar in ihrer Studie, und Schamgefühle nach einer Abtreibung folgten viel eher einer kulturell konstruierten Norm als einer individuellen Bewertung des Sachverhalts.[10]

Trotz der vielerorts neu aufgeflammten Debatten ist das grundsätzliche Recht von Frauen, sich für einen Schwangerschaftsabbruch entscheiden zu können, mittlerweile weithin unbestritten.[11] Es gehört zum Kernbereich der reproduktiven Autonomie (Kap. 1) und schützt außerdem die physische und psychische Unversehrtheit der Frau: Nicht nur die Durchführung eines Abbruchs, sondern auch dessen Verweigerung – und damit die Pflicht, den Fötus gegen den eigenen Willen auszutragen – stellen massive Eingriffe in die Integrität und die Lebensgestaltung der betroffenen Frau dar. Insofern als das *grundsätzliche Recht* auf einen Abbruch an vielen Orten mittlerweile anerkannt ist, wird umso heftiger über die *Grenzen* des Schwangerschaftsabbruchs diskutiert – also über die Frage, ob und wenn ja, welche Gründe es gibt, dieses Recht zum Beispiel nur während eines bestimmten Zeitraums zu gewähren oder es an Voraussetzungen zu knüpfen. Die Vehemenz, mit der diese Debatten geführt werden, und der gehässige Ton, der sie teilweise durchzieht, sind dabei nur verständlich, wenn man berücksichtigt, welche weiteren Themen in den Auseinandersetzungen um den Schwangerschaftsabbruch subkutan mitschwingen. Fragen der Schutzwürdigkeit ungeborenen Lebens vermengen sich in der Abtreibungsdebatte mit Fragen der Sexualmoral, der Stellung der Frau in der Gesellschaft und der Bevölkerungspolitik. Mit den Fortschritten der pränatalen Gendiagnostik kommen Diskriminierungsfragen hinzu: Weil immer breiter auf bestimmte Merkmale wie etwa Chromosomenanomalien getestet wird und bei positivem Befund mitunter ein Schwangerschaftsabbruch erfolgen kann, steht die Frage im Raum, ob es sich bei dieser Praxis nicht um eine unzulässige Diskriminierung von Personen mit dieser Eigenschaft handelt. Auf diese Frage wird später zurückzukommen sein.

Die Debatte um den Schwangerschaftsabbruch kreist allerdings selbst dann, wenn es eigentlich um gesellschaftspolitische Anliegen geht, immer wieder um die ebenso alte wie ungelöste Frage nach dem *moralischen Status ungeborenen Lebens*: Ist der Embryo eine Sache? Eine Person? Ein menschliches Leben mit Würde, aber ohne Lebensrecht? Und wer legt dies überhaupt für wen und nach welchen Kriterien fest: die Gesellschaft für alle gleichermaßen aufgrund biologischer Erkenntnisse oder ethischer Erwägungen? Oder die einzelne Person für sich aufgrund ihrer religiösen oder moralischen Überzeugungen? Daran schließt die Frage an, was aus derartigen Festlegungen folgt: Schutzansprüche für das Leben des Embryos, und falls ja, welche? Könnten diese Schutzansprüche die reproduktive Autonomie der schwangeren Frau einschränken – das heißt: Wiegen sie gegebenenfalls schwerer als ihr Selbstbestimmungsrecht? Alle diese Fragen werden in der Philosophie, Theologie, Bioethik ebenso wie in der Rechtswissenschaft seit Jahrzehnten äußerst kontrovers diskutiert.

Geht es um die Frage, als was ein Embryo genau zu beschreiben ist, trifft man auf ein breites Spektrum an Positionen. An dessen einem Ende findet sich die Position, dass das menschliche Leben bereits mit der Verschmelzung von Ei- und Samenzelle beginne und um seiner selbst willen schützenswert sei, und zwar genauso wie das Leben eines geborenen Menschen. Zum einen bleibe jeder Versuch, die volle moralische Schutzwürdigkeit erst zu einem späteren Zeitpunkt zuzusprechen, letztlich unbegründet und komme deshalb einem Akt der Willkür gleich. In Sinne des *Kontinuumsarguments* verlaufe die Entwicklung werdenden Lebens vom frühen Embryo bis zum geborenen Kind nämlich kontinuierlich: Es gebe schlicht keine Zäsur, auf deren Grundlage begründet werden könne, warum einem werdenden Menschen genau ab diesem Zeitpunkt die volle Schutzwürdigkeit zuzugestehen sei und davor nicht. Zum anderen gehe es um den Wert des menschlichen Lebens an sich: Mag sein, dass auch Zellkulturen, Bakterien und Pflanzen leben und wir dennoch der Meinung sind, wir dürften sie vernichten oder ausreißen. Embryonen hingegen seien *menschliches* Leben und damit von Anfang an im vollen Sinn Träger von Menschenwürde, besagt das *Speziesargument*. Zum Kreis dessen, was »moralisch zählt«, gehörten auch Embryonen, weil sie Mitglieder der Spezies Mensch seien. Das Prinzip der *Menschenwürde* fungiert in diesem Argument gewissermaßen als säkularer Stellvertreter religiöser Begründungen wie der Gottesebenbildlichkeit des Menschen, die im öffentlichen Diskurs rund um den Schwangerschaftsabbruch seit jeher eine wichtige Rolle spielen.

Mit der vollen moralischen Schutzwürdigkeit ab dem Moment der Verschmelzung von Ei- und Samenzelle wird der uneingeschränkte Lebensschutz verbunden und vor diesem Hintergrund der Schwangerschaftsabbruch mit der Tötung eines geborenen Menschen gleichgesetzt. Das Lebensrecht des Embryos wird damit immer höher gewichtet als das Selbstbestimmungsrecht der Frau, die eine Schwangerschaft beenden möchte. Ein Abbruch sei nur dann möglicherweise zu rechtfertigen, wenn gleichrangige Güter, also das Leben der schwangeren Frau, auf dem Spiel stünden. In einem solchen Fall wäre das Leben des Kindes gegen das Leben der Mutter abzuwägen. Eine solche Position vertreten zahlreiche kirchliche Verbände sowie auch die christlich motivierte *pro-life*-Bewegung, die weltweit Protestkundgebungen unter dem Titel »Marsch fürs Leben« organisiert und dafür wirbt, Schwangerschaftsabbrüche, aber auch die Stammzellforschung und die Präimplantationsdiagnostik mit der Tötung von Menschen gleichzusetzen und zu verbieten.

Nicht alle, die eine so frühe Zusprache von Menschenwürde und Lebensrecht vertreten, leiten daraus allerdings auch ein rechtliches Verbot des Schwangerschaftsabbruchs ab. Das deutsche Bundesverfassungsgericht formulierte seine Position in den 1975 und 1993 gefällten Entscheidungen dahingehend, dass »Leben im Sinn der geschichtlichen Existenz eines menschlichen Individuums« nach »gesicherter biologisch-physiologischer Erkenntnis jedenfalls vom 14. Tag nach der Empfängnis« an bestehe. Der damit begonnene Entwicklungsprozess sei »ein kontinuierlicher Vorgang, der keine scharfen Einschnitte« aufweise und »eine genaue Abgrenzung der verschiedenen Entwicklungsstufen des menschlichen Lebens« nicht zulasse.[12] Zwischen dem Schutzumfang des ungeborenen Lebens und demjenigen des geborenen Menschen könne folglich nicht abgestuft werden. Rechtlicher Schutz gebühre »dem Ungeborenen auch gegenüber seiner Mutter«, und dieser sei nur möglich, wenn der Gesetzgeber ihr einen Schwangerschaftsabbruch verbiete und die grundsätzliche Pflicht auferlege, »das Kind auszutragen«, so das Gericht.[13] Daraus schloss das Bundesverfassungsgericht jedoch nicht, dass ein Schwangerschaftsabbruch unter allen Umständen strafrechtlich zu verfolgen sei. Vielmehr hielt es eine Regelung, die der schwangeren Frau relativ großen Spielraum bei der Entscheidung einräumt und sogar späte Abbrüche zulässt, für verfassungskonform. Die Begründung für diese Sonderregelung wurde an der besonderen Konfliktlage der schwangeren Frau festgemacht: Die Achtung vor dem ungeborenen Leben kollidiere mit dem Recht der Frau, nicht über das zumutbare Maß hinaus eigene Werte und Freiheiten opfern zu müssen. Der Gesetzgeber sei bei der Beurteilung einer solchen Konfliktlage zu Zurückhaltung verpflichtet, zumal der Entschluss, die Schwangerschaft abzubrechen, »den Rang einer achtenswerten Gewissensentscheidung« haben könne.[14]

Noch heute besteht also in Deutschland die ungewöhnliche Situation, dass Embryonen Lebensschutz genießen, weshalb der Schwangerschaftsabbruch auch *rechtswidrig* ist – aber in den ersten zwölf Schwangerschaftswochen nach Empfängnis strafrechtlich nicht verfolgt wird, wenn eine Beratung erfolgt und eine Bedenkzeit zwischen Beratung und Abbruch eingehalten wird.[15] Der Abbruch ist zudem rechtmäßig, wenn die schwangere Frau eine schwerwiegende Gefahr für ihre körperliche oder seelische Gesundheit geltend macht. Auf die Inkonsistenzen einer solchen Position wird freilich regelmäßig hingewiesen[16]: Wird dem Embryo analog zu einem geborenen Menschen ein Lebensrecht zugestanden, ist unklar, warum ihm aus Gründen der Selbstbestimmung, die eine andere Person für sich geltend macht, dieses Leben genommen werden darf. Man müsste, um die Inkonsistenz aufzulösen, entweder den Schutz des Lebens von Embryonen aufgeben oder der schwangeren Frau das Selbstbestimmungsrecht absprechen.

Ersteren Weg wählen jene, die sich am anderen Ende des Spektrums möglicher Positionen zum Schwangerschaftsabbruch befinden: Sie gestehen dem Embryo durchaus *moralische Schutzwürdigkeit* zu, aber kein eigentliches Lebensrecht. Vielmehr unterscheiden sie einen Embryo seinem moralischen Status nach klar von einem geborenen Menschen. Als Zäsur für die Zusprache eines Lebensrechts werden verschiedene Kriterien diskutiert: Manche setzen den Beginn des Lebensschutzes beim mutmaßlichen Beginn des Schmerzempfindens an, andere beim Einsetzen der fetalen Hirnaktivität, analog zum Kriterium des Hirntods am Lebensende.[17] Häufiger aber wird die sogenannte »extrauterine Lebensfähigkeit« des Fötus als vorgeburtliche Zäsur und als für den Lebensschutz entscheidend angesehen, das heißt die Möglichkeit, dass der Fötus – mit entsprechender medizinischer Unterstützung – auch außerhalb des Körpers der Frau überleben könnte. Diesem Kriterium messen viele Rechtsordnungen Bedeutung bei: Extrauterin lebensfähige Föten seien zwar keine tatsächlichen, aber mögliche Mitglieder der Rechtsgemeinschaft. Der Zeitpunkt, ab dem ein Kind bei einer vorzeitigen Geburt eine realistische Überlebenschance hat, wenn es intensivmedizinisch betreut wird, hat sich in den letzten Jahrzehnten ständig nach vorn verschoben. Er liegt heute je nach Standort und technischen Möglichkeiten zwischen der 22. und 24. Schwangerschaftswoche. In einigen Ländern – etwa in Island oder den Niederlanden – ist ab diesem Zeitpunkt ein Abbruch nur noch rechtlich zulässig, wenn das Leben oder die Gesundheit der Frau akut gefährdet sind, davor jedoch ohne Einschränkung.

Schließlich wird als Moment der Zuschreibung des Lebensrechts auch die Geburt selbst erwogen – also nicht bereits die an sich mögliche, sondern erst die tatsächliche Trennung des Fötus vom Leib der Mutter. Während der Schwangerschaft ist ein Fötus vollständig von der Frau abhängig und in intimer Weise mit ihr verbunden. Zwischen der schwangeren Frau und dem Fötus als zwei getrennten Entitäten zu unterscheiden erachten Vertreterinnen dieser Position deshalb als falsch. Es gebe keine »ungeborenen Kinder«, meint etwa die Politikwissenschaftlerin und Journalistin Antje Schrupp: Kinder würden erst durch die Geburt entstehen, erst diese begründe ihre eigenständige Existenz. Weil während der Schwangerschaft die Verantwortung nicht an andere delegiert werden könne, müsse die körperliche Selbstbestimmung der schwangeren Frau vollen Schutz genießen, bis das biologische Verhältnis zwischen der Frau und ihrem Kind in ein gesellschaftliches Verhältnis übergegangen sei.[18]

Eine überwiegende Zahl der Rechtsordnungen räumt dem Moment der Geburt entscheidende Bedeutung ein. Mit ihm erst entsteht die Person in der Rechtsgemeinschaft, ausgestattet mit eigenen Rechten und Pflichten – und insbesondere mit einem unabwägbaren Recht auf Leben. »Die Persönlichkeit beginnt mit dem Leben nach der vollendeten Geburt und endet mit dem Tode«, steht im Schweizerischen Zivilgesetzbuch. Aber auch wenn die Geburt die Zäsur für den Status als Person und damit als Rechtssubjekt ist, gewährt das Recht dem ungeborenen menschlichen Leben Schutz. In den entsprechenden rechtlichen Regelungen kommen zwei Überzeugungen zum Ausdruck: *erstens* die Ansicht, dass mit menschlichem Leben nicht beliebig verfahren werden darf – und dies zu keinem Zeitpunkt; und *zweitens* die Überzeugung, dass die Schutzwürdigkeit von ungeborenem Leben im Laufe der Schwangerschaft kontinuierlich zunimmt. Die Frage nach dem Schutz von Embryonen ist demnach keine Frage des »Alles oder nichts«, sondern eine der Abstufungen. In der frühen Phase der Schwangerschaft reichen weniger gewichtige Gründe, um sie abbrechen zu dürfen. Schreitet die Schwangerschaft voran, nimmt die Schutzwürdigkeit des Fötus zu, weshalb späte Abbrüche eine höhere Rechtfertigungslast aufweisen.

Eine solche Zunahme der Schutzwürdigkeit ist die Kernidee *gradualistischer Positionen*. Sie kommen einer weit verbreiteten lebensweltlichen Intuition entgegen, wonach unterschiedlich zu bewerten ist, ob ein aus wenigen Zellen bestehender Embryo abstirbt oder ob zu einem späten Zeitpunkt der Schwangerschaft ein Fötus abgetrieben wird. Dazu passt, dass in der Zeit unmittelbar nach der Befruchtung auch physiologisch noch vieles offen ist: Es ereignen sich Spontanaborte, die die Frauen nicht einmal bemerken, und es kommt zu Fehlgeburten. Auch deshalb behalten viele Paare eine Schwangerschaft in den ersten Monaten für sich. Und selbst nach dieser Zeit der Unsicherheit sagen Paare in aller Regel: »Wir bekommen ein Kind«, und nicht: »Wir haben ein Kind.« Sie nehmen damit nicht Bezug auf das »Sein« eines Kindes, sondern auf sein »Werden«, auf das Hoffen, dass alles gutgehen möge.

Die »Fristenregelung«

Die Vorstellung der zunehmenden Schutzwürdigkeit des Embryos liegt auch der Fristenregelung zugrunde: In einer ersten Zeit kann eine Frau ohne Angaben von Gründen über die Fortführung oder den Abbruch einer Schwangerschaft entscheiden. Danach muss sie gegenüber der Ärztin eine Notlage geltend machen, die diese nachvollziehen können muss. Und diese Notlage muss für die Frau »umso grösser sein, je fortgeschrittener die Schwangerschaft ist«, wie es etwa im Schweizer Strafgesetzbuch heißt. Auf die Festlegung klarer Zäsuren in der Schwangerschaft, die für die Art der geltend zu machenden Notlage relevant wären, wird aber verzichtet. Dass es schwierig ist, in der Entwicklung des Fötus zweifelsfrei Zäsuren festzustellen, bedeutet allerdings nicht, dass eine relevante Unterscheidung zwischen dem Zustand am Beginn und jenem am Ende der Entwicklung unmöglich wäre. Zwar lässt sich, um es mit einem Bild zu sagen, der Moment des Übergangs von hell zu dunkel nicht genau benennen; dieser ist vielmehr fließend. Dennoch sind die beiden Zustände klar voneinander zu unterscheiden: Wir können sagen, wann es hell und wann es dunkel ist, und den Übergang bezeichnen wir als Dämmerung. Dem bereits erwähnten *Kontinuumsargument* lässt sich also entgegenhalten, dass es die Trennschärfe der Unterscheidung zwischen den Zuständen am Anfang und denen am Ende des Kontinuums unterschlägt. Es mag einen Graubereich hinsichtlich der Entwicklung eines Embryos geben, das aber heißt nicht, dass wir nicht klarerweise der Meinung sein können, dass einem Embryo im Frühstadium noch kein Lebensschutz zukommen soll, einem Fötus kurz vor der Geburt aber durchaus.

Auch das *Potenzialitätsargument*, das gegen gradualistische Positionen vorgebracht wird, vermag nicht zu überzeugen: Weil ein Embryo das Potenzial habe, sich zu einem Menschen zu entwickeln und damit jene Eigenschaften auszubilden, die volle Schutzwürdigkeit begründen, müsse auch bereits demjenigen Wesen, das bloß dieses *Potenzial* besitze, diese Schutzwürdigkeit zugestanden werden. Doch weshalb sollten wir einem Wesen allein aufgrund seines *Potenzials* dieselben Ansprüche zubilligen wie einem Wesen, das die entsprechenden Eigenschaften bereits hat? Ein Prinz kann zwar dereinst König werden, und ein König hat Rechte und Pflichten. Doch ein Thronfolger hat gerade *nicht* die gleichen Rechte und Pflichten wie ein König. Dieser Analogie mit den Rechten eines Königs wird freilich entgegengehalten, dass es sich bei seinen Rechten um historisch gewachsene und politisch zugesprochene Ansprüche handelt, während ein grundlegendes Recht auf Leben nicht erworben oder zugesprochen wird. Vielmehr haben es Menschen immer schon, und sie verlieren es nie.

Wer so argumentiert, zieht sich allerdings wieder zurück auf die Position, dass Embryonen bereits ab der Verschmelzung von Ei- und Samenzelle vollen Schutz verdienen, weil damit ein Menschenleben beginne. Und tatsächlich wird die Debatte immer von Neuem auf die Frage zurückgeworfen, ob ein Embryo nicht nur menschliches Leben, sondern auch bereits ein Mensch sei. Diese Frage lässt sich rein naturwissenschaftlich aber ganz offensichtlich nicht beantworten. Die entsprechenden Diskussionen sind anders gesagt nicht aufzulösen, ohne auf weitergehende Annahmen, etwa religiöse oder metaphysische Überzeugungen, Bezug zu nehmen. Für die Gesellschaft gilt es deshalb, mit verschiedenen Wertungen zum moralischen Status des Embryos umzugehen. Die Medizinethikerin Claudia Wiesemann konstatiert denn auch, dass die Debatte um den moralischen Status des Embryos an einen toten Punkt gelangt sei.[19] In der Tat zeigt die Vielfalt philosophischer und rechtlicher Haltungen, dass diese »Statusfrage« nicht abschließend beantwortet werden kann. Der Schwangerschaftsabbruch fordert nicht zuletzt aus diesem Grund Zurückhaltung im Urteil. Solche Zurückhaltung im Urteil ist aber auch und insbesondere aus einem zweiten Grund angebracht: Über den moralischen Status des Embryos vor dem Hintergrund des Schwangerschaftsabbruchs nachzudenken bedeutet, über etwas nachzudenken, was sich im Körper einer schwangeren Frau abspielt, weshalb es zunächst ihr vorbehalten ist, die Statusfrage zu beantworten beziehungsweise in ihre persönliche Abwägung miteinzubeziehen. Ein Kind wächst stets in ihr heran, nimmt Raum in ihr ein und bestimmt damit ein Stück weit über ihr Leben – darüber, wie sich ihr Körper verändert, welche Sorge sie dem werdenden Leben angedeihen lassen muss, welche Hingabe nach der Geburt von ihr verlangt sein wird. So betont die Rechtsphilosophin Monika Frommel, es gehöre zur Gewissensfreiheit der Frau, über den eigenen Körper und die eigene Lebensgestaltung zu entscheiden, und dies tue sie jeweils aufgrund ihrer persönlichen moralischen Überzeugungen. Eine »Gebärpflicht« könne es nicht geben.[20]

Unbestritten ist, dass Embryonen etwas anderes sind als lediglich organisches Material wie etwa ein Zellhaufen oder ein Hautfetzen: Auf dem Spiel steht die Existenz eines werdenden menschlichen Wesens, und menschliche Wesen sind die Art von Entitäten, die in moralischen Überlegungen stets Berücksichtigung verdienen. Dass das auch für jene menschlichen Wesen gilt, die erst im Entstehen begriffen sind, merken wir beispielsweise an unserer besonderen Betroffenheit, wenn eine Frau stirbt, die schwanger war, oder an der geforderten besonderen Rücksichtnahme auf Frauen, die ein Kind erwarten. Die Beendigung einer Schwangerschaft ist deshalb nicht gleichzusetzen mit einem trivialen Akt wie dem Entsorgen eines nicht mehr benötigten Gegenstandes oder dem Schneiden von Nägeln oder Haaren. Während das Schneiden von Haaren genauso wenig nach moralischen Gründen verlangt wie die Frage, warum wir eine Jacke statt eines Pullovers tragen oder weshalb wir die Lektüre von Romanen derjenigen von Krimis vorziehen, verlangt die Verwerfung der Möglichkeit eines menschlichen Lebens nach Gründen.[21] Diese Gründe für oder wider das Austragen eines Kindes können sich etwa aus einem bestimmten Lebensentwurf ergeben, zum Beispiel nur gemeinsam mit einem Partner ein Kind zu bekommen, der bereit wäre, die Verantwortung für dieses zu teilen. Sie können aber auch Überlegungen zur eigenen körperlichen oder psychischen Gesundheit oder zu den finanziellen und sozialen Möglichkeiten, die jemand hat, entspringen. Stets werden dies sehr persönliche, intime Gründe sein, die in den Lebensumständen einer Frau oder eines Paares wurzeln und in ihren Vorstellungen darüber, was Elternschaft für sie bedeutet.

Oft wird über die Frage des Schwangerschaftsabbruchs allerdings vorrangig aus einer Perspektive des Konflikts nachgedacht. Dies klingt beispielsweise auch im in Deutschland verankerten Begriff der »Schwangerschaftskonfliktberatung«

an. Diese Einordnung suggeriert, es handle sich bei Fötus und Frau um zwei voneinander unabhängige Entitäten mit je eigenen Interessen, die im Konflikt zueinander stehen. Dabei gerät aus dem Blick, dass es sich bei einer Schwangerschaft um eine Beziehung handelt, in der der Fötus vollkommen abhängig von der schwangeren Frau ist, die sich wiederum aufgrund dieser Abhängigkeit nicht aus dieser Beziehung lösen kann, ohne die Schwangerschaft abzubrechen.[22] Die Entscheidungsnöte von schwangeren Frauen, das schmerzhafte Aushandeln von Fürsorge und Selbstsorge, von Verantwortung für den Fötus und für sich selbst, für die Paarbeziehung und möglicherweise für bereits geborene Geschwisterkinder, werden in der Reduktion auf einen gänzlich rationalen und argumentativ zu lösenden Konflikt trivialisiert und in ihrer Bedeutung nicht hinreichend ernst genommen. Claudia Wiesemann plädiert vor diesem Hintergrund für eine »leibliche Wende«[23] in der Debatte: Statt auf Individuen, Embryonen und deren jeweilige moralische Ansprüche zu fokussieren, sollten Beziehungsebenen und Lebensentwürfe in den Blick genommen werden. Viele Entscheidungen der schwangeren Frau am Anfang menschlichen Lebens erfolgten nämlich aus Sorge für ein anderes Wesen respektive in Hinblick auf die Möglichkeit einer Beziehung zu diesem. Eine Beziehung ist aber nichts, was plötzlich existiert, sondern etwas, das wächst und ein Bekenntnis zu ihr verlangt.

Das Schwangerschaftsabbruchsrecht steht politisch immer wieder auf dem Prüfstand. Je nach Regierung werden Liberalisierungen des strafrechtlichen Verbots – insbesondere die Einführung oder Verlängerung der Frist für den straffreien Abbruch – oder Verschärfungen desselben angekündigt. Das erklärt die weltweit andauernden Debatten und widersprüchlichen Tendenzen. Die weit verbreitete Kombination von Fristen- und Indikationenregelungen wird aber auch als problematischer Kompromiss kritisiert, weil er meist nichts an der rechtlichen

Einordnung des Schwangerschaftsabbruchs als *Straftatbestand* ändere. Der Schwangerschaftsabbruch dürfe – so die alte Forderung der Frauenbewegung – nicht im Strafrecht geregelt werden, sondern sei als ein reproduktives Recht und Teil der gesundheitlichen Versorgung zu begreifen. Denn zum einen sei das Strafrecht nicht nur ungeeignet, den Embryo vor der schwangeren Frau zu schützen (sollte dies das Ziel der Regelung sein), zumal Frauen auch jenseits der institutionalisierten Medizin Wege fänden, einen Abbruch vorzunehmen. Es sei zum anderen auch unangemessen, dies tun zu wollen. Die Fortsetzung einer Schwangerschaft verlange einer Frau nämlich etwas ganz anderes ab – und zwar etwas von großer Tragweite, das außerdem wortwörtlich vollen Körpereinsatz fordert –, als dies bei anderen Delikten der Fall ist, in denen eine simple Unterlassung ausreiche, um der Strafe zu entgehen.[24] Mit der strafrechtlichen Einordnung scheint eine Vorstellung des Schwangerschaftsabbruchs als vermeidbares Übel einherzugehen, das innerhalb einer bestimmten Frist oder bei Vorliegen bestimmter Indikationen geduldet wird. Damit trägt das Recht selbst zur Stigmatisierung des Abbruchs bei und bringt Misstrauen gegenüber schwangeren Frauen zum Ausdruck.[25]

Nicht dieses Kind

Auch wenn mit der Fristenregelung immerhin für die erste Zeit der Schwangerschaft ein Umgang gefunden worden ist, der den ganz unterschiedlichen und intimen Gründen für oder gegen einen Abbruch Rechnung trägt, wird diese zurzeit erneut diskutiert. Abgesehen von den bereits erwähnten gesellschaftspolitischen Verschiebungen liegt ein Grund für die neuerlichen Debatten in den seit einigen Jahren erhältlichen nicht-invasiven pränatalen Gentests, genannt NIPT. Diese Tests ermöglichen die genetische Untersuchung des Embryos mithilfe einer einfachen Blutentnahme bei der schwangeren Frau und die Entscheidung über die Fortsetzung der Schwangerschaft in Abhängigkeit von den Testresultaten. Der pränatale Gentest zielt besonders auf die Feststellung der Trisomien 21 (Down-Syndrom), 13 und 18 ab, kann aber auch auf Varianten der Geschlechterchromosomen, auf das Geschlecht des Fötus und neu auf gewisse monogenetische Erkrankungen wie beispielsweise zystische Fibrose hinweisen. Zwar ist der Testumfang heute noch überschaubar, allerdings dehnt sich dieser immer weiter aus, und es wird bereits an der vollständigen Sequenzierung des Genoms des Fötus geforscht.

Zumindest ein Teil der Abbrüche scheint sich also nicht an der Situation der Frau oder des Paares festzumachen, sondern an den genetischen Eigenschaften des möglichen Kindes. Grundsätzlich können somit zwei Kategorien von Abbrüchen unterschieden werden: Auf der einen Seite stehen die sogenannten *elektiven Abbrüche*, die unabhängig von den spezifischen Eigenschaften des Ungeborenen erfolgen und allein darin begründet sind, dass die Schwangerschaft ungewollt ist. Auf der anderen Seite stehen *selektive Abbrüche*, die aufgrund spezifischer vorgeburtlich ermittelter Eigenschaften des Embryos vorgenommen werden, etwa einer Fehlbildung, Behinderung oder schweren Erkrankung, die mithilfe von Ultraschall oder Gendiagnostik ermittelt wurden. Selektive Abbrüche sind selbstredend nur möglich, wenn überhaupt entsprechende Informationen über den Fötus zugänglich gemacht werden, die dann den Ausschlag für die Fortsetzung oder den Abbruch der Schwangerschaft geben. Bis vor wenigen Jahren lagen solche Informationen oft erst zu einem späten Zeitpunkt der Schwangerschaft vor. Zahlreiche angeborene Fehlbildungen etwa des Zentralnervensystems können aber auch heute noch mitunter erst in der fortgeschrittenen Schwangerschaft bestätigt werden.

Das Ersuchen um einen Abbruch in einer späteren Phase der Schwangerschaft ist vielerorts rechtfertigungspflichtig, und der Abbruch setzt eine ärztliche Entscheidung voraus.

Mit den neuartigen pränatalen Gentests werden nun aber vermehrt auch selektive Abbrüche zu einem frühen Zeitpunkt der Schwangerschaft möglich, in dem noch nicht über dieses Ansinnen Auskunft gegeben werden muss. Damit stellt sich verstärkt die Frage, welche Informationen über den Embryo werdenden Eltern überhaupt zugänglich gemacht werden sollen. Noch bestehen rechtliche Grenzen hinsichtlich des Wissens, das Paare über den Fötus erlangen können. Die Regelungen variieren dabei von Land zu Land. So verbietet beispielsweise das Schweizer Recht das Testen von Eigenschaften, welche die Gesundheit des Fötus nicht direkt beeinträchtigen. Nach deutschem Recht ist es darüber hinaus untersagt, die Anlage zu einer Krankheit, die sich erst nach Erreichen der Volljährigkeit manifestiert, vorgeburtlich zu ermitteln. In beiden Ländern darf zudem das Geschlecht des Fötus den Eltern erst nach Ablauf der ersten drei Schwangerschaftsmonate mitgeteilt werden.

Die Verbreitung der genannten Bluttests hat in kurzer Zeit weltweit stark zugenommen. Die Vorteile der Testmethode gegenüber herkömmlichen pränatalen diagnostischen Verfahren liegen auf der Hand: *Erstens* konnten genetische Daten des Embryos zuvor nur mithilfe sogenannter »invasiver Verfahren« erhoben werden. Dabei muss mit einer Hohlnadel durch die Bauchdecke der Frau Fruchtwasser oder Plazentagewebe entnommen und untersucht werden. In rund einem von hundert bis zweihundert Fällen kommt es bei dieser Untersuchung zu einer Fehlgeburt. Die neuen Tests dagegen sind nicht invasiv und entsprechend für Frau und Fötus ungefährlich. Zwar sollten positive Testresultate, die eine Auffälligkeit vermuten lassen, invasiv bestätigt werden. Aber die Gentests weisen mit einer rund 99-prozentigen Sicherheit für Chromosomenstörungen wie das Down-Syndrom eine hohe Zuverlässigkeit auf. Die entsprechenden Ergebnisse liegen *zweitens* früher vor als bei den herkömmlichen Verfahren. Jene, die von einer zeitlich zunehmenden moralischen Begründungslast eines Abbruchs ausgehen, werten das positiv: Es würde dank der entsprechenden Untersuchungen zu weniger Spätabbrüchen kommen, die für die Frau außerdem sehr belastend sein können.

Doch die neuartigen Tests stehen auch in der Kritik: Befürchtet wird etwa, dass die Verbreitung der Tests weiter zunehmen könnte, sodass es irgendwann zu einem routinemäßigen Umgang mit ihnen und mehr und mehr zu »Schwangerschaften auf Probe« käme: Entspricht das Testresultat nicht den Wunschvorstellungen der potenziellen Eltern, wird die Schwangerschaft beendet. Tatsächlich ist hier eine Verschiebung des Sachverhalts auszumachen: Als Frauen in den 1970er Jahren für den straffreien Abbruch kämpften, forderten sie das Recht, sich in einer konkreten Situation und aus persönlichen Gründen *überhaupt* gegen die Fortsetzung der Schwangerschaft und eine Mutterschaft entscheiden zu können. Mit den neuartigen Gentests dagegen ändern sich die Akzente in der Diskussion: Mit ihrer Hilfe können Frauen bereits früh und niederschwellig genetische Eigenschaften des Embryos in Erfahrung bringen und ein Austragen des Kindes von diesem Wissen abhängig machen.

Angesichts dieser Verschiebung argumentieren die einen, pränatale Diagnostik stärke die Selbstbestimmung potenzieller Eltern. Je mehr Informationen künftige Eltern darüber hätten, was Schwangerschaft, Geburt und das Leben mit einem Kind mit sich brächten, umso informierter könnten sie entscheiden, ob die Schwangerschaft fortgesetzt werden soll oder nicht.[26] Für andere jedoch wird damit eine unzulässige Rechtfertigung für den Abbruch möglich: Nicht die Tatsache, dass die Schwangerschaft ungewollt ist, scheint dann nämlich die Begründung für einen Abbruch zu liefern, sondern die genetischen Eigenschaften des Kindes. Rechtlich ist eine solche Begründung etwa in Deutschland und der Schweiz nicht vorgesehen. In Deutschland wurde die sogenannte »embryopathische Indikation«, die die Rechtmäßigkeit eines Abbruchs mit den Eigenschaften des Kindes begründet, 1995 wegen ihres diskriminierenden Potenzials fallengelassen.

Rechtlich gesehen wird in Deutschland und in der Schweiz zwischen elektivem und selektivem Schwangerschaftsabbruch damit nicht unterschieden. In der ersten Zeit muss die Frau die Gründe, aus denen sie sich für einen Abbruch entscheidet, nicht angeben; in der fortgeschrittenen Schwangerschaft muss sie eine persönliche Notlage darlegen – welche freilich wiederum häufig auf die Tatsache zurückzuführen ist, dass mittels pränataler Diagnostik eine Fehlbildung des Fötus festgestellt wurde. Ein Bericht des Deutschen Bundestages zur Pränataldiagnostik von 2019 zitiert Studien, die den Zeitraum von 1970 bis 2001 abdecken und in verschiedenen Ländern durchgeführt wurden. Ihnen zufolge wurden durchschnittlich 92 Prozent der Schwangerschaften nach der Diagnose Trisomie 21, 77 Prozent nach der Diagnose Anenzephalie, 74 Prozent nach der Diagnose Spina bifida, 55 Prozent nach der Diagnose einer Lippen-Kiefer-Gaumenspalte und 46 Prozent nach der Diagnose einer Fehlverteilung der Geschlechtschromosomen abgebrochen. Jüngere Studien würden diese Zahlen bestätigen.[27] Zahlreiche andere Länder kennen hingegen die »embryopathische Indikation« explizit. In Österreich etwa ist ein Schwangerschaftsabbruch rechtmäßig, wenn »eine ernste Gefahr besteht, dass das Kind geistig oder körperlich schwer geschädigt sein werde«. Rechtliche Regelungen können aber auch den Zugang zu pränatal erhobenen Daten und damit indirekt die Möglichkeit zu selektiven Entscheidungen einschränken: Sie legen fest, ob nur Informationen zugänglich gemacht werden, die schwere Krankheiten anzeigen, wie etwa eine Trisomie 13, die zum sehr frühen Tod des Kindes führt – oder auch Informationen, die leichte Behinderungen offenlegen, wie etwa eine Kiefer-Gaumenspalte, oder die das Geschlecht des Embryos betreffen.

Elterliche Verantwortung und das Wohl des Kindes

Vor dem Hintergrund des immer leichteren Zugangs zu Informationen über das heranwachsende Kind stellt sich die Frage, ob es moralisch gesehen einen Unterschied macht, ob eine Frau eine ungewollte Schwangerschaft abbricht – oder ob sie eigentlich ein Kind wollte, eine bestehende Schwangerschaft dann aber beendet, weil sie das entstehende Kind aus Gründen nicht will, die etwas mit seinen Eigenschaften zu tun haben. Vereinfacht gesagt: Dürfen wir *bestimmte* Kinder nicht wollen? Und welche Bedeutung kommt hierbei der Frage zu, ob die Gesundheit des Embryos schwer beeinträchtigt ist, oder ob es um Eigenschaften geht, die diese in keiner Weise tangieren?

Ein *bestimmtes* Kind nicht zu wollen klingt, als würde ein Verdikt gefällt über unerwünschtes Leben: Wir wollen *ein Kind*, scheint ein Paar damit zu sagen, *dieses Kind* aber wollen wir nicht. Die Motive, die Paare haben können, wenn sie einen selektiven Abbruch erwägen, gleichen aber in den allermeisten Fällen vielschichtigen Gemengelagen aus Sehnsüchten und Ängsten, aus Hoffnungen und dem Bestreben, die richtige Entscheidung zu fällen. Oft münden die Überlegungen in schwierige und zuweilen auch verzweifelte Versuche einer Abwägung unterschiedlicher Aspekte. Ein *erstes Bündel von Erwägungen*, das Betroffene in dieser Situation umtreiben kann, bezieht sich dabei auf das *Wohl des Kindes*, das in der schwangeren Frau heranwächst: Wird dieses bestimmte Kind mit der Krankheit oder Behinderung, die ein Test voraussagt, ein aussichtsreiches und gutes Leben haben, wird es glücklich sein können? Oder wird das Kind allzu sehr leiden oder nur sehr kurz am Leben sein? Verantwortungsvoll über Elternschaft nachzudenken erschöpft sich nicht in der Frage nach den eigenen Lebensumständen und sozialen Beziehungen, in die ein Kind hineingeboren wird, sondern bedeutet für viele auch, die Eigenschaften und das zu erwartende Wohl des Kindes selbst miteinzubeziehen.[28] Angesichts des Umstands, dass Kinder mit einer schwerwiegenden Diagnose möglicherweise starke Schmerzen und komplizierte Operationen oder Therapien erdulden und große Schwierigkeiten im Alltag meistern müssen, meint der Philosoph Jonathan Glover sogar, es sei nicht nur erlaubt, sondern auch verantwortungsvoller, Kinder nicht zu bekommen, die mutmaßlich ein solches Schicksal erleiden würden.[29]

Urteile über Lebensqualität objektiv fällen zu wollen bedarf allerdings äußerster Zurückhaltung. Zwar würden wohl die meisten zugestehen, dass sie ein mehr oder weniger schmerzfreies Leben von normaler Dauer einem Leben vorzögen, das bereits nach zwanzig Jahren endete oder von großen Schmerzen und vielen Operationen begleitet wäre. Daraus kann aber nicht geschlossen werden, dass letztere Existenzweisen für die Betroffenen nicht auch gute und reiche Leben sein können. Die Auseinandersetzung darüber, wie Lebensqualität zu definieren sei, hält in der Philosophie seit der Antike an. Dabei ist nicht nur strittig, worin ein gutes Leben überhaupt besteht, sondern auch, ob sich von außen, also objektiv, beurteilen lässt, ob jemand ein gutes Leben hat – oder aber allein das subjektive Wohlbefinden einer Person den Ausschlag gibt. Lässt sich etwa sagen, das Leben einer Person, die im fortgeschrittenen Stadium an zystischer Fibrose leidet, sei objektiv gesehen von schlechterer Qualität als das Leben einer Person, die nicht von dieser Stoffwechselkrankheit betroffen ist? Oder ist allein ausschlaggebend, wie die betroffene Person ihren eigenen Zustand bewertet? Oder ergibt eine Kombination beider Faktoren die

Lebensqualität einer Person? Gerade mit Blick auf Lebensqualität und erst recht mit Blick auf Lebenssinn divergieren die Einschätzungen von Krankheiten oder Behinderungen zwischen Nicht-Betroffenen und Betroffenen oft stark. Außerdem können sich genetisch diagnostizierte Krankheiten unterschiedlich auswirken und ganz verschiedene Verläufe zeigen. Eine genetische Diagnose gibt also nur vage Auskunft darüber, wie es einem werdenden Kind in seinem Leben tatsächlich ergehen und wie schwer seine Krankheit verlaufen oder sich seine Behinderung ausprägen wird.

Selbst wer an der Idee objektiver Kriterien für ein gutes Leben festhalten wollte, müsste überdies zugestehen, dass viele Leben mit Behinderungen diese Kriterien durchaus erfüllen. Bei den Trisomien 13 und 18, die mit einer Lebensdauer von lediglich Tagen bis maximal Monaten einhergehen, dürfte dies zwar kaum der Fall sein. Aber ein Leben mit Trisomie 21, dem sogenannten Down-Syndrom, kann eindeutig lebenswert und sinnerfüllt sein. Viele Menschen mit Down-Syndrom sind sogar ausgesprochen zufriedene und glücksbegabte Menschen, die außerdem dank medizinischer Therapien meist auch körperlich wenig eingeschränkt sind. In einer 2011 im *American Journal of Medical Genetics* veröffentlichten Studie gaben 96 Prozent der befragten Menschen mit Down-Syndrom an, sie seien glücklich und würden sich selbst mögen.[30]

Das Ausmaß des Leides, das Menschen mit einer Behinderung oder Krankheit erfahren können, ist außerdem immer auch davon abhängig, wie die Gesellschaft um sie herum eingerichtet ist und wie sie auf die Bedürfnisse unterschiedlicher Menschen mit diversen Voraussetzungen eingeht. Ob letzten Endes jede Beeinträchtigung so interpretiert werden kann und muss, dass erst die gesellschaftliche Reaktion auf sie eine Einschränkung zum Problem macht –, Menschen also nicht behindert *sind*, sondern behindert *werden* – ist eine offene und breit diskutierte Frage.[31] Während die *Disability Studies* »Behinderung« als soziales Konstrukt bezeichnen und im Anschluss an die Arbeiten von Michel Foucault bereits die Unterscheidung zwischen »behindert« und »nicht-behindert« als Ausgrenzung verstehen, rückt die Medizin psychische und physische Einschränkungen in den Vordergrund und betrachtet »Behinderung« entsprechend als eine Form der Schädigung oder Krankheit. Gegen eine solche Kategorisierung wird eingewendet, eine gehbehinderte Person könne zwar möglicherweise keine Treppen steigen. Diese Einschränkung werde jedoch nur zur Behinderung für sie, wenn an der Treppe kein Lift angebracht sei. Die Leistung der *Disability Studies* besteht genau darin, immer wieder darauf aufmerksam zu machen, dass »Krankheit« und »Gesundheit« genauso wenig wie »Behinderung« wertungsfreie Begriffe sind, sondern dass sie von einer Norm ausgehen, die sich am Durchschnitt orientiert und weder an einer umfassenderen Idee von Wohlbefinden ausgerichtet ist noch auf dessen soziale Dimensionen hinreichend Rücksicht nimmt. Allerdings stellt sich die Frage, ob eine rein soziale Konstruktion von »Krankheit« und »Behinderung« nicht an ihre Grenzen kommt, wenn beispielsweise permanente starke Schmerzen oder Atembeschwerden erduldet werden müssen. Der Philosoph Andreas Kuhlmann, der selbst von einer starken Beeinträchtigung betroffen war, gab zu bedenken, dass zwar zu Recht darauf hingewiesen werde, dass eine »Schädigung« oder »Behinderung« nicht die gesamte Lebensperspektive einer Person in Mitleidenschaft ziehe oder ziehen müsse. Das dürfe jedoch nicht darüber hinwegtäuschen, dass sie die Lebensführung doch für viele erheblich belaste.[32]

Ohne das Leiden von Menschen mit einer Behinderung verharmlosen zu wollen, haben die *Disability Studies* zweifelsohne einen wichtigen Punkt offengelegt: Die Frage, wie es uns Menschen ergeht, ist immer auch von der Gesellschaft, die uns umgibt, abhängig – davon, ob wir, so wie wir sind, Anerkennung finden und uns aufgehoben und willkommen fühlen. Finden Menschen mit einer Behinderung eine Lehrstelle, können Kinder mit einer Lernschwierigkeit eine Regelschule besuchen, werden hinreichend viele Lernmaterialien in Blindenschrift angeboten? Reproduktive Entscheidungen finden immer in sozialen Kontexten statt und werden nicht getrennt von diesen vollzogen.

Elterliche Verantwortung und die Frage der Zumutbarkeit

Abgesehen von den Überlegungen, die sich auf das Wohl des potenziellen Kindes beziehen, kann Personen im Nachdenken darüber, ob sie sich in der Lage sehen, die Verantwortung für ein spezifisches Kind zu übernehmen, ein *zweites Bündel von Erwägungen* umtreiben: Trauen sie sich ein Leben mit diesem Kind zu? Ein Kind mit einer schweren angeborenen Krankheit oder Behinderung wird seine Eltern sicherlich in besonderem Maß fordern. Die Aussicht, weit über dessen Volljährigkeit hinaus als Eltern stark engagiert zu sein und das Kind möglicherweise nie in eine selbständige Lebensweise entlassen zu können, kann auch als überfordernd oder als nicht zumutbar empfunden werden.

Gerade weil die Rede von einer »Behinderung« oder einer »Krankheit« immer auch soziale Aspekte aufweist, hat auch die Frage der Zumutbarkeit eine gesellschaftliche Dimension: Möglicherweise würden sich mehr Paare zutrauen, ein behindertes Kind zur Welt zu bringen, wenn sie nicht befürchten müssten, in seiner Erziehung nicht hinreichend unterstützt oder gar für dessen Geburt kritisiert zu werden. Betroffene Eltern können sich in einer Rolle als »Bittsteller« gefangen fühlen, weil sie auf

Therapien, finanzielle Unterstützung, Hilfsmittel und Ähnliches angewiesen sind.[33] Gemeinwesen müssen alles daransetzen, Rahmenbedingungen zu schaffen, in denen Familien nicht alleingelassen werden, die Hilfe brauchen. Allerdings können sämtliche Unterstützungsmaßnahmen nicht darüber hinwegtäuschen, dass in der primären Verantwortung für ein Kind immer die Eltern selbst stehen. Sie können in ihrer erzieherischen und fürsorgerischen Aufgabe zwar unterstützt werden; ganz delegieren lässt sich ihre Verantwortung jedoch nie. Wenn Frauen und Männer sich fragen, ob sie sich in der Lage fühlen, ein bestimmtes Kind zu bekommen und langfristig für es zu sorgen, ist es deshalb anmaßend, ihre Entscheidung zu beurteilen, geschweige denn zu kritisieren. Eltern, die sich um ein schwerbehindertes Kind kümmern, wie etwa Sandra Roth, die in ihrem Buch *Lotta Wundertüte – Unser Leben mit Bobbycar und Rollstuhl*[34] vom Leben mit einem solchen Kind erzählt, verdienen unbedingt hohe Achtung – was im Umkehrschluss nicht heißt, dass Personen, die sich nicht zutrauen, sich mit ebensolcher Stärke auf die Situation mit einem schwerkranken oder behinderten Kind einzustellen, mit Verachtung zu strafen wären. Jedenfalls kann eine solche Aufgabe, wie die Theologin Hille Haker treffend feststellt, »nicht von jemandem gefordert werden; sie kann nur von einer Person selbst übernommen werden«.[35]

Kinder zu wollen heißt selbstredend immer, sich auf Unplanbares einzustellen und eigene Pläne gegebenenfalls durchkreuzt zu sehen. Wer wollte bestreiten, dass das Leben mit Kindern voller Überraschungen steckt, die bereichernd und sinnstiftend sein können, zuweilen aber auch mühselig und hart? Aus dieser Einsicht lässt sich aber wenig ableiten. Ein Recht auf Schwangerschaftsabbruch zu postulieren heißt gerade, dass sich eine Frau für ihre sehr persönliche Entscheidung – zumindest in einer ersten Phase der Schwangerschaft – nicht nach außen erklären muss. Das bedeutet freilich nicht, dass sie sich nicht Gedanken bezüglich der Beweggründe ihrer Entscheidung macht.

Routinisierung und Normalisierung

Zuweilen wird befürchtet, die zunehmenden Angebote der pränatalen Diagnostik leisteten einem groben Missverständnis Vorschub: nämlich dem falschen Glauben, sie könnten garantieren, dass das Kind bei Geburt auch gesund sein werde. Selbst wenn die pränatalen genetischen Tests immer umfassender und genauer werden, verhindern sie nicht, dass es beispielsweise zu Komplikationen bei der Geburt kommen kann. Schwangerschaft und Geburt bleiben deshalb stets Schritte ins Ungewisse – oder, positiv formuliert: Schritte, die der Hoffnung bedürfen. Um dem genannten Missverständnis vorzubeugen, muss über die Grenzen jeder Diagnostik umfassend informiert werden, und ihrem Einsatz muss eine Beratung vorausgehen. Vor diesem Hintergrund wird vor allem vor der Gefahr einer zunehmenden *Routinisierung* pränataler Tests gewarnt. Der Bluttest ist beispielsweise an einigen Orten bereits ohne ärztliche Konsultation zugänglich. Tatsächlich ist die vorgeburtliche Diagnostik mit Ultraschall-, Urin- und Blutuntersuchungen seit einigen Jahrzehnten fester Bestandteil der Betreuung von schwangeren Frauen. Sie dient in erster Linie der Gesundheitsvorsorge von werdender Mutter und werdendem Kind und dazu, die Geburt optimal vorzubereiten. Bei einigen Erkrankungen oder Fehlbildungen des Kindes kommen pränatale Therapien zum Einsatz oder Behandlungen unmittelbar nach der Geburt. Allerdings dienen diese pränatalen Untersuchungen auch dazu, Fehlbildungen oder Behinderungen des Fötus festzustellen, für die es keine Therapien gibt. Die Bluttests haben insbesondere Letzteres zum Ziel, und ihre Routinisierung wird deshalb besonders kritisch gesehen. Das vermehrte Wissen in einem frühen Stadium der Schwangerschaft kann Frauen überdies in tiefe Konflikte stürzen, in denen sie sich in erster Linie als überfordert und keineswegs als selbstbestimmt erleben. Nur »mal zu schauen«, ob mit dem Kind »alles gut ist«, kann – so harmlos die Absicht klingt – weitreichende Fragen nach sich ziehen.

Darüber hinaus kommt es mit den Fortschritten in der Humangenetik immer öfter zu Zufallsbefunden: Ein Embryo ist zwar möglicherweise nicht von der eigentlich gesuchten Krankheit betroffen, weist aber eine andere schwerwiegende Genmutation auf. Genetische Daten können beispielsweise Auskunft darüber geben, wie hoch das Risiko einer Person ist, im Lauf des Lebens an Darmkrebs zu erkranken oder im Alter an Demenz zu leiden. Je weiter die genetische Diagnostik voranschreitet, umso mehr stellt sich die Frage, was Eltern mit dem »genetischen Horoskop« ihrer Kinder anfangen sollen – ganz zu schweigen von den komplexen Fragen rund um das Recht des Kindes auf Privatheit, das mit der Analyse und Speicherung seiner Daten möglicherweise verletzt wird. Zwar stellen sich entsprechende Fragen in der Praxis noch kaum, die Fortschritte der Genetik erfordern aber, dass wir uns über sie frühzeitig verständigen.[36]

Überdies wird befürchtet, eine Routinisierung der entsprechenden Tests könnte zu deren *Normalisierung* führen: Genetische Untersuchungen gehörten dann standardmäßig zur Versorgung schwangerer Frauen dazu, und Frauen und Paare, die sich solche nicht wünschen, könnten Schwierigkeiten bekunden, sich frei gegen diese Diagnostik zu entscheiden. Nun stärken die verschiedenen Möglichkeiten der Diagnostik freilich auch die reproduktive Autonomie einer Frau oder eines Paares, weil entsprechende Daten ihnen Rückschlüsse über den Gesundheitszustand des Embryos sowie den Verlauf der Schwangerschaft ermöglichen. Dennoch ist die Sorge nachvollziehbar, es könnte zunehmend schwierig werden, gelassen über diagnostische Angebote hinwegzusehen und sich dafür zu entscheiden, die »Natur machen zu lassen«.[37] Weil diagnostische Eingriffe immer Handlungen am Körper der schwangeren Frau sind, dürfen Frauen auf keinen Fall rechtlich dazu gezwungen werden, entsprechende Tests durchzuführen. Die reproduktive Selbstbestimmung zu achten heißt, den Betroffenen eine informierte und eigene Entscheidung darüber zuzutrauen, welchen Tests sie sich unterziehen möchten, von welchen diagnostischen Verfahren sie Gebrauch zu machen wünschen und welche Schlüsse sie aus den vorliegenden Testergebnissen ziehen wollen.

Einige dürften allerdings bereits die Entscheidung für oder wider bestimmte Tests als Zumutung empfinden. Die Gesellschaft ist mit der zunehmenden Medikalisierung von Schwangerschaft und Geburt von einem tiefen Riss durchzogen (Kap. 3). Die Pränatalmedizin mit all ihren diagnostischen Möglichkeiten hat sich seit den Zeiten der Abtreibungsdebatte der 1980er Jahre stark gewandelt.[38] Die einen feiern die neuen Möglichkeiten der Diagnostik als eine Erweiterung der Selbstbestimmung der Frau, die sich informierter für oder gegen das Leben mit einem Kind entscheiden kann. Andere sehen darin gerade keine Erweiterung, sondern die zunehmende Gefährdung der Spielräume von Frauen. Dass gesellschaftliche Veränderungen von einigen nicht als befreiend, sondern als einschränkend empfunden werden, ist allerdings für sich genommen noch kein hinreichendes Argument gegen sie. Welche Veränderungen wir einander zumuten und möglicherweise sogar aufzwingen dürfen, ist vielmehr eine schwierige Frage, die wir als Gesellschaft immer wieder von Neuem und im Einzelnen aushandeln müssen. Bei Fragen der Reproduktion kommt hinzu, dass sie höchst persönliche und intime Bereiche tangieren. Der grundsätzlichen Entscheidungsfreiheit der Einzelnen sollten wir deshalb einen sehr hohen Wert beimessen und diese weitestmöglich verteidigen.

Fragen der Diskriminierung

Berührten die Überlegungen zum selektiven Schwangerschaftsabbruch bis hierhin *individualethische,* auf die einzelne Person bezogene Belange, wirft er darüber hinaus auch *sozialethische* Fragen auf, die seine gesellschaftlichen Dimensionen in den Blick nehmen. Gegen den Abbruch einer Schwangerschaft wegen diagnostizierter Eigenschaften des Embryos wird beispielsweise regelmäßig der Vorwurf der *Diskriminierung* erhoben. Was mit diesem Vorwurf im Kontext der Abtreibungsdebatte genau gemeint ist, ist jedoch notorisch unklar.

Unter einem Akt der Diskriminierung wird gemeinhin *eine ungerechtfertigte Benachteiligung* verstanden, die auf einem abwertenden oder vorurteilsbeladenen Urteil beruht. Rassismus und Sexismus sind demnach klassische Beispiele für Diskriminierungen: Personen werden aufgrund ihrer Hautfarbe oder ihres Geschlechts ungleich behandelt, obwohl die entsprechenden Faktoren für den Kontext irrelevant sind und die Ungleichbehandlung nicht begründen können. Wird nun eine selektive Abtreibung als Akt der Diskriminierung bezeichnet, gilt es, als Erstes zu klären, wer genau das Objekt dieser Diskriminierung sein soll. Zwar behandeln eine Frau oder ein Paar einen Embryo, gegen den sie sich entscheiden, anders, als sie einen Embryo mit anderen Eigenschaften behandeln würden. Doch tun sie dies, sofern sie moralisch – und das bedeutet: aus guten Gründen – handeln, eben gerade nicht ungerechtfertigt. Vielmehr entscheiden sie sich gegen die Fortsetzung der Schwangerschaft, weil sie der Meinung sind, ein Leben wäre diesem werdenden Kind nicht zumutbar oder aber sie könnten ihm nicht hinreichend gute Eltern sein. Das werdende Kind selbst wird durch eine selektive Abtreibung also offensichtlich nicht in einem moralisch vorwerfbaren Sinne diskriminiert.

Wäre mit dem Vorwurf der Diskriminierung dagegen gemeint, dass ein selektiver Abbruch bereits lebende Menschen diskriminiert, die eine ähnliche Behinderung haben, dann wäre die Verwendung des Konzepts der Diskriminierung zumindest sehr unüblich: Für gewöhnlich wird der Diskriminierungsvorwurf erhoben gegen eine Handlung, bei der dieselbe Person zum Objekt der »Unterscheidung« wird (in diesem Fall des selektiven Abbruchs), wie auch zum Objekt der Benachteiligung. Im genannten Fall jedoch würden Embryonen »unterschieden«, ungerecht behandelt aber fühlten sich bereits geborene Menschen. Außerdem werden selektive Abbrüche in den allermeisten Fällen nicht vorgenommen, weil Menschen mit entsprechenden Eigenschaften abgelehnt oder abgewertet werden. Ausschlaggebend dürfte vielmehr der elterliche Wunsch sein, ein gesundes Kind zur Welt zu bringen. Wenn Eltern mit ihrer Entscheidung vor allem schwere Belastungen für ihr eigenes Kind vermeiden oder eigenen Belastungen entgehen möchten, drückt sich darin nicht ein Urteil über lebenswertes Leben oder mangelnder Respekt gegenüber Menschen mit einer Behinderung aus.[39] Genauso gut kann in einer solchen Entscheidung Bewunderung für Eltern mitschwingen, die sich hingebungsvoll um ihr Kind mit einer Behinderung kümmern – gerade weil man sich selbst die Aufgabe nicht zutraut.

Der Vorwurf der Diskriminierung an die Adresse von Frauen oder Paaren, die einen selektiven Abbruch wünschen, ist daher nicht gerechtfertigt. Lässt sich der Vorwurf aber nicht an die Gesellschaft als ganze richten? Auch das scheint wenig überzeugend: Von einer institutionellen Diskriminierung ist für gewöhnlich erst dann die Rede, wenn ein Gemeinwesen eine ungerechtfertigte Ungleichbehandlung aktiv anordnet (ein Beispiel hierfür sind die Gesetze der Apartheid in Südafrika) und nicht bloß passiv zulässt. Bei Schwangerschaftsabbrüchen von Embryonen mit auffälligem Befund kann von einer solchen staatlichen »Anordnung« nicht die Rede sein. Allerdings wird zuweilen befürchtet, die Erlaubtheit der selektiven Praxis schaffe ein Klima, in dem das Verständnis für Menschen, die mit einer Beeinträchtigung leben, abnehme und deren Stigmatisierung zunehme. Die Inklusion von Menschen mit Behinderungen ist in vielen westlichen Ländern heute aber besser denn je (was mitnichten bedeutet, dass sie bereits hinreichend gut wäre und nicht mehr für wirkliche Chancengleichheit getan werden könnte und sollte). Im Gegensatz zu früher kümmern sich heute zu Recht etwa Chirurginnen, Physiotherapeuten und Logopädinnen um Kinder mit besonderen Bedürfnissen. Die Lebenserwartung von Kindern, die mit einer Chromosomenauffälligkeit geboren werden, hat sich außerdem dank medizinischer Maßnahmen massiv erhöht. Zwischen der pränatalen Diagnostik und einer Diskriminierung im Sinne der effektiven Benachteiligung von Menschen mit Behinderungen gibt es also zumindest gegenwärtig keinen Kausalzusammenhang.[40]

Jene, die mit Blick auf pränatale Gendiagnostik den Vorwurf der Diskriminierung erheben, verweisen aber meist weniger auf die unzureichende Inklusion von Menschen mit einer Behinderung. Vielmehr stoßen sie sich daran, dass überhaupt auf bestimmte Eigenschaften getestet wird – was für jene Personen, die diese Eigenschaften haben, als diskriminierend empfunden werden könne. Mit den verfügbaren Tests sei die »Botschaft« verbunden, dass bestimmte Menschen unerwünscht seien. Die Diskriminierung bestünde also mehr in einer Kränkung als in einer konkreten Herabsetzung. Genau dies bringt das sogenannte *Expressionsargument* zum Ausdruck: Die pränatale genetische Diagnostik stelle zwar keine direkte Diskriminierung von Menschen mit Behinderungen dar, doch eine etablierte Selektionspraxis bringe eine gesellschaftliche Abwertung von Menschen mit bestimmten Eigenschaften zur Expression, zum Ausdruck. Die neuen Gentests gleichen Kritikerinnen und Kritikern zufolge einer Art »Fahndung« nach kranken oder behinderten Kindern im Mutterleib – statt dass gerade kranke Kinder oder solche mit einer Behinderung jenen Anspruch auf Schutz und Unterstützung bekämen, den sie bräuchten.

Das Expressionsargument fußt also letztlich auf einer Kritik am bereits erwähnten Problem der Routinisierung. Die Selbstverständlichkeit, mit der immer neue und verfeinerte Verfahren genetischer Diagnostik angeboten und in Anspruch genommen werden, führe dazu, dass es keine explizite, individuelle Entscheidung mehr für oder gegen entsprechende Tests gebe, sondern dass sie Teil eines unreflektierten Ablaufes würden – so wie etwa die Urinproben, die Frauen bei den Routineuntersuchungen während einer Schwangerschaft abgeben. »Darin zeigt sich«, schreibt die Ethikerin Sigrid Graumann, »eine tief sitzende und gesellschaftlich breit verankerte abwertende Einstellung gegenüber behinderten Menschen. Der neue Bluttest zur niederschwelligen pränatalen Diagnostik des Down-Syndroms ist nur der neueste Beleg hierfür.«[41] Dass mit der Routinisierung eine Botschaft verbunden sei, die tiefe Besorgnis auslöse, meint auch der Philosoph Marcus Düwell: Der Diskriminierungsvorwurf sei nicht als wissenschaftliche These zu interpretieren, sondern als ein Vorwurf, der seine Bedeutung erst vor dem Hintergrund gesellschaftspolitischer Zusammenhänge erlange. Zwar seien individuelle Entscheidungen tatsächlich keine Diskriminierung gegen Menschen mit Behinderung; wohl aber die pränatale Diagnostik als eine etablierte und gut organisierte Praxis, die den Eindruck eines gesellschaftlich geteilten negativen Werturteils gegenüber Menschen mit Behinderungen vermittle.[42]

Diese Bedenken gilt es unbedingt ernst zu nehmen. Ihnen

begegnen können wir, indem wir nicht nachlassen in unseren Bemühungen, eine inklusive, gerechte Gesellschaft voranzutreiben und uns für angemessene Unterstützungsangebote für betroffene Familien einzusetzen. Außerdem ist immer wieder – und gerade in einer Welt der Normierungstendenzen – auf den Wert der Vielfalt zu pochen, wie sie auch im UN-Übereinkommen über die Rechte von Menschen mit Behinderungen von 2006 zum Ausdruck kommt. Letztlich kommt eine Perspektive, die den Wert von Verschiedenartigkeit betont, wie sie auch die UN-Menschenrechtskonvention zugrunde legt, uns allen entgegen, meint der ehemalige Sonderberichterstatter des UN-Menschenrechtsrates Heiner Bielefeldt: Indem sie Menschen mit einer Behinderung davon befreie, sich selber als defizitär zu verstehen, befreie sie die Gesellschaft als ganze von einer »falsch verstandenen Gesundheitsfixierung, durch die all diejenigen an den Rand gedrängt werden, die den durch Werbewirtschaft und Biopolitik vorangetriebenen Imperativen von Fitness, Jugendlichkeit und permanenter Leistungsfähigkeit nicht Genüge tun«.[43] Andreas Kuhlmann warnt allerdings, dass es im Zuge der Bemühungen um ein neues Verständnis von Behinderung nicht zu einer Art »Romantisierung von menschlicher ›Vielfalt‹« kommen dürfe. Das Plädoyer für »die Differenz« dürfe die interne Perspektive von Personen nicht ignorieren, »die sich mit der eigenen besonderen Konstitution keineswegs abfinden wollen oder nur unter Mühen mit ihr zurecht kommen«.[44]

Die Debatten rund um den Schwangerschaftsabbruch werden angesichts der zunehmenden diagnostischen Möglichkeiten so bald nicht verstummen. Dabei dürfen wir nicht aus den Augen verlieren, dass die Zahl der Schwangerschaftsabbrüche in vielen westlichen Ländern aufs Ganze gesehen nicht zunimmt. Dass gewisse Fragen wahrscheinlich immer offenbleiben und uns schwierige Entscheidungen und Kompromisse abringen werden, sollte außerdem nicht mit Resignation quittiert werden. Vielmehr kann dieser Umstand auch dazu anhalten, sich zu vergegenwärtigen, dass Menschen, die Kinder wollen, immer mit existenziellen Fragen konfrontiert sein werden, deren Tragweite selten vorweggenommen werden kann. Mit Blick auf die Fortsetzung oder den Abbruch einer Schwangerschaft sind es in erster Linie die Frauen, die eine solche Entscheidung treffen und in ihr Leben integrieren müssen. Soll der Kerngehalt ihrer reproduktiven Autonomie nicht verraten werden, müssen die entsprechenden Fragen von jeder Frau frei und ohne Vorhaltungen entschieden werden können.

5 EIN BESTIMMTES KIND

»Gene zu verändern bedeutet, die Gesellschaft zu verändern.«
ANNELIEN BREDENOORD[1]

»Die Welt des Machens unterliegt dem Gesetz der Steigerung und der Verbesserung. Wer Menschen macht, will sie optimal machen.«
ULRICH GREINER[2]

Der 26. November 2018 markierte einen Wendepunkt: Der chinesische Forscher He Jiankui verkündete, in einem Labor in China die ersten genetisch veränderten Menschen der Geschichte geschaffen zu haben – unter Verletzung aller ethischer und rechtlicher Standards. Inzwischen wurde er zu einer Haftstrafe verurteilt. Der Forscher wollte das Erbgut von Zwillingsmädchen so verändert haben, dass die geborenen Kinder in Zukunft immun gegen HIV sein würden. Eine Sensation, ein unverzeihlicher Tabubruch, eine Schandtat? So überraschend das Ereignis für viele kam, war es für Wissenschaftlerinnen und Wissenschaftler nur die logische Konsequenz der rasanten Veränderungen in Fortpflanzungsmedizin und Humangenetik.

Einige mögen sich angesichts der Ereignisse in China an den Science-Fiction-Film *Gattaca* von Andrew Niccol aus dem Jahr 1997 erinnert haben.[3] Der Film entwirft das Schreckensszenario einer genetischen Zweiklassengesellschaft: Natürlich gezeugte Menschen, die sogenannten »invaliden Gotteskinder«, bilden im Film die Unterschicht, die von den künstlich gezeugten, genetisch selektionierten und optimierten »Validen« dominiert wird. Vincent, der Held der Geschichte, ist ein »invalides Gotteskind«. Die Untersuchung seines Blutes gleich nach der Geburt attestiert ihm eine niedrige Lebenserwartung, Kurzsichtigkeit und Herzprobleme. Seine genetische Ausstattung droht Vincent seinen Traum einer Karriere in der Raumfahrt zu vereiteln. Er greift deshalb zu einer List und nimmt die Identität von Jerome an, einem genetisch optimierten Athleten, der allerdings einen Unfall hatte und im Rollstuhl sitzt. Jerome versorgt Vincent täglich mit Hautzellen, Urin- und Blutproben. Mit gefälschtem Fingerabdruck und Kontaktlinsen besteht Vincent die genetischen Tests beim Raumfahrtunternehmen Gattaca. Dann überschlagen sich die Ereignisse: Im Zusammenhang mit polizeilichen Ermittlungen muss Vincent befürchten, entlarvt zu werden. Leitender Ermittler ist sein jüngerer Bruder Anton, der anders als Vincent künstlich gezeugt wurde und somit der Oberschicht angehört. Beeindruckt vom Ehrgeiz seines Bruders, behält Anton das Geheimnis von dessen falscher Identität aber für sich, und Vincent reist ins All.

Was die Wissenschaft schon seit Längerem diskutiert und Science-Fiction-Romane und -Filme wie *Gattaca* seit Jahrzehnten vorwegnehmen, ist in unsere reale Lebenswelt vorgerückt: Wir können menschliches Leben ganz offensichtlich nicht nur sozial prägen und gegebenenfalls vorgeburtlich testen und selektionieren, sondern es lässt sich auch genetisch verändern. Mit dieser Weichenstellung ändern sich auch die Fragen, die sich mit Blick aufs Kinderwollen stellen: Sie betreffen nicht mehr allein den Wunsch nach einem eigenen Kind (Kap. 2) zur eigenen Zeit (Kap. 3) oder die Entscheidung gegen ein bestimmtes Kind (Kap. 4). Zur Debatte steht nun auch der weitaus strittigere Wunsch, Embryonen aufgrund ihrer Eigenschaften auszuwählen oder in ihren Eigenschaften gezielt zu verändern, um ein *bestimmtes* Kind zu bekommen. Können auch solche Wünsche legitim sein? Verletzt eine Selektion oder eine Veränderung das zukünftige Kind nicht in seiner Integrität oder Würde? Und welche gesellschaftlichen Folgen zeitigen diese Verfahren? Insofern davon auszugehen ist, dass Eingriffe in entstehendes Leben stets auch bestimmten Normvorstellungen folgen, wird – wie schon mit Blick auf selektive Schwangerschaftsabbrüche – eine Diskriminierung von Menschen befürchtet, die diesen Vorstellungen nicht entsprechen. Eingriffe in die menschliche Keimbahn werden überdies an die nachfolgenden Generationen vererbt. Sie müssen deshalb als Eingriffe in den Prozess der Evolution verstanden und diskutiert werden. Die Frage, die sich damit in großer Deutlichkeit stellt, ist also nicht mehr allein, ob wir *einen* Menschen genetisch verändern dürfen, sondern auch *den* Menschen – sprich: die Menschheit.

Weil technologische Entwicklung immer den Geist der Zukunft atmet, die wir erahnen und doch nie vorwegnehmen und abschließend bewerten können, kursieren in ihrem Zusammenhang oft Bilder und Vorstellungen, die entweder nicht den erwartbaren Möglichkeiten entsprechen oder aber den Diskurs von vornherein ideologisch verbrämen. Einer sachlichen Auseinandersetzung ist das wenig zuträglich. Im Zusammenhang mit genetischer Selektion und Modifikation von Embryonen fällt beispielsweise regelmäßig der Begriff der »Eugenik«. Eugenik ist ein Sammelbegriff für verschiedene Bewegungen und Ideen, die das Ziel verfolgen, die genetische Ausstattung der menschlichen Gattung zu verbessern oder zu sichern. Zu Beginn des 20. Jahrhunderts fanden solche Ideen immer stärkere Verbreitung, zunächst in den USA, wo die ersten Sterilisationsgesetze erlassen wurden, um zu verhindern, dass sogenannte »erblich minderwertige« oder »erbkranke« Personen sich reproduzierten, später in Europa, wo im Nationalsozialismus im Namen der Eugenik unfassbare Gräueltaten verübt wurden und »unwertes Leben« systematisch ausgelöscht wurde. Die Geschichte des Holocaust hängt entsprechend wie ein dunkler Schatten über den aktuellen Debatten der Reproduktionsmedizin. Während die einen zu bedenken geben, dass heutige Formen genetischer Selektion und Modifikation einer privatwirtschaftlich organisierten Form der damals staatlich durchgeführten Eugenik gleichkämen, beteuern andere, dass freie Entscheidungen einzelner Personen – in diesem Fall der Eltern – keine Eugenik im eigentlichen Sinn sein könnten: Staatlicher Zwang habe die abstoßenden Praktiken der autoritären Eugenikbewegung nämlich geradezu ausgemacht.

Während der Begriff der Eugenik im deutschsprachigen Raum kaum aus seinem historischen Kontext gelöst werden kann, ist er im angelsächsischen Raum weniger negativ gefärbt. Im Zusammenhang mit elterlichen Entscheidungen zugunsten einer Selektion oder Modifikation hat der neuseeländische Philosoph Nicholas Agar den Begriff der »liberalen Eugenik« geprägt.[4] Die liberale Eugenik zeichnet sich Agar zufolge gegenüber der autoritären Eugenik dadurch aus, dass Entscheidungen über die genetische Ausstattung von Kindern nicht einem bestimmten staatlichen Programm oder einer staatlichen Ideologie entsprechen, noch von der Gesellschaft als ganzer gewollt sind, sondern allein der Initiative der Eltern geschuldet sind. Legt man Agars Begrifflichkeit zugrunde, markiert die Trennlinie zwischen der autoritären und der liberalen Eugenik auch die Grenze zwischen reproduktivem Zwang und reproduktiver Autonomie. Doch kann diese Trennlinie überhaupt so klar gezogen werden? Individuelle Entscheidungen und gesellschaftliche Erwartungen beeinflussen sich stets wechselseitig. Vollziehen sich entsprechende Entscheidungen deshalb nicht unweigerlich als »normierte, vermeintlich selbstbestimmte Einzelentscheidungen«, wie die Ethikerin Sigrid Graumann warnt?[5] Zweifelsohne ist Autonomie ein anspruchsvolles Konzept, und das gänzlich unbeeinflusste »Selbst« gibt es nicht. Dennoch darf staatlicher Zwang nicht mit sozial motiviertem Verhalten gleichgesetzt werden, wenn auch Letzterem unter Umständen ein kritisches Moment anhaften kann.

Selektion vor der Schwangerschaft

Die genetische *Veränderung* von Embryonen, wie sie durch den chinesischen Forscher He Jiankui vorgenommen wurde, wird gegenwärtig vor allem als mögliches Zukunftsszenario diskutiert. Der Wunsch nach einem bestimmten Kind kommt jedoch bereits in der *Selektion* zum Ausdruck, wie sie im Rahmen der sogenannten Präimplantationsdiagnostik seit Anfang der 1990er Jahre praktiziert wird. Anders als bei einem selektiven Schwangerschaftsabbruch wird hier kein Entscheid gegen ein werdendes Kind –«nicht dieses Kind« (Kap. 4) – gefällt. Vielmehr dient diese Diagnostik dazu, eine Selektion zwischen verschiedenen Embryonen vornehmen zu können, um«ein bestimmtes Kind«, nämlich meist ein gesundes, zu bekommen. Während die Präimplantationsdiagnostik anfangs vielerorts verboten war, gehört sie inzwischen in vielen Ländern zum Angebot der Reproduktionsmedizin. Sie ermöglicht die Untersuchung der genetischen Ausstattung eines Embryos, der im Rahmen einer In-vitro-Fertilisation gezeugt worden ist, also noch bevor er in den Körper der Frau übertragen wird und es überhaupt zu einer Schwangerschaft kommt. Den Embryonen im Reagenzglas werden hierfür Zellen entnommen, ihr Erbgut wird genetisch untersucht. Dann findet die Auswahl statt: Embryonen, die die gesuchte Krankheitsveranlagung aufweisen, werden ausgesondert, ein »unauffälliger« Embryo wird auf die Frau übertragen. Diskutiert wird das Verfahren insbesondere im Rahmen des Kinderwunsches erblich vorbelasteter Paare, die ein hohes Risiko aufweisen, einen schweren Gendefekt an ihre Nachkommen weiterzugeben.

Die Präimplantationsdiagnostik wirft schwierige Fragen auf, deren Diskussion die Technologie von Beginn an begleitet hat. *Erstens* stellt sich die Frage nach der Legitimität der Technologie an sich: Kann es gerechtfertigt sein, mehrere Embryonen einzig zu dem Zweck zu schaffen, einen bestimmten unter ihnen auszuwählen und andere zu verwerfen? Wer der Überzeugung ist, dem Embryo gebühre bereits ab dem Moment der Befruchtung vollständiger moralischer Schutz und ein Recht auf Leben, muss die Selektion anhand bestimmter Merkmale klarerweise ablehnen (Kap. 4). Ein *zweiter* grundsätzlicher Einwand gegen die Präimplantationsdiagnostik zielt auf das Diskriminierungspotenzial des Verfahrens: Es sei abzulehnen, weil der Auswahl ein Urteil über den Wert beziehungsweise Unwert eines Lebens innewohne. Der selektive Blick, der die Präimplantationsdiagnostik geradezu ausmache, impliziere dabei zweierlei: zum einen ein Werturteil über das potenzielle Leben des verworfenen Embryos, zum anderen ein Werturteil über das Leben derer, die bereits geborene Trägerinnen und Träger des auf diese Weise negativ beurteilten Merkmals sind. Das Signal an Menschen mit entsprechenden Merkmalen sei diskriminierend und stigmatisierend. Befürchtet werden *drittens* gesellschaftliche Folgen: Weil die Geburt von Menschen mit Behinderungen oder Krankheiten durch den Einsatz der Präimplantationsdiagnostik vermeidbar scheine, drohe eine Entsolidarisierung mit ihnen und ihren Familien.

Auch wenn solche Befürchtungen nachvollziehbar sind, muss man sich vergegenwärtigen, was das ursprüngliche Ziel des Verfahrens war. Entwickelt wurde es, um Paaren mit einem hohen Risiko der Vererbung von schweren, nicht therapierbaren und meist tödlich verlaufenden genetisch bedingten Krankheiten zur Geburt eines gesunden Kindes zu verhelfen. Eine solche Krankheit ist zum Beispiel das Tay-Sachs-Syndrom, das mit einem zunehmenden Verlust intellektueller Fähigkeiten, Erblindung, Gehörlosigkeit, Lähmungen, Spastik und epileptischen Anfällen einhergeht und innerhalb weniger Jahre zum Tod führt. Personen mit einer Veranlagung für dieses Syndrom, die eine Präimplantationsdiagnostik nachfragen, möchten den Wunsch nach einem Kind verwirklichen, ohne das Risiko einzugehen, dass ihr Kind diese Krankheit erbt. Häufig hat das Paar bereits Erfahrung mit der gefürchteten Erkrankung gemacht und will sich die Belastungen, die mit der Pflege eines (weiteren) schwerkranken Kindes oder seinem frühzeitigen Tod einhergehen können, nicht zumuten. Verwehrt man dem genetisch belasteten Paar den Zugang zur Präimplantationsdiagnostik, so muss es auf die Erfüllung seines Kinderwunsches verzichten, wenn es mit Sicherheit verhindern will, die Veranlagung für eine solche schwere Krankheit auf den Embryo zu übertragen – oder aber sich auf eine »Schwangerschaft auf Probe« einlassen: das heißt entsprechende Tests erst während der Schwangerschaft machen und bei einer Krankheitsdiagnose einen Abbruch vornehmen.

Die Präimplantationsdiagnostik wird vor diesem Hintergrund bisweilen als eine Art vorweggenommene Pränataldiagnostik angesehen: Im ersten Verfahren wird der Embryo *vor* der Schwangerschaft, im zweiten *während* der Schwangerschaft untersucht. Geht es um die Frage der Legitimität oder des Anwendungsbereichs der beiden Verfahren, scheint ihre ungleiche Bewertung auf den ersten Blick widersprüchlich: Ist die Pränataldiagnostik des Fötus und daran anschließend ein Schwangerschaftsabbruch zulässig, die Verwerfung eines nur aus wenigen Zellen bestehenden Embryos hingegen untersagt, so würden sehr ähnliche Dinge unterschiedlich beurteilt. Verboten würde damit außerdem ausgerechnet derjenige Eingriff, der für die Frau und das Paar weniger belastend wäre.[6] Einige monieren allerdings, der Vergleich hinke, zumal die Situationen vor und während der Schwangerschaft nicht dieselben seien: Im Rahmen der Präimplantationsdiagnostik werde eine Belastung nur antizipiert; eine Beziehung zwischen Frau und Embryo und somit ein »Schwangerschaftskonflikt« seien nicht gegeben. Die Entscheidung beziehe sich außerdem nicht auf einen bestimmten Embryo, im Gegenteil: Die Situation wird absichtlich herbeigeführt, um eine Selektion zwischen einer ganzen Reihe von Embryonen vornehmen zu können.[7]

Geht es um das Bedürfnis von genetisch belasteten Paaren, ihren Kinderwunsch auf für sie tragbare Weise zu verwirklichen, wird der Zugang zur Präimplantationsdiagnostik mittlerweile aber meist befürwortet. Argumentiert wird dabei vorwiegend aus der Perspektive der Eltern, die sich die Betreuung eines schwerkranken Kindes nicht zumuten. Die Frage, was in diesem Kontext als unzumutbar gilt und wer diese Einschätzung treffen darf oder soll, ist allerdings nicht einfach zu beantworten: Darf die Gesellschaft entscheiden, was potenziellen Eltern zuzumuten ist? Oder dürfen dies die Eltern in ihrer konkreten Situation? Viele vertreten hier einen Kompromiss: Die elterlichen Motive für Diagnostik und Selektion beziehungsweise ihre potenzielle Not müssten einer objektiven Prüfung standhalten, das heißt, die Eltern müssten sie für Dritte nachvollziehbar darlegen können. Zukünftige Eltern beschäftigt im Zusammenhang mit der Möglichkeit der Präimplantationsdiagnostik dabei nicht nur die Frage, ob sie sich die Aufgabe, sich um ein schwerkrankes Kind zu kümmern, zumuten. Sorgen bereitet ihnen vielleicht auch, dass ihr Kind leiden könnte.

Potenzielle Eltern mögen es manchmal gerade als Ausdruck ihrer elterlichen *Verantwortung* begreifen, einem möglichen Kind ein schmerzvolles und von Beschwerden gezeichnetes Leben zu ersparen (Kap. 4). Wird die Präimplantationsdiagnostik auf diese Weise gerechtfertigt, scheint es nahezuliegen, nicht nur die Frage zu stellen, ob und unter welchen Umständen solche Eingriffe *erlaubt*, sondern auch, ob und wann sie *geboten* sind. Umfasst verantwortungsvolles elterliches Handeln auch die Pflicht, bei entsprechenden Hinweisen eine eigene Veranlagung für eine schwere Erkrankung zu diagnostizieren, bevor überhaupt ein Kind gezeugt wird – und bei entsprechendem Befund vom

Verfahren der Präimplantationsdiagnostik Gebrauch zu machen?[8] Eine solche *Pflicht* zur genetischen Untersuchung des Embryos stünde jedoch zum einen in fundamentalem Widerspruch zur reproduktiven Autonomie des Paares. Sie kann zum anderen weder mit Mutmaßungen über die Zukunft des potenziellen Kindes, über dessen Lebensqualität, Leistungsfähigkeit und Lebensfreude, noch mit Verweis auf staatliche Interessen begründet werden. Beides – sowohl Mutmaßungen über die Lebensqualität des Kindes wie auch der Hinweis auf Interessen des Staates – würde ein hochproblematisches Werturteil über menschliches Leben zum Ausdruck bringen, das dann im Unterschied zur individuellen Entscheidung einer Frau oder eines Paares staatliches Programm wäre. Nehmen wir etwa an, eine Krankheit sei zwar behandelbar, die Behandlung allerdings mit ausgesprochen hohen Kosten verbunden, wie das beispielsweise der Fall ist bei Enzymersatztherapien für lysosomale Speicherkrankheiten, eine Gruppe von erblich bedingten Stoffwechselerkrankungen. Die Kosten für diese Behandlungen können sich auf über eine halbe Million Euro pro Jahr und pro betroffene Person belaufen. Würden wir an dieser Stelle eine Kosten-Nutzen-Rechnung anstellen, fühlten wir uns zu Recht an die dunklen Zeiten erinnert, in denen Staaten Leben, das sich lohnt, von Leben, das sich nicht lohnt, unterschieden haben. Individuelle moralische oder rechtliche Pflichten im Bereich der Reproduktion dürfen unter keinen Umständen mit ökonomischen, gesundheitspolitischen oder allgemein bevölkerungspolitischen Interessen begründet werden. Eine inkludierende Gesellschaft ist ein hohes Gut, für das wir unbedingt große Sorge tragen müssen – und zweifelsohne gerät sie immer wieder unter Druck.

Im Jahr 1995 verabschiedete die Volksrepublik China ein Gesetz mit dem Namen *Maternal and Infant Health Care Law* (im Entwurf trug es noch den Namen *Chinese Eugenics Law*). Es sieht vor, dass Personen nur dann eine Heiratsgenehmigung erhalten, wenn sie nachweisen können, dass sie keine genetischen Erkrankungen, kognitiven Defizite oder ansteckenden Krankheiten haben. Alternativ müssen sie bereit sein, sich sterilisieren zu lassen oder anderweitig dauerhaft zu verhüten. Schwangere Frauen müssen außerdem umfangreiche pränatale Tests durchführen lassen und danach die Anweisungen der Ärztin oder des Arztes befolgen. Dieses Gesetz löste weit über China hinaus einen Sturm der Entrüstung aus, wurde schließlich entschärft und durch neuere Gesetze faktisch außer Kraft gesetzt.[9] Es existieren aber auch anderenorts staatliche Empfehlungen, nach Veranlagungen zu suchen, die in einer bestimmten Gemeinschaft oder Region verhältnismäßig häufig vorkommen – so zum Beispiel in einigen Ländern des Mittelmeerraums nach der Blutkrankheit Beta-Thalassämie.[10] Über diese Empfehlungen wird allerdings selten berichtet oder diskutiert. Freilich macht es einen großen Unterschied, ob die entsprechenden Tests von staatlicher Seite nur empfohlen oder aber verordnet werden und ob die Eigenschaften, auf die getestet wird, mit Krankheiten einhergehen, die eine individuelle Belastung für potenzielle Eltern und Kinder bedeuten – oder aber als Bürde für die Gesellschaft gesehen werden. Selektionsempfehlungen im Hinblick auf Gesamtkostenerwägungen sind äußerst bedenklich, dennoch werden solche regelmäßig angestellt.

Ausweitung der Kriterien

Bei der Suche nach und der Selektion von schweren, nicht therapierbaren Erbkrankheiten ist es aber nicht geblieben. Das Anwendungsgebiet der Präimplantationsdiagnostik hat sich mancherorts rasch ausgeweitet auf den Nachweis von Krankheiten, die sich nach der Geburt durchaus behandeln lassen oder die sich, wenn sie überhaupt ausbrechen, erst spät im Leben manifestieren. Ein Beispiel für eine solche behandelbare Erbkrankheit ist die Phenylketonurie, eine der häufigsten angeborenen Stoffwechselstörungen. Unbehandelt führt sie zu einer Entwicklungsverzögerung und zu kognitiver Beeinträchtigung, die von schweren Symptomen wie epileptischen Anfällen begleitet sein kann. Mit einer rechtzeitig begonnenen eiweißarmen Diät kann die Krankheit zwar nicht geheilt werden, aber ihre Symptome bleiben aus, solange die Diät eingehalten wird. Ein Beispiel für eine eher spät und nicht mit Sicherheit auftretende Erkrankung, für die die Präimplantationsdiagnostik diskutiert wird, ist der erbliche Brustkrebs: Das Risiko, dass er irgendwann im Leben auftritt, liegt für Trägerinnen mit genetischer Disposition dazu bei 60 bis 80 Prozent. Mit einer beidseitigen Brustentfernung kann man dem Risiko zwar auch begegnen, der operative Eingriff ist aber für eine Frau massiv. Werden also eine Präimplantationsdiagnostik und die mit ihr einhergehende Selektion entweder mit der *Zumutbarkeit* für die potenziellen Eltern oder mit dem *erwartbaren Leiden* für ein Kind gerechtfertigt, dann stellen sich die schwierigen Fragen, mit welcher Wahrscheinlichkeit und Schwere die befürchtete Erkrankung auftreten muss und welche Therapien als unzumutbar erachtet werden, sodass das Verfahren gerechtfertigt erscheint. Um Antworten auf diese Fragen wird derzeit überall gerungen.

Zwar wurde die Präimplantationsdiagnostik entwickelt, um in Einzelfällen schwere monogene Erbkrankheiten – also solche, die durch ein einziges mutiertes Gen hervorgerufen werden – auszuschließen. Selektioniert wird aber heute nicht nur bei einer genetischen Vorbelastung der Eltern, sondern auch im Rahmen von künstlichen Befruchtungen, die nachgefragt werden, weil sich spontan keine Schwangerschaft einstellt. Damit ist eine weitere Ausweitung des Anwendungsbereichs der Präimplantationsdiagnostik angesprochen, bei der nicht die *Vermeidung einer Krankheitsveranlagung* im Vordergrund steht, sondern die *Erhöhung der Chancen auf eine Schwangerschaft* und schließlich auf die Geburt eines Kindes. Mithilfe eines sogenannten »Screenings« werden bei künstlichen Befruchtungen jene Embryonen identifiziert und ausgesondert, die chromosomale Veränderungen aufweisen, die die Entwicklungschancen eines Embryos beeinträchtigen und zu Fehl- oder Totgeburten führen könnten. Insbesondere bei Eizellen von älteren Frauen kommen solche Chromosomenanomalien, auch Aneuploidien genannt, relativ häufig vor. Tatsächlich findet heute die Mehrheit der präimplantationsdiagnostischen Untersuchungen in Form solcher Screenings statt.

Dieser Anwendungsbereich der Präimplantationsdiagnostik wird besonders häufig kritisiert. Zum einen wird aus medizinischer Sicht seine Effektivität in Frage gestellt: Die an das Verfahren gerichteten Erwartungen seien bislang nicht erfüllt worden, das heißt, die Chancen, dass es dank eines Screenings zur Geburt eines Kindes komme, würden nicht steigen. Zum anderen wird bei einem Screening jede chromosomale Anomalie erkannt und kann folglich selektioniert werden, unabhängig davon, ob sie für die Entwicklungschancen des Embryos relevant ist oder die damit verbundene Beeinträchtigung eine gewisse Schwere hat. Damit zusammenhängend wird kritisiert, der Embryo werde im Rahmen dieser Anwendung ohne nähere Indikation einer umfassenden Qualitätskontrolle unterzogen. Das suggeriert allerdings, es werde nach einem »qualitativ einwandfreien« Embryo gefahndet, weil Eltern sich das »bestmögliche« Kind erhofften. Dabei geht es in diesem Zusammenhang in erster Linie darum, überhaupt Elternschaft zu ermöglichen und Embryonen zu transferieren, die auch eine gute Chance haben, zu Föten heranzuwachsen und geboren zu werden. Mit Blick auf die Belastung, die eine In-vitro-Fertilisation ebenso wie wiederholte Fehlgeburten für eine Frau bedeuten, scheint dies zumindest ein berechtigtes Anliegen.

Selektion ohne Krankheitsbezug

Besonders umstritten ist die Anwendung der Präimplantationsdiagnostik zur Selektion sogenannter nicht-gesundheitsbezogener erblicher Eigenschaften, etwa hoher Intelligenz oder eines bestimmten Körperbaus. Diese Debatte hat gegenwärtig allerdings noch kaum praktische Bedeutung. Denn *erstens* müssten die zur Auswahl stehenden Embryonen die Anlagen zu den gewünschten Eigenschaften ja überhaupt aufweisen, damit sie entsprechend selektioniert werden könnten. Das wird nur selten der Fall sein. *Zweitens* hängen die meisten unserer Eigenschaften und eben auch Intelligenz oder Körpergröße nicht nur von einer Vielzahl an Genen ab, sondern werden auch von der Umwelt und den Lebensbedingungen, unter denen ein Kind aufwächst, beeinflusst. Nach den Genen, die diese gewünschten Eigenschaften »verursachen«, kann also gar nicht gesucht werden, auch wenn in reißerischen Beiträgen zuweilen so getan wird, als würden Eltern demnächst ihre Kinder nach Intelligenzquotienten und sportlicher Leistungsfähigkeit auswählen. Insofern ist auch der Begriff des »Designerbabys«, der in diesen Kontexten oft bemüht wird, irreführend. Die Rede von »Design« suggeriert die Möglichkeit totaler Machbarkeit eines Kindes, als ließe sich dieses von seinen Erzeugern nach eigenem Gutdünken und Geschmack auswählen oder gar gestalten.

Anders stellt sich die Situation bezüglich des Geschlechts des Embryos dar: Dieses ist genetisch einfach zu bestimmen und entsprechend zu selektionieren. Paare wünschen sich möglicherweise einen Jungen oder ein Mädchen, etwa mit Blick auf das sogenannte »family balancing« – eine nach Geschlechtern ausgeglichene Zusammensetzung ihrer Familie – und möchten dafür die Präimplantationsdiagnostik in Anspruch nehmen. Solche Wünsche lassen sich nicht nur im Rahmen einer Präimplantationsdiagnostik erfüllen. Mit Geräten wie dem aus den USA stammenden »Microsort« können Kliniken bereits die Spermien, die zur Zeugung verwendet werden, nach Geschlecht sortieren, was nicht mit Sicherheit, aber mit akzeptabler Zuverlässigkeit gelingt.[11] Die Geschlechterselektion ist aber in sehr vielen Ländern ausdrücklich verboten. Da vielerorts Jungen erwünschter sind als Mädchen, steht sie im Verdacht, im Dienst einer patriarchalen Gesellschaft Geschlechterdiskriminierung fortzuschreiben. Ihr wird vorgeworfen, sie trage zu dem von der amerikanischen Wissenschaftsjournalistin Mara Hvistendahl eindringlich beschriebenen globalen *Verschwinden der Frauen* bei – mit all seinen katastrophalen individuellen und gesellschaftlichen Folgen.[12] In vielen westlichen Gesellschaften wird zwar nicht länger unbedingt das männliche Geschlecht präferiert. Doch selbst wenn die elterlichen Präferenzen mit Blick auf das Geschlecht ihrer Kinder aufs Ganze gesehen nicht mehr einseitig ausfielen, kann dieses Anwendungsfeld der Präimplantationsdiagnostik kritisiert werden: Ihm lägen etwa Geschlechterstereotypen zugrunde, auf die ein Kind nach seiner Geburt festgeschrieben werde. Denn ein Paar wählt ein bestimmtes biologisches Geschlecht ja vermutlich in Erwartung bestimmter Verhaltensweisen, die das Kind später an den Tag legen soll. Von Mädchen könnte etwa erwartet werden, dass sie in der Schule fleißig sind und später ihre Eltern pflegen, während Jungen als kleine Draufgänger die Skirennen gewinnen und als Erwachsene das väterliche Erbe würdig antreten sollen. Das Problem bestünde demnach also nicht (oder nicht allein) im Risiko, dass das Geschlechterverhältnis weltweit gesehen aus dem Gleichgewicht geraten könnte, sondern in der Festschreibung von Jungen und Mädchen auf Geschlechterrollen, die diese zum einen in ihrer freien Entfaltung behindern können und zum anderen selbst Ausdruck patriarchaler Vorstellungen sind.

Für Diskussionen sorgt schließlich der Umstand, dass mit

der Präimplantationsdiagnostik auch nach einer bestimmten Eigenschaft selektioniert werden kann, welche die Mehrheit der Menschen mit Benachteiligungen assoziiert – das betroffene Paar hingegen nicht. Ein Paar mit erblich bedingter Gehörlosigkeit könnte etwa geltend machen, ein gehörloses Kind könne sich in *ihre* Gemeinschaft weit besser integrieren als ein hörendes. Ähnliche Diskussionen werden mit Blick auf Kleinwuchs geführt: Achondroplasie ist die häufigste Form genetisch bedingten Kleinwuchses und wird teilweise vererbt. Zwar geht Achondroplasie mit gewissen gesundheitlichen Einschränkungen einher, meist ist aber die Lebenserwartung betroffener Kinder durch die Mutation nicht beeinträchtigt. Sollen Personen mit Achondroplasie »ein Kind wie sie selbst« wollen und wählen dürfen? Das Leben mit bestimmten genetischen Mutationen hat unter den Betroffenen zur Herausbildung eigener Kulturen geführt, die von diesen Personen zum Teil als schützenswert erlebt werden und die sie deshalb fortschreiben möchten. Das Kind soll diese Lebensweise am eigenen Leib nachvollziehen und sich als Teil der Gemeinschaft fühlen können. So nachvollziehbar diese Beweggründe sein mögen, um Präimplantationsdiagnostik in Anspruch zu nehmen, muss doch kritisch gefragt werden, ob das Interesse von Kindern, möglichst wenig in ihren Lebensoptionen von Vornherein eingeschränkt zu sein, den elterlichen Interessen, ein Kind »wie sie selbst« zu bekommen, wirklich nachgeordnet werden darf.[13]

Eltern mögen insgesamt durchaus verständliche Gründe haben, eine genetische Untersuchung des Embryos zu veranlassen und sich ein *bestimmtes* Kind zu wünschen oder eben nicht zu wünschen. Sei es, dass die Eltern sich die Erziehung und Pflege eines schwerkranken Kindes nicht zutrauen, sei es, dass sie dem zukünftigen Kind großes Leid ersparen möchten: Beide Beweggründe können Ausdruck der ganz persönlichen Verantwortung sein, welche die Eltern gegenüber dem zukünftigen

Kind empfinden. Hingegen darf unter keinen Umständen eine rechtliche Pflicht zur Diagnostik und zur Selektion etabliert werden. Denn *erstens* ginge eine solche Pflicht mit unzulässigen Urteilen über den Lebenswert oder die Lebensqualität von Menschen einher, wenn sie staatlicherseits erhoben würden. Und *zweitens* stünde eine solche Pflicht auch klar im Widerspruch zur reproduktiven Autonomie: zum Recht darauf, bestimmte Untersuchungen nicht durchzuführen und sich auf die Möglichkeit einer Elternschaft einzulassen, welches Kind auch immer zu einem stoßen wird. Doch selbst wenn eine rechtliche Pflicht zu Diagnostik oder Selektion klar zurückgewiesen wird: Kann nicht bereits deren Angebot dazu führen, dass erblich belastete Personen mit Kinderwunsch sich dazu gedrängt fühlen, eine Weitergabe ihrer Gene zu verhindern? Oder dass Eltern Schuldgefühle entwickeln, sollten sie sich gegen eine Diagnostik entschieden haben und sollte ihr Kind später krank zur Welt kommen?[14]

Die Frage nach dem gesellschaftlichen Druck, nicht einfach ein Kind, sondern ein *bestimmtes* Kind zu bekommen, ist umso drängender, als es heute längst nicht mehr darum geht, ob die Präimplantationsdiagnostik *überhaupt*, sondern darum, *zu welchen Zwecken* sie zulässig sein soll. Die Bandbreite der Regelungen ist groß: Deutschland lässt die Präimplantationsdiagnostik nur zu, wenn aufgrund einer genetischen Disposition der Eltern für deren Nachkommen ein hohes Risiko für eine schwere Erbkrankheit besteht oder wenn eine hohe Wahrscheinlichkeit für eine Tot- oder Fehlgeburt vorliegt – wobei jeder einzelne Fall von einer Ethikkommission begutachtet und entschieden werden muss. Im Vereinigten Königreich umfasst eine Positivliste von Krankheiten und Beschwerden, nach denen selektioniert werden darf, mittlerweile etwa 600 Indikationen, unter ihnen auch bestimmte Diabetestypen und die Lippen-Kiefer-Gaumenspalte. Es gibt darüber hinaus zum Beispiel in Kalifornien Kliniken, die Präimplantationsdiagnostik auch zur Auswahl des Geschlechts oder der Augenfarbe anbieten. Mit der Selektionsentscheidung im Rahmen der Präimplantationsdiagnostik ist zwingend ein Wertungsmoment verbunden, das zum einen die *Zumutbarkeit* für die Eltern betrifft, zum anderen das *Leiden* eines möglichen Kindes. Eine Konsensfindung darüber, welche Situationen eine solche Entscheidung rechtfertigen können, bleibt in einer pluralistischen Gesellschaft eine grosse Herausforderung. Wann sind die zukünftigen Eltern in ihrem Bestreben, ein bestimmtes Kind zu zeugen, von nachvollziehbaren und schützenswerten Gründen geleitet, wann dagegen nicht? Der Krankheitsbezug wird weithin als entscheidend für die Beantwortung dieser Frage angesehen und die Anwendung der Präimplantationsdiagnostik zur Auswahl beliebiger Merkmale ohne Krankheitsbezug abgelehnt. Die Definition von »Krankheit« ist dabei allerdings alles andere als unumstritten oder stabil. Kann die Lippen-Kiefer-Gaumenspalte tatsächlich als eine Krankheit bezeichnet werden, oder ist sie nicht lediglich eine Fehlbildung mit kosmetischem Charakter, die zudem operativ behoben werden kann?

Die Techniken der genetischen Diagnostik, der Analyse des Genoms und des Chromosomenbildes werden Jahr für Jahr präziser, umfassender und auch kostengünstiger. Die neueren Technologien sind nicht mehr darauf beschränkt, nach einer bestimmten Genmutation gezielt zu fahnden, sondern können eine Vielzahl genetischer Veränderungen gleichzeitig erfassen und nach unspezifischen Variationen der Chromosomen suchen. Damit wird eine Fülle von verschiedenen, zunächst nicht einmal speziell gesuchten Informationen generiert. Nun kann man natürlich die Informationen beschränken, die den potenziellen Eltern zugänglich gemacht werden. Es ist aber kaum zu erwarten, dass sie bei der Auswahl des einen Embryos, der transferiert werden soll, völlig unberücksichtigt bleiben. Nehmen wir an, ein Paar möchte die Gefahr abwenden, dass sein Kind an der schweren erblichen Krankheit leidet, die in der Familie bekannt ist. Mit dem Verfahren der Präimplantationsdiagnostik wird nun aber nicht nur diese spezifische genetische Mutation sichtbar, sondern auch das Geschlecht der Embryonen. Das Paar wünscht sich ein Mädchen, von den zwei unbelasteten Embryonen ist einer weiblich. Wie sollen das Labor, die Ärztin und das Paar nun mit dieser Information umgehen?

Tatsächlich wirft die Präimplantationsdiagnostik nicht nur die Frage auf, welches die zulässigen Indikationen sind, nach denen Embryonen selektioniert werden sollen, sondern auch, wie mit den immer größer werdenden Mengen an zu Tage tretenden Informationen über das Genom potenzieller Kinder verantwortungsvoll umgegangen werden kann und soll. Noch ist man bemüht, den Zugang zur Präimplantationsdiagnostik und damit zu einer Informationsfülle, zu der sich die Ärztin und die Frau oder das Paar verhalten müssten, zu beschränken. Doch wird dieses »Recht auf Nichtwissen« langfristig verteidigt werden können? Wird die Nachfrage nach der Präimplantationsdiagnostik zunehmen? Die Tatsache, dass die Präimplantationsdiagnostik die In-vitro-Fertilisation voraussetzt, stellt für ihre Routinisierung sicherlich eine hohe Hürde dar. *Erstens* sind die Unfruchtbarkeit oder die Gefahr der Übertragung einer genetischen Erkrankung vielerorts rechtliche Voraussetzung für die Durchführung der Befruchtung in vitro. *Zweitens* ist die In-vitro-Fertilisation zwar ein verbreitetes, aber kein triviales Verfahren: Es ist emotional belastend, körperlich anstrengend, riskant und teuer. Das liegt an der Gewinnung der Eizellen: Die dafür notwendige hormonelle Behandlung und die chirurgische Entnahme der Zellen sind invasive Eingriffe in den Körper der Frau. Die Strapazen einer In-vitro-Fertilisation sind also schlicht zu groß, als dass eine breite Anwendung der Präimplantationsdiagnostik erwartet werden muss. *Drittens* dürften sich zumindest zum jetzigen Zeitpunkt die allermeisten Paare nach wie vor wünschen, ihr Kind wie eh und je ohne Einbezug der Technik zu zeugen.

Allerdings werden auch Zukunftsszenarien gezeichnet, in denen Schwangerschaften routinemäßig überhaupt erst nach einer umfassenden genetischen Untersuchung und Selektion der Embryonen herbeigeführt werden. Der US-amerikanische Rechtswissenschaftler Henry T. Greely geht in seinem Buch *The End of Sex* davon aus, dass es in Zukunft (er spricht von 20 bis 40 Jahren) möglich sein werde, Reproduktion völlig von der Sexualität zu lösen. Er mutmaßt, Eizellen könnten dann von sogenannten »induzierten pluripotenten Stammzellen«, die wiederum aus anderen menschlichen Körperzellen generiert werden, gewonnen werden. Frauen müssten sich also keiner invasiven Behandlung mehr unterziehen, um Eizellen zu gewinnen. Greely geht zudem davon aus, dass die vollständige Entschlüsselung des Genoms einfacher, präziser und kostengünstiger werde und die Zusammenhänge zwischen der genetischen Ausstattung, Krankheiten und deren Ausprägungen immer besser verstanden würden. Die Präimplantationsdiagnostik würde somit in Zukunft einfacher und informativer – Greely spricht von »Easy PGD«, »einfacher Präimplantationsdiagnostik« – und damit auch weitaus attraktiver.[15] Über ein solches Zukunftsszenario ist Greely nicht alarmiert, im Gegenteil: Man werde schwere genetische Erkrankungen ein für alle Mal überwinden, und Eltern könnten außerdem das Geschlecht und gewisse andere äußere Eigenschaften ihrer Kinder auswählen. Allerdings seien überzogene Erwartungen zu bremsen: Die auf diesem Weg gewonnenen genetischen Daten wären entweder nicht sehr aufschlussreich, weil sie nur Wahrscheinlichkeiten und Dispositionen für gewisse Eigenschaften angeben würden, oder aber wiederum so umfangreich und in ihrer Mischung ambivalent, dass sie die Entscheidung der Eltern nur wenig zu leiten vermöchten. Zu fragen bleibt dennoch, welche Auswirkungen eine solche Entwicklung auf elterliche Entscheidungsnöte hätte: Wäre die Zeugung außerhalb des Labors dereinst nur noch die zweitbeste Möglichkeit, Kinder zu bekommen, könnten es sich Paare dann noch leisten, auf die Beihilfe der Technik zu verzichten? Vertrauen, Hoffnung und Demut, die das Kinderbekommen als Tugenden seit jeher begleiten, könnten dem kalkulierten Abwägen von Risiken zunehmend Platz machen.

Die Editierung des Genoms

Die Präimplantationsdiagnostik ist eigens darauf angelegt, Embryonen nach ihrer Untersuchung auszuwählen oder zu verwerfen. Im Zentrum der aktuellen Aufmerksamkeit steht aber spätestens seit den Geschehnissen in China eine biochemische Methode mit dem gewöhnungsbedürftigen Namen CRISPR.[16] Mit ihr lassen sich Embryonen gezielt verändern: DNA-Abschnitte werden identifiziert, ausgeschaltet, herausgeschnitten und durch andere ersetzt. Das Verfahren wird von der Wissenschaft als einfach, passgenau und kostengünstig bezeichnet. Anders als die Präimplantationsdiagnostik ist die *Genomeditierung* nicht auf mutationsfreie, für eine Selektion ausreichende Embryonen angewiesen, um einen gesunden oder bestimmten Embryo auf die Frau übertragen zu können. Die Methode könnte also auch eingesetzt werden, wenn die Präimplantationsdiagnostik nicht weiterhilft, weil praktisch keine unbelasteten Embryonen vorliegen. Wird das Verfahren erfolgreich weiterentwickelt, müssten in Zukunft wohl auch deutlich weniger Embryonen verworfen werden.

Während die Präimplantationsdiagnostik die Kräfte des Zufalls aushebelt, indem sie vorliegende Embryonen nach bestimmten Kriterien selektioniert, greift die Genomeditierung gestaltend ein, indem sie bestimmte Eigenschaften des Embryos verändert. Folglich ist auch ihr potenzieller Anwendungsbereich viel größer als derjenige der Präimplantationsdiagnostik: Die Genmodifikation könnte nicht nur zur Korrektur einer Veranlagung für eine schwere monogenetische Krankheit zum Einsatz kommen, sondern auch, um genetisch determinierte Risiken für Alzheimer, Brustkrebs oder Übergewicht zu verringern, oder Immunität gegen das HI-Virus, stärkere Abwehrkräfte gegen Umweltbedingungen oder Resistenz gegen Allergene zu erzielen. Schreibt sich die Genveränderung in die Keimbahn ein, wird sie vererbbar und ist von da an Teil des Evolutionsprozesses. CRISPR lässt damit je nach Perspektive entweder das Schreckensszenario des Spielfilms *Gattaca* oder aber den Traum der Überwindung aller menschlicher Schwächen näher rücken. Kann die Aussicht, Krankheiten zu heilen, ihnen vorzubeugen oder uns gar insgesamt widerstands- und leistungsfähiger zu machen, Eingriffe in die Evolution des Menschen rechtfertigen? Gibt es umgekehrt hinreichend gute Argumente gegen eine Keimbahntherapie – und die Ausrottung schwerer Erkrankungen, sollte dies in Zukunft gefahrlos möglich sein?

Rechtlich ist die Lage derzeit vielerorts klar: In den meisten Ländern sind Eingriffe in die menschliche Keimbahn bislang untersagt, und zwar unabhängig von ihrem Zweck. In einer immer größer werdenden Zahl von Ländern wird CRISPR allerdings in der Grundlagenforschung eingesetzt. Wie das ungeheuerliche Experiment des chinesischen Forschers vom November 2018 gezeigt hat, wird es dabei aber wohl kaum bleiben: Es werden bereits Fakten geschaffen, obwohl die Fachgemeinschaft entsprechende klinische Vorhaben noch für unzulässig hält. Die Zurückhaltung in den allermeisten Ländern speist sich dabei vor allem aus den noch nicht abschätzbaren Folgen von CRISPR. Ob die sogenannte »Gen-Schere« präzise arbeitet und wie unbeabsichtigte, sogenannte »Off-target-Effekte« verhindert werden können, ist größtenteils unklar. Solange diese Risiken nicht kalkulierbar und beherrschbar sind, ist die Anwendung einer Technologie, deren Auswirkungen auf den Einzelnen und durch Vererbung auf die Menschheit nachhaltig sind, nicht verantwortbar. In Reaktion auf den Vorfall in China hat deshalb eine Gruppe von 18 renommierten Wissenschaftlerinnen und Wissenschaftlern aus sieben Ländern – darunter auch die französische Genetikerin Emmanuelle Charpentier, die mit ihren Forschungsbeiträgen gemeinsam mit Jennifer Doudna die Grundlagen für CRISPR geschaffen hat, und die deutsche Medizinethikerin Bettina Schöne-Seifert – im März 2019 in der Zeitschrift *Nature* ein Moratorium für Eingriffe in die Keimbahn gefordert.[17] Sie verlangen kein permanentes Verbot, sondern ein globales Abkommen, in dem sich die Nationen auf Basis eines freiwilligen Übereinkommens verpflichten, in den kommenden fünf Jahren auf die Editierung der menschlichen Keimbahn in klinischen Kontexten zu verzichten. Im Bereich der Forschung bliebe das Verfahren dabei weiterhin erlaubt, jedenfalls in jenen Ländern, in denen die Embryonenforschung nicht generell verboten ist. Ihre Forderung begründen die Unterzeichnenden in erster Linie mit Erwägungen zur Sicherheit des Verfahrens, welche in den kommenden Jahren zunächst geschaffen werden müsse. Das Zusammenspiel der einzelnen Gene sei nämlich noch nicht hinlänglich erforscht. So sei etwa bekannt, dass eine Variante eines bestimmten Gens das Risiko einer Person für Bluthochdruck und Parkinson senke, gleichzeitig aber das Risiko für Schizophrenie und Übergewicht erhöhe. Die Erforschung der Frage, wie die Veränderung einzelner Gene sich auf die Ausprägung anderer Gene auswirkt, steht tatsächlich noch ganz am Anfang.

Während bis vor nicht allzu langer Zeit der Eingriff in die Keimbahn unabhängig von seinem Zweck weithin als Überschreitung einer roten Linie galt, hat in den letzten Jahren in der Debatte eine Verschiebung stattgefunden. Die strikt ablehnende Haltung gegenüber jeglichem Eingriff in die Keimbahn ist einer Diskussion über zulässige Zwecke des Einsatzes von CRISPR bei Embryonen und über die Notwendigkeit von klaren Rahmenbedingungen gewichen.[18] Damit werden verschiedene ethische Fragen virulent, die zumindest teilweise anders gelagert sind als jene, mit denen uns die Präimplantationsdiagnostik konfrontiert.

Erstens sind *Eingriffe in die Keimbahn* unumkehrbar. Sie werden zwar am Embryo selbst vollzogen, wirken sich aber auch auf alle nachfolgenden Generationen aus. In diesem Sinne handelt es sich bei CRISPR in der Reproduktion tatsächlich um einen Eingriff in die Evolution, das heißt in die biologische Selbstregulierung, weshalb dem Nachdenken über mögliche Risiken des Verfahrens auch derart großes Gewicht zukommt. Darf man auf diese Weise in die Evolution eingreifen? Die Allgemeine Erklärung der UNESCO aus dem Jahr 1997 hält fest, das menschliche Genom gehöre als Erbe der Menschheit geschützt.[19] Die genetische Ausstattung des Menschen ist freilich durch Innovationen aller Art fortwährend verändert worden, so beispielsweise durch die Einführung der Landwirtschaft vor vielen Jahrtausenden, die die komplette Lebensweise unserer Spezies und langfristig auch ihr Genom verändert hat. Dem lässt sich entgegenhalten, dass direkte Interventionen in das menschliche Genom dieses viel unmittelbarer und schneller verändern als Anpassungen an neue Lebensräume oder Technologien. Wenn wir überdies den Eingriff in das Erbgut bezwecken und entsprechende Veränderungen nicht bloß in Kauf nehmen, gehen solche Handlungen auch mit einer besonderen Verantwortung einher. Weshalb gezielte Interventionen in die menschliche Keimbahn zur Verbesserung des Erbguts grundlegend anders beurteilt werden müssten, vermag der britische Philosoph John Harris nicht nachzuvollziehen.[20] Sind nicht eher die *Absichten* und die *Folgen* eines Eingriffs in das Schicksal der Menschheit entscheidend und nicht so sehr die *Mittel*, mit denen dieser Eingriff erfolgt?

Zweitens wird befürchtet, eine Genveränderung könnte aus den falschen Gründen angestrebt werden. Wenn im Kontext der Debatte Begriffe wie »Züchtungsphantasien« oder »Designerbabys« fallen oder Parallelen zu Mary Shelleys *Frankenstein* gezogen werden, wird damit unterstellt, ehrgeizige Wissenschaftler und Wissenschaftlerinnen wollten sich die neue Technologie aus Karrieregründen oder Machtphantasien zunutze machen oder Eltern träumten vom »gemachten Kind«, das ihren eigenen Plänen gehorche. Dass Menschen nicht »gemacht« und Embryonen nicht »manipuliert« werden dürfen, um die Interessen Dritter zu befriedigen, ist unbestritten. Vielmehr muss reproduktive Technologie stets zum Wohl des potenziellen Kindes erfolgen, ansonsten wird das Kind instrumentalisiert und seine Existenz allein auf einen fremden Zweck reduziert. So argumentiert beispielsweise der »Nuffield Council«, in Großbritannien eine Autorität in Sachen Bioethik, ein CRISPR-Verfahren sei moralisch vertretbar, sofern es auf das Wohl eines zukünftigen Kindes ausgerichtet und mit diesem vereinbar sei. Sollten die Technologie und ihre Risiken in Zukunft beherrschbar werden, sei ihre Nutzung zur Therapie und Prävention schwerer Erkrankungen durchaus zu befürworten.[21] Ein Vorteil der Genomeditierung gegenüber der Präimplantationsdiagnostik wird darin gesehen, dass es sich dabei nicht um einen selektionierenden, sondern vielmehr um einen therapieähnlichen Eingriff handelt: Die Embryonen werden in diesem Verfahren nicht aufgrund ihrer Eigenschaften ausgewählt, sondern es werden Eigenschaften für den Embryo gewählt beziehungsweise solche, die nicht gewünscht sind, verändert. Damit scheint die Genomeditierung zumindest auf den ersten Blick eher als die Selektion mit den Zielen der Medizin vereinbar, menschliches Leiden zu lindern.

Kindeswohl und der Wert des Unverfügbaren

Nicht alle folgen allerdings dieser Argumentation. Der Philosoph Jürgen Habermas zum Beispiel setzt sich seit vielen Jahren kritisch mit der sogenannten »liberalen Eugenik« auseinander: So bezweifelt Habermas, ob wir uns als ausgewählte, gemachte Personen weiterhin als ungeteilte Autoren unserer Lebensgeschichte verstehen können. Überdies warnt er davor, dass genetische Eingriffe dazu führen könnten, dass wir uns nicht mehr als Gleiche verstehen und anerkennen könnten: Habermas spricht von einer »eugenischen Programmierung«, die zu einem Abhängigkeitsverhältnis führe oder dieses verstetige, weil die einen über die genetischen Anlagen der anderen verfügen und damit für diese »lebensgeschichtlich relevante Weichen« stellen würden.[22] Eine solche irreversible Abhängigkeit bilde in einer »moralischen und rechtlichen Gemeinschaft von freien und gleichen Personen einen Fremdkörper«.[23] Obgleich Habermas zugesteht, dass Eingriffe von den Betroffenen im Einzelfall durchaus positiv beurteilt werden könnten, ist er der Ansicht, das »gattungsethische Selbstverständnis« gebiete es, die biologischen Grundlagen jedes zukünftigen Menschen grundsätzlich als »unverfügbar« zu respektieren.

Solche und verwandte Einwände werden breit diskutiert. Einige bezweifeln, dass eine genetische Veränderung notwendig unser Selbstverständnis unterwandere. So argumentiert etwa die Soziologin Gertrude Nunner-Winkler, Habermas *über*schätze die objektiv persönlichkeitsprägende Kraft der Gene und *unter*schätze die Rolle, die subjektive Faktoren für die Identitätsbildung und Autonomie einer Person spielten.[24] Wir erfahren uns als freie Wesen, wenn wir in unserer Entfaltung nicht gehindert werden, ganz unabhängig davon, wem wir unsere Seinsweise verdanken. Außerdem können auch natürlich gezeugte Kinder ihre genetische wie soziale Herkunft und damit einen wichtigen Teil ihrer Identität nicht wählen. Herkunft ist, wie die Medizinethikerin Claudia Wiesemann betont, immer »ungewählt und irreversibel«[25]: Die »Lotterie des Schicksals«, die bei jeder Zeugung spielt, schränke uns ebenso ein – und kann überdies furchtbar grausam sein. Warum sollte es uns mit Blick auf unsere Freiheit lieber sein, wenn die Eltern das Schicksal gewähren ließen und wir womöglich im Laufe des Lebens schwer erkranken, als wenn sie sich dafür entschieden, ein krank machendes Gen bereits vor unserer Geburt auszuschalten? Tatsächlich überzeugen die kritischen Einwände gegen genetische Modifikation am wenigsten, wenn es um Eingriffe geht, die wir als *therapeutisch* bezeichnen würden; Eingriffe also, die eine Krankheit therapieren oder einer solchen vorbeugen. Wie bereits bei der Präimplantationsdiagnostik wird auch beim Eingriff in die Keimbahn von den meisten vertreten, er dürfe, wenn überhaupt, nur zum Zweck der Therapie oder der Prävention von Krankheiten erfolgen.

In einer wichtigen Hinsicht unterscheiden sich Selektion und genetische Veränderung aber voneinander, und zwar im Hinblick auf das zukünftige Kind. Bei einer Selektion wird nämlich ein Embryo aufgrund einer bestimmten Eigenschaft verworfen. Dies als Nutzen für das mögliche Kind zu bezeichnen scheint unpassend – es sei denn, man würde behaupten, mit einer bestimmten schweren Krankheit geboren zu werden, sei für sich genommen schon eine Schädigung und Nicht-Existenz in einem solchen Fall dem Geborenwerden vorzuziehen (Kap. 1 und 4). Veränderungen am Genom eines Embryos erfolgen hingegen mit Blick auf sein Interesse, also mit Blick auf seine zukünftige Lebensqualität oder seine spätere Gesundheit. Damit stellt sich allerdings die schwierige Frage, was »im Interesse des Kindes« bedeutet. Sicher ist es im Interesse einer Person, wenn ihr großes Leid erspart bleibt oder eine gravierende Krankheit verhindert oder gelindert werden kann. Könnte die Veranlagung für eine Krankheit wie das Tay-Sachs-Syndrom oder die Sichelzellanämie korrigiert werden, würde ein solcher Eingriff wohl von vielen befürwortet. Einige hielten es vermutlich auch für vertretbar, wenn genetisch bedingte Risiken für die Alzheimer-Krankheit, für einen Herzinfarkt oder für Brustkrebs minimiert werden könnten. Andere würden entgegnen, es sei angemessener, das Schicksal anzunehmen, statt es kontrollieren und verändern zu wollen. Für wiederum andere kippt jedoch genau eine solche Haltung in Gleichgültigkeit – und zwar nicht nur und nicht vorrangig den Eltern, sondern auch dem Kind selbst gegenüber.

Große Bedeutung wird der Frage beigemessen, wann eine genetische Intervention als Therapie oder Prävention zu bezeichnen ist, und wann es sich um eine Optimierung, ein sogenanntes »Enhancement« handelt. Die Abgrenzung ist alles andere als eindeutig. Sie kommt nicht ohne Rückgriff auf einen normativen Begriff von »Krankheit« beziehungsweise »Gesundheit« und ohne gesellschaftliche Wertungen aus. Ist beispielsweise Kurzsichtigkeit eine Krankheit und somit die Verhinderung der entsprechenden Veranlagung eine Therapie? Ist die Vorbeugung von starkem Übergewicht Prävention, weil es das Risiko für zahlreiche Erkrankungen erhöht? Und wie ist die Prävention einer Pollenallergie einzuordnen? Die Grenzen zwischen Therapie, Prävention und Optimierung sind fließend, aber in den Augen vieler für die Bewertung des Eingriffs entscheidend. Denn jene, die genetische Eingriffe nicht grundsätzlich ablehnen, machen deren Legitimität überwiegend am Krankheitsbezug fest, rücken also ihr therapeutisches Potenzial in den Vordergrund. Damit geht ein Verständnis der Genomeditierung als *medizinischem* Verfahren einher, das notwendig einen *gesundheitlichen* Nutzen aufweisen muss. Freilich nehmen Erwachsene ärztliches Handeln und die Kunst der Medizin nicht nur in Anspruch, um eine Krankheit zu heilen oder einer solchen vorzubeugen, sondern auch, um wacher, schöner oder leistungsfähiger zu werden. Werden entsprechende Eingriffe aber an Personen vorgenommen, die ihre Zustimmung nicht selbst geben können, wie dies bei Ungeborenen oder bei kleineren Kindern der Fall ist, werden sowohl rechtlich wie moralisch andere Maßstäbe angelegt. Dient die Maßnahme der Prävention einer Krankheit, wie etwa eine Impfung, so darf und muss sie teilweise auch an kleinen Kindern vorgenommen werden. Dient ein Eingriff hingegen lediglich der Leistungssteigerung oder ist er nur kosmetischer Natur, wird er besonders dann als unzulässig angesehen, wenn er unumkehrbar ist – und Eltern dürfen ihn nicht durchführen lassen. Analog wird mit Blick auf die Genomeditierung vorgebracht, dass diese als medizinische Maßnahme verstanden werden und immer der Gesundheit des potenziellen Kindes dienen müsse.

Den Menschen verbessern

In der Debatte finden sich aber auch Stimmen, die Eingriffe in die Keimbahn nicht zwingend als medizinische Interventionen verstehen, sondern diese vielmehr in die Nähe von erzieherischen Maßnahmen rücken. In diesem Zusammenhang wird diskutiert, ob und unter welchen Voraussetzungen auch Eingriffe am Embryo vertretbar sein könnten, die zum Bereich des sogenannten »Enhancement« zählen. Unter diesem Begriff werden Eingriffe verstanden, die als Erweiterung oder Verbesserung menschlicher Eigenschaften und Fähigkeiten betrachtet werden, etwa zugunsten eines besseren Gedächtnisses, einer besonders ausgeprägten Musikalität oder der körperlichen Leistungsfähigkeit. Ganz abgesehen davon, dass unklar ist, inwieweit solche »Optimierungen« dereinst wirklich möglich sein werden: Wie wären sie zu beurteilen? Sind sie grundsätzlich anders zu bewerten als etwa Frühförderung oder die gezielte Schulung von Talenten?[27]

Eines ist unbestritten: Eltern prägen und beeinflussen ihre Kinder immer, und das auf vielfältige Art und Weise. Eltern wollen – hoffentlich – das Beste für ihre Kinder und erziehen sie mit Blick auf ein Leben, das sie für wertvoll halten. Die Prägungen, die Eltern und die Umgebung ihrem Nachwuchs durch Sozialisation, Erziehung, Ernährung und vieles mehr mit auf den Weg geben, sind genauso wenig wie genetische Dispositionen wählbar, und sie haben oft einen nachhaltigen, tiefgreifenden Einfluss auf sein weiteres Leben. Worin genau liegt also der Unterschied zwischen einer erzieherischen Maßnahme, der Prägung durch die soziale Umgebung und einer gezielten genetischen Modifikation? Einige würden vielleicht behaupten, Erziehung und Sozialisation legten ein Kind nicht auf einen bestimmten Lebensplan fest. Doch Gene tun das genauso wenig. Es ist nämlich eine irrige Vorstellung, dass wir von unseren Genen »determiniert« seien. Außerdem konfrontieren auch Bildung und Erziehung ein Kind mit Erwartungen, die überdies überzogen ausfallen und das Kind überfordern und einengen mögen. In vielen Fällen sind die Erwartungen, die Eltern an ihr Kind richten, aber Ausdruck ihrer Liebe und ihres Glaubens an ihr Kind.

Nehmen wir an, ein Paar wünscht sich, seine Tochter möge wie bereits die Mutter eine erfolgreiche Handballerin werden. Dafür ist es unerlässlich, mindestens 1,80 Meter groß zu werden, weshalb die Eltern das Erbgut des Embryos so verändern lassen, dass das Kind dereinst großgewachsen sein wird. Das macht die Tochter freilich noch lange nicht zur Handballerin;

ein »Handball-Gen« gibt es nicht. Aber die Absicht der Eltern, die zur Intervention führt, ist auf ein bestimmtes Ziel ausgerichtet, nämlich, dass die Tochter die Möglichkeit hat, Handballerin zu werden. Für die Bewertung eines solchen Eingriffs ziehen manche eine Idee heran, die der Rechtsphilosoph Joel Feinberg als »Recht auf eine offene Zukunft« bezeichnet hat: Weil Kinder das Recht hätten, autonom darüber zu entscheiden, wie sie als Erwachsene dereinst leben möchten, sollten sie mit Blick auf mögliche Lebenspläne und -weisen möglichst wenig beeinflusst oder eingeschränkt werden.[28] Diese Forderung wurde ursprünglich besonders im Kontext religiöser Erziehung vorgebracht. Eltern hätten ihr zufolge beispielsweise nicht das Recht, ihre Kinder in radikalen religiösen Gemeinschaften großzuziehen und ihnen den Kontakt zu Anders- oder Nichtgläubigen zu verwehren, weil ihr Wert- und Handlungshorizont dadurch massiv eingeschränkt werde. Wird nun ein Kind mithilfe von genetischen Eingriffen von seinen Eltern »auf einen bestimmten Lebensplan« festgelegt und seine Existenz auf einen klar abgesteckten Parcours reduziert, den es nur noch erfolgreich zu absolvieren hat, wird sein Recht auf eine offene Zukunft offenkundig verletzt.[29] Die großen Erwartungen, mit denen das Kind in die Welt gesetzt wird, könnten das Kind in seinen Lebensplänen einschränken und seine innere Unabhängigkeit und seine offene Selbstfindung gefährden, wie etwa Jürgen Habermas befürchtet.[30] Was, wenn die wie geplant großgewachsene Tochter lieber Violinistin als Handballspielerin werden will? Und was ist mit der Belastung für das Kind, wenn es weiß, dass es den Erwartungen der Eltern nicht gerecht wird?

Jene, die »Enhancement« grundsätzlich offen gegenüberstehen, könnten argumentieren, dass Kinder zwar tatsächlich nicht in ihrem Recht auf eine offene Zukunft eingeschränkt werden dürften, dass es aber auch Eigenschaften gebe, die für jeden vernünftigen Lebensplan als vorteilhaft gelten: hohe Intelligenz zum Beispiel oder eine lange Lebenszeit.[31] Zwar sind wir weit davon entfernt, solche Eingriffe überhaupt, geschweige denn risikofrei an Embryonen vollziehen zu können. Doch gelänge ihre Realisierung, wie wäre dies zu bewerten? Intelligent oder leistungsstark zu sein oder möglichst lange zu leben scheint zumindest auf den ersten Blick weniger einengend als vielmehr ermöglichend. Die Freiheit des Kindes, einem eigenen Lebensentwurf zu folgen und sein eigenes Potenzial zu entfalten, wäre nicht eingeschränkt, sondern womöglich sogar erweitert.[32] Doch *erstens* ist unklar, ob es tatsächlich genetische Optimierungen gäbe, die für alle gleichermaßen wünschenswert und gut sind. Kommt eine Steigerung der Intelligenz etwa wirklich für alle Menschen einem Gewinn an Lebensglück gleich? Ist Langlebigkeit für alle erstrebenswert? *Zweitens* mag eine Eigenschaft zwar gut sein, aber nicht in ihrer beliebigen Steigerung: Vielleicht wäre es für viele vorteilhaft, mit weniger Schlaf auszukommen – aber wäre es wirklich gut und schön, gar nicht mehr zu schlafen? Wer zieht bei solchen Fragen die Grenze, an der eine vermeintliche Verbesserung in ihr Gegenteil kippt? Und *drittens* könnte die Steigerung bestimmter Eigenschaften andere von uns geschätzte Anlagen unterminieren. Musikalischer zu sein könnte etwa lärmempfindlicher machen; schmerzunempfindlicher zu sein könnte vielleicht das Einfühlungsvermögen beeinträchtigen.[33]

Schließlich stellt sich die Frage, ob ein optimierender Blick auf ein potenzielles Kind nicht in erster Linie ein Blick ist, der auf Defizite fokussiert, statt jeden neuen Menschen in seiner Eigenart anzunehmen. Das aber würde bedeuten, wie der Philosoph Konrad Paul Liessmann schreibt, »dass man den Menschen, so wie man ihn erlebt, als misslungen, als defizitär, als ungenügend, als Fehlentwicklung oder zumindest als korrekturbedürftig sehen muss«.[34] Ein solcher Blick hat nicht nur Auswirkungen auf unsere Kinder und darauf, was wir von ihnen erwarten, sondern tiefgreifender auch Folgen für unsere Selbstwahrnehmung und für unsere Beziehungen zueinander. Für den Philosophen Michael Sandel lehrt uns Elternschaft aber gerade mehr als jede andere Beziehung »Offenheit gegenüber dem Ungebetenen«[35] – was wiederum Demut vor dem Unbekannten verlange. Gäben wir dagegen dem Impuls nach, zu beherrschen, anstatt anzunehmen, zu formen, anstatt zu betrachten, gehe die Achtung für das Leben als ein Geschenk und die Wertschätzung unserer ganz individuellen Besonderheiten und Begabungen verloren. Die Eigenschaften des eigenen Kindes zu optimieren, beschädigt in den Augen Sandels Elternschaft als eine Praxis der unbedingten Liebe zum eigenen Kind.[36]

Nicht alle teilen jedoch Michael Sandels angemahntes Plädoyer für eine »Offenheit gegenüber dem Ungebetenen«. Einige halten es im Gegenteil nicht nur für zulässig, sondern sogar für geboten und gerade für einen Ausdruck elterlicher Liebe und Verantwortung, zukünftige Kinder zu untersuchen, zu therapieren und sogar genetisch zu verbessern. So postuliert etwa der australische Philosoph Julian Savulescu eine moralische Pflicht, den Embryo mit dem voraussichtlich besten Leben für den Transfer auszuwählen und auch die Erweiterung und Optimierung seiner Fähigkeiten anzustreben.[37] Auch John Harris hält es für geboten, das Beste für die eigenen Kinder zu wollen und alle Diagnoseverfahren und Therapien einzusetzen, die dem Kind optimale Startchancen einräumen, um sich zu autonomen und glücklichen Personen zu entwickeln.[38] Sogenannte »Transhumanisten« gehen noch einen Schritt weiter. Stefan Lorenz Sorgners *Schöner neuer Mensch* ist beispielsweise technisch hochgerüstet und verfügt dank genetischer Interventionen über Eigenschaften, die die gegenwärtigen Grenzen der menschlichen Gattung sprengen.[39]

Wie immer die Rede von einer solchen Pflicht zu bewerten sein mag – ungeklärt ist bereits, worin das »Beste« für ein Kind überhaupt besteht. Was ist ein gutes, erfülltes oder sogar das beste Leben? Ist das nicht für alle von uns ein wenig anders und von stetem Wandel begleitet? Breiter Konsens dürfte darüber bestehen, dass die Therapie und Prävention von schweren Krankheiten dem menschlichen Wohl allgemein zuträglich sind. Strittig dürfte diesbezüglich aber bleiben, was als Krankheit und was lediglich als eine »Varianz« vorherrschender Normvorstellungen angesehen werden kann und muss. Darüber hinaus ist unklar, welche »Verbesserungen« auch wirklich als solche anzusehen sind. Schließlich spielen auch Schmerz und Enttäuschung, Ringen und Scheitern für ein gutes Leben eine Rolle. Verletzlichkeit, Abhängigkeit und die Begrenztheit eigener Möglichkeiten gehören zum menschlichen Leben wesentlich dazu. Autonom zu handeln heißt nicht, alles im Alleingang zu vermögen, sondern sich als selbstbestimmt zu erleben gerade auch im Umgang mit Schmerz. Würde das ständige Streben nach dem bestmöglichen Leben nicht sogar unweigerlich Unzufriedenheit mit sich bringen, wie der Bioethiker Michael Parker befürchtet, weil dann ein scheinbarer Mangel der Treiber allen Handelns und grundlegender Entscheidungen wäre?[40]

Gerechtigkeit und Solidarität

Selbst wenn bestimmte genetische Veränderungen des Embryos in Hinsicht auf das Wohl des Kindes moralisch legitim erscheinen, könnten sie unerwünschte gesellschaftliche Auswirkungen haben. Beispielsweise könnten soziale Ungleichheiten verschärft werden, weil nur wenige von solchen Maßnahmen profitieren würden. Angesichts des Umstands, dass es uns nicht gelingt, allen Menschen eine basale Gesundheitsversorgung zur Verfügung zu stellen, erscheinen Diskussionen um verbessernde Eingriffe ohne Krankheitsbezug seltsam unangemessen. Zugunsten von genetischen Eingriffen wird allerdings auch argumentiert, es sei geradezu ein Gebot von Gleichheit und Gerechtigkeit, genetische Korrekturen vorzunehmen, wenn für bestimmte Kinder dadurch die Chancen auf gesellschaftliche Partizipation und auf Zugang zu verschiedenen Betätigungsfeldern verbessert würden. Wäre es nicht wünschenswert, die Nachteile auszugleichen, welche sich aus der »natürlichen Lotterie« für zukünftige Kinder ergeben, und dadurch für mehr Chancengleichheit zu sorgen? Das Prinzip der Gerechtigkeit könne in diesem Sinne gerade erfordern, dass wir nicht nur die Benachteiligung von Menschen mit einer genetischen Erkrankung oder Behinderung bekämpfen, sondern ebenso die Ursachen dieser Erkrankung oder Behinderung selbst. Demnach, so die Argumentation, könnten Keimbahneingriffe Werte wie Freiheit und Gleichheit sogar befördern.[41]

Folgt aus diesen Überlegungen, dass die Verweigerung einer möglichen Kompensation genetisch bedingter Nachteile rechtfertigungsbedürftig ist – und gar nicht deren Realisierung? Und was gilt mit Blick auf Erkrankungen, die genetisch bedingt sind und dereinst einmal mit einem gezielten Eingriff in die Keimbahn – oder der konsequenten Selektion – für immer ausgerottet werden könnten? Könnte der Umstand, dass sich Veränderungen der Keimbahn weitervererben, nicht auch genutzt werden, um die Menschheit insgesamt vor einzelnen schweren Krankheiten zu bewahren? Gegenwärtig sind das alles rein spekulative Fragen, weil wir die entsprechenden Techniken gar nicht beherrschen. Mit ihnen verbunden sind aber eine Reihe von Anliegen und Befürchtungen, die nach einer sorgfältigen Auseinandersetzung verlangen.

Erstens besteht die Befürchtung, dass die Zulassung und Praxis der genetischen Veränderung von Embryonen insgesamt zu einer Gesellschaft führen könnte, die gegenüber den

Bedürfnissen der Betroffenen von auf diese Weise vermeidbaren Krankheiten und Behinderungen gleichgültig wird. Bereits die Rede vom »Fortschritt« durch die Korrektur »defekter« Gene werte diejenigen Personen ab, welche ebendiese Mutationen aufweisen. Keine Frage: Persönliche Entscheidungen haben eine gesellschaftliche Bedeutung. Dennoch ist es wenig überzeugend, das Bestreben, schweren Erkrankungen durch genetische Eingriffe vorzubeugen, mit der Abwertung von Menschen mit dieser Erkrankung gleichzusetzen. Es dürften dann konsequenterweise gar keine Maßnahmen ergriffen werden, um genetischen Krankheiten zu begegnen, was offensichtlich nicht richtig sein kann. Eine solche Betrachtungsweise trägt zudem einseitig den Interessen jener Rechnung, die mit einer bestimmten Erkrankung leben und eine Diskriminierung befürchten. Was jedoch ist mit den Personen, die von einem genetischen Eingriff profitieren können und bei denen die Krankheit durch die Intervention nicht ausbrechen würde? Es ist heute weitgehend unbestritten, dass es richtig ist, Kinder gegen Kinderlähmung zu impfen, ohne dass eingewendet würde, mit dieser Impfung sei eine Abwertung von Menschen verbunden, die an Kinderlähmung erkrankt sind und mit den damit verbundenen Beeinträchtigungen leben.

Insbesondere was Eingriffe zum Zweck des »Enhancement« anbelangt, gilt es aber, *zweitens*, zu bedenken, dass die Solidarität in einer Gesellschaft unter anderem der Einsicht geschuldet ist, dass unsere Begabungen und Unzulänglichkeiten in gewisser Weise auf den Zufall zurückgehen und dass Eltern beileibe nicht gänzlich verantwortlich sind für die Erfolge und Niederlagen ihrer Kinder. Die Vorstellung, die genetische Ausstattung unserer Nachkommen ließe sich beherrschen, könnte dieses Fundament unseres Zusammenlebens erschüttern. Sie könnte unseren Blick auf den Menschen und auf seine grundlegend zu ihm gehörenden Schwächen verstellen: Wird der

Mensch einer Diktatur der Perfektion und einer unbarmherzigen Leistungsideologie unterworfen, wird auch das Zarte, Leise, Zerbrechliche unter die Räder kommen.

Schließlich muss, *drittens,* die Frage gestellt werden, wie sich die Möglichkeiten der genetischen Selektion und Gestaltung zur reproduktiven Autonomie verhalten. Grundsätzlich ist deren Verhältnis nicht anders als bei anderen neu eingeführten Technologien wie dem »social freezing« oder der nicht-invasiven Pränataldiagnostik – nämlich ambivalent. Die gentechnischen Verfahren können einerseits zu Recht als ein Gewinn an Freiheit verstanden werden: Sie bieten die Möglichkeit, ein genetisch eigenes Kind zu bekommen, ohne das Risiko eingehen zu müssen, eine genetische Belastung weiterzugeben. Andererseits kann aber nur dann von einem Autonomiezuwachs gesprochen werden, wenn sich die Betroffenen tatsächlich frei entscheiden können. Die neu erschlossenen Optionen stehen zweifelsohne nicht nur im Dienst der Selbstbestimmung, sondern sie bringen auch gesellschaftliche Erwartungen und möglicherweise Zwänge hervor. So wird wohl zu Recht davor gewarnt, dass die Möglichkeit der genetischen Selektion und Gestaltung eine Verschiebung der gesellschaftlichen Vorstellungen von Normalität bis hin zu einem Diktat von Leistung und Perfektion hervorbringen könnte. Einige sehen sogar ein »genetisches Wettrüsten« aufziehen, das im Ergebnis die Selbstbestimmung der zukünftigen Eltern untergrabe statt stärke. Im Spielfilm *Gattaca* bereuen die Eltern die Entscheidung, beim ersten Kind, Vincent, keine genetische Diagnostik und Selektion vorgenommen zu haben, und machen es beim zweiten Kind anders.

Auch wenn die Forschung große Fortschritte auf dem Weg zu einem immer besseren Verständnis der Bedeutung und des Zusammenspiels verschiedener Gene und Umwelteinflüsse macht, darf dies nicht darüber hinwegtäuschen, dass die Komplexität empirisch betrachtet groß ist: Nur ein Bruchteil aller Erkrankungen ist monogen, also von einem einzigen Gen verursacht. Selbst wenn sie das sind, kann nicht vorhergesehen werden, ob und wie sich das krankmachende Gen manifestieren wird. Für die Mehrheit aller Erkrankungen und ebenso vieler anderer Merkmale sind verschiedene Gene verantwortlich, und über deren Interaktion ist wenig bekannt. Zudem ist für zahlreiche menschliche Charakterzüge der genetische Beitrag im Verhältnis zu anderen Einflussfaktoren wie etwa der Umwelt oder der Ernährung klein bis vernachlässigbar. Medizinische Tests produzieren überdies nur Hinweise auf Neigungen und Wahrscheinlichkeiten. Über die effektive Lebensqualität eines zukünftigen Kindes, darüber, wie sehr es willkommen sein und geliebt werden wird, sagen die Tests nichts aus. Zu den neuen Optionen der Fortpflanzungsmedizin und Genetik müssen wir uns dennoch unweigerlich verhalten, und zwar nicht nur als Gesellschaft, sondern auch als Personen, die Kinder wollen. Denn die Entwicklung schreitet voran, und die Debatte darüber, was uns erstrebenswert erscheint und worin wir investieren wollen, tut not. Dinge, die bis vor Kurzem als naturgegeben oder schicksalhaft vorausgesetzt wurden und unserer Gestaltungsmacht entzogen schienen, werden angesichts der neuen Möglichkeiten vielleicht plötzlich rechtfertigungspflichtig: »Warum habt ihr so und nicht anders gehandelt?« Wird eine neue Handlungsoption greifbar, erzeugt dies immer ein Mehr an Verantwortung: für sein Tun ebenso wie für sein Unterlassen.

6 EIN KIND DANK ANDERER

»Der Markt ist heute präsent in unseren Schlafzimmern, an unseren Frühstückstischen, in unseren Leben, verwoben mit unseren größten Freuden und Sorgen. Und je mehr der Markt zum wichtigsten Schauplatz wird, umso begeisterter sind wir von dem, was da verkauft wird, und umso überzeugter sind wir, dass uns bezahlte Expertise fehlt, und ein noch größerer Angebotsmarkt ist der einzige gangbare Weg.«

ARLIE RUSSELL HOCHSCHILD[1]

»Das Problem war nicht so sehr, dass meine Eltern versucht hatten, auf diese Weise ein Baby zu bekommen – ungewöhnlich und gesetzeswidrig, wie es damals war. Sondern dass sie die Wahrheit sogar vor sich selbst verdrängt und sie auf diese Weise vor mir verschleiert hatten. Ich begann zu verstehen, wie es dazu kommen konnte, und doch hatten ihre Entscheidungen mein Inneres zu einem Ort voller Brüche und Risse gemacht, zu Hohlräumen eines verlorenen Kindes, das seine eigene Andersartigkeit intuitiv wahrnahm und sich dafür die Schuld gab.«

DANI SHAPIRO[2]

Bleibt der Kinderwunsch unerfüllt, die Sehnsucht nach einem Kind aber dennoch groß, denken manche darüber nach, die Hilfe von *Drittpersonen* in Anspruch zu nehmen. Die Spende von Keimzellen, also von Samen- und Eizellen, oder die Leihmutterschaft stellen oft die letzte – oder manchmal die einzige – Möglichkeit dar, ein Kind zu bekommen, das eine Verbindung zu einem selbst aufweist – entweder durch Schwangerschaft und Geburt oder durch genetische Verwandtschaft. Anders als bei Adoptionsverfahren sollen so Bezüge zu einem Kind geschaffen werden, die auch körperlich vermittelt sind – für viele Menschen ein wichtiges Element des Elternwerdens.[3] In jüngster Zeit ist zur Keimzellspende und zur Leihmutterschaft die Gebärmuttertransplantation hinzugekommen: Eine Frau spendet dabei ihre Gebärmutter einer anderen Frau, die entweder ohne eine solche zur Welt gekommen ist oder bei der sie entfernt werden musste. Diese kann so ihr eigenes Kind austragen. Zwar hat das Verfahren noch experimentellen Charakter, es sind mittlerweile aber schon einige Kinder auf die Welt gekommen, die in einer transplantierten Gebärmutter herangewachsen sind.

Die Verwirklichung des Kinderwunsches mithilfe Dritter gehört sicherlich zu den umstrittensten Aspekten der Reproduktionstechnologie. Dafür gibt es viele Gründe: Zum einen führt das Hinzutreten weiterer Personen – etwa einer Eizellspenderin oder einer Leihmutter – zu neuen, oft erst durch die Technik möglich gewordenen Familienkonstellationen. So brechen die Eizellspende und die Leihmutterschaft mit dem römisch-rechtlichen Grundsatz: »Mater semper certa est« – »die Mutter ist immer gewiss«. Die Frau, die das Kind austrägt und zur Welt bringt, ist seit den Fortschritten der Reproduktionsmedizin nicht zwingend auch genetisch mit diesem verbunden, sondern möglich ist nun die sogenannte »gespaltene Mutterschaft«. Zum anderen wird angesichts dieser neuen Konstellationen die Frage nach dem Kindeswohl aufgeworfen: Wird dieses beeinträchtigt durch den Umstand, dass das Kind von einer anderen Frau abstammt oder von einer anderen Frau ausgetragen wird als von der Wunschmutter, das heißt derjenigen Frau, welche das Kind betreuen und durchs Leben begleiten will? Verstößt es gegen seine Würde, wenn man es »in Auftrag gibt« und von einer fremden Person austragen lässt? Für große Diskussionen sorgt außerdem, ob Eizellspenderinnen und Leihmütter nicht zwangsläufig instrumentalisiert und durch den »Verkauf« ihrer Körpersubstanzen oder reproduktiver Dienstleistungen in ihrer Würde verletzt oder ausgebeutet werden.

Die Geschichte der Zeugung und Geburt unter Beteiligung von Drittpersonen wird häufig nur oder vorrangig aus der Perspektive der Wunscheltern erzählt, derjenigen Personen also, die fremde Keimzellen oder eine Leihmutter in Anspruch nehmen.[4] Es stellt sich aber nicht nur die Frage, ob es zulässig ist, sich den eigenen Kinderwunsch auf diese Weise zu erfüllen, sondern ebenso, ob wir anderen Personen zu einem Kind verhelfen und dazu unsere eigenen Körper oder Körpersubstanzen zum Einsatz bringen dürfen. Können Menschen mit Verweis auf die reproduktive Autonomie nach eigenem Gutdünken über ihre Körper verfügen? Dürfen sie für ihre Keimzellen oder für das Austragen eines Kindes auch Geld verlangen?

Die aufgeworfenen Fragen werden vor allem mit Blick auf die Zulässigkeit der Eizellspende und der Leihmutterschaft diskutiert. Dabei wird oft vergessen, dass sie sich im Grundsatz bereits für die Samenspende stellen, die schon seit langer Zeit praktiziert wird und an die wir uns offenbar weitgehend gewöhnt haben. Antoni van Leeuwenhoek, ein niederländischer Tuchhändler, entdeckte bereits 1677 unter seinen selbstgeschliffenen Linsen Samenzellen. Die erste überlieferte Insemination, das heißt die Übertragung des Samens des Ehemannes in den Körper der Frau zur Behandlung ihrer kinderlosen Ehe, wurde aber erst Ende des 18. Jahrhunderts durchgeführt. Der Schritt hin zur Insemination mit dem Sperma eines fremden Mannes wurde ein knappes Jahrhundert später vollzogen. Ab Mitte des 20. Jahrhunderts wurde es möglich, Samenzellen in flüssigem Stickstoff einzufrieren, was einem Meilenstein gleichkam, weil die Zellen damit konserviert werden konnten. In den 1970er Jahren wurden dann in den USA die ersten kommerziellen Samenbanken eröffnet: Orte, an denen Samenspenden gesammelt und für ihre spätere Nutzung aufbewahrt werden.[5]

Die Samenspende ist heute in den meisten Ländern erlaubt. Es bestehen jedoch große Unterschiede zwischen den jeweiligen Regelungen, und zwar mit Bezug auf den Personenkreis, der sie in Anspruch nehmen kann (Kap. 2); mit Blick auf die Frage, ob die Spende anonym erfolgen darf; ob für sie Geld verlangt werden kann; und ob die Frau oder das Paar, das eine Spende nachfragt, zwischen verschiedenen Spendern frei wählen darf. Tatsächlich führen viele Wege zu den gewünschten Spermien: die Bitte an den hilfsbereiten Freund, die Bestellung im Internet oder der Gang in die Klinik für Reproduktionsmedizin. Gespendetes Sperma wird heute nicht mehr so oft bei Unfruchtbarkeit des Wunschvaters nachgefragt, dafür öfters von Frauen, die sich entscheiden, ohne Partner ein Kind zu bekommen, oder die in einer gleichgeschlechtlichen Partnerschaft leben. Dies ist damit zu erklären, dass bei künstlichen Befruchtungen mittlerweile die sogenannte »intrazytoplasmatische Spermieninjektion« zum Einsatz kommt, bei der zur Befruchtung eine einzige Samenzelle ausreicht, die direkt in die Eizelle gespritzt wird (Kap. 1). Selbst bei nahezu vollständiger Unfruchtbarkeit des Mannes hat ein Paar dadurch immer noch die Möglichkeit, mithilfe der In-vitro-Fertilisation ein Kind mit eigener Ei- und Samenzelle zu bekommen, während Frauen ohne männlichen Partner notwendig auf eine Spende angewiesen bleiben.

Ist eine Samenbank involviert, wird der mögliche Spender medizinisch untersucht und auf verschiedene Krankheiten hin genetisch getestet, um eine Weitergabe erblicher Erkrankungen weitestgehend zu vermeiden. Wer die Samenspende auswählt – der behandelnde Arzt oder die Wunscheltern –, wird unterschiedlich gehandhabt. Dasselbe gilt für die Bekanntgabe medizinisch nicht relevanter Informationen, die die Wahl des Spenders beeinflussen können. Zu den Marktbedingungen, wie sie etwa in den USA gegeben sind, gehört, dass die zukünftigen Eltern den Spender auswählen können, während im Rahmen einer unentgeltlichen Spende meist die Ärztin die Keimzellen vermittelt. Äußere Merkmale wie Größe, Haar-, Augen- und Hautfarbe oder Körperbau werden in Spenderdatenbanken vor allem dokumentiert, um eine größtmögliche Ähnlichkeit des Kindes mit dem Wunschvater zu gewährleisten. Viele Samenbanken legen allerdings weit umfassendere Profile ihrer Spender an, die den Wunscheltern in einer Galerie präsentiert werden.[6] Bei einigen Banken erhält man je nach Preis, den man zu zahlen bereit ist, zu mehr oder weniger Informationen Zugang – nicht nur zu Ausbildung und Beruf des potenziellen Spenders, sondern etwa auch zu Freizeitbetätigungen, Religionszugehörigkeit, Musikgeschmack, Lieblingsessen, Lieblingstieren, einem persönlichen Essay von ihm, Analysen seiner Persönlichkeit, einem graphologischen Gutachten oder einer Familienanamnese. Anonyme Spenden sind bisweilen günstiger als solche, bei denen der Spender seine Identität preisgibt und hinterlegt.

Solche »Kataloge« zur Auswahl von Spendern sorgen bei vielen für Irritation oder stoßen gar auf strikte Ablehnung. Die Kritik gleicht dabei im Wesentlichen derjenigen, die auch gegen selektive reproduktive Technologien wie die Präimplantationsdiagnostik vorgebracht werden: Weil das »Zeugungsmaterial« aufgrund bestimmter Ideale ausgewählt werde, glichen solche Auswahlverfahren eugenischen Praktiken (Kap. 5). Der Einwand der »Eugenik« bleibt auch in diesem Zusammenhang klärungsbedürftig, wenn er mehr zum Ausdruck bringen soll als strikte Ablehnung. Als Kritik an den Samenbanken überzeugt er zum einen nicht, weil in ihrem Fall nicht Embryonen selektioniert oder verworfen, sondern Samenspender ausgewählt werden. Außerdem werden die Spenderprofile keineswegs allein mit Blick darauf angelegt, dass die Wunscheltern danach den »leistungsfähigsten«, »schönsten«, »klügsten« Erzeuger wählen können. Die Motive, die eine Frau oder ein Paar bei der Auswahl einer Samenspende hegt, sind vielmehr unterschiedlich und können kaum abschließend ergründet werden. Neben einer möglichst robusten Gesundheit des Spenders, die man sich auch für das eigene Kind erhofft, dürften zum Beispiel auch vertraute Interessen (»liest gerne Comics«), biographische Begebenheiten (»kommt aus einer ländlichen Region«) oder besondere Fähigkeiten (»beherrscht viele Sprachen«) den Ausschlag für die Wahl geben. Oft wird auf diese Weise versucht, eine Brücke zur eigenen Familiengeschichte und zu eigenen Werten zu schlagen. Dass wir Einfluss darauf nehmen wollen, wer der Erzeuger unseres Kindes ist, erscheint nachvollziehbar. Auch bei der sogenannten »natürlichen Zeugung« kommt der

Frage, mit wem oder von wem wir ein Kind bekommen, große Bedeutung zu. Freilich geht es dann weniger um das genetische Profil des Erzeugers als um seine Eigenschaften als Partner und zukünftiger Vater des Kindes.

Die Galerien der Spender mit ihren durchgängig als ideal angepriesenen Eigenschaften auf den Webseiten der Samenbanken hinterlassen dennoch ein zwiespältiges Gefühl. Der Eindruck liegt nahe, potenzielle Eltern würden mit der Wahl des Spenders die diffuse Hoffnung verbinden, dass dessen Eigenschaften auf das Kind abfärbten. Zuweilen wird befürchtet, dass solche Hoffnungen zu Erwartungshaltungen führen könnten, dass das Kind etwa besonders intelligent oder sportlich sein wird und dass damit sein Recht auf eine offene Zukunft beschnitten würde (Kap. 5). Ein solcher Vorbehalt beruht allerdings auf einem genetischen Essentialismus, der suggeriert, die genetischen Anlagen bestimmten das Wesen eines Kindes maßgeblich. Die Auswahl des Samenspenders hat zwar selbstredend, wie die Auswahl des Partners sonst auch, einen Einfluss auf die Veranlagungen des zukünftigen Kindes. In welchem Ausmaß und in welcher Form sich dessen genetische Anlagen manifestieren werden, ist allerdings vollkommen offen und kann nicht vorausgesehen werden. Sogar die Samenbanken selbst warnen Wunscheltern vor übersteigerten Erwartungen und möglichen Enttäuschungen.

Weit umstrittener als die Samenspende ist die Spende weiblicher Keimzellen. Auch das Keimbläschen, das sogenannte »Follikel«, wurde in der zweiten Hälfte des 17. Jahrhunderts entdeckt, und zwar durch den Mediziner Regnier de Graaf. Lange Zeit gelang es aber nicht, die Eizelle aus dem Bläschen zu isolieren. Die Eizellspende ist deshalb erst jüngeren Datums: Eine erfolgreiche Schwangerschaft und Geburt nach einer Eizellspende gelang erstmals im Jahr 1984 in Australien. Nicht nur medizinisch-technisch unterscheidet sie sich von der Samenspende, auch ihre Bewertung ist eine andere. Denn die Herkunft des Samens war immer schon zweifelhaft, und genetische Vaterschaft ließ sich bis vor wenigen Jahrzehnten gar nicht nachweisen. Diese Unsicherheit, die Väter mit Blick auf ihre Kinder befallen konnte, wurde durch die »patrilineare Weitergabe« von Besitz und Nachnamen kompensiert, also durch die Vererbung via Abstammung vom Vater.[7] Eine künstliche Befruchtung mit dem Samen des Ehemannes wurde als eine Art »Nachahmung des natürlichen Zeugungsaktes« inszeniert, später wurde »eheliche Infertilität« mit einer Spende Dritter »geheilt«.[8] Die künstliche Befruchtung mit Spendersamen habe, formulierte entsprechend im Jahr 1996 der Schweizer Gesetzgeber, »im Gegensatz zur Eispende bei natürlichen Zeugungsvorgängen eine Parallele: Dass der genetische Vater rechtlich nicht die Verantwortung für sein Kind übernimmt, dass insbesondere der Ehemann der das Kind gebärenden Frau nicht notwendigerweise dessen leiblicher Vater sein muss«, sei »eine Erfahrungstatsache«.[9] Die Samenspende wurde also sozusagen als kulturell autorisierter, künstlicher Seitensprung betrachtet. Anders dagegen die Eizellspende: Mit ihr war etwas in der Menschheitsgeschichte vollkommen Neues verbunden, nämlich die Spaltung in genetische und austragende Mutterschaft.

Eizellspende und »gespaltene Mutterschaft«

Eizellen sind nicht so einfach zu gewinnen wie Samenzellen: Die Spenderin muss sich einer hormonellen Behandlung unterziehen, damit ihr Körper möglichst viele Eizellen gleichzeitig produziert. Diese werden der Spenderin durch Punktion unter Vollnarkose entnommen. Bleiben Eizellen aus In-vitro-Fertilisationsbehandlungen oder dem »social egg freezing« übrig, können auch diese gespendet werden, was als »egg sharing« bezeichnet wird. Im letzteren Fall erübrigt sich eine hormonelle Behandlung der Spenderin einzig zum Zweck der Spende. Gespendete Eizellen werden später im Reagenzglas befruchtet und dann auf die Empfängerin übertragen. Für die Befruchtung werden in der Regel Samenzellen des Wunschvaters verwendet; oder aber bei gleichzeitiger Unfruchtbarkeit des Partners die eines Spenders. In beiden Fällen trägt die Empfängerin das Kind aus, gebärt es und übernimmt die Rolle der sozialen Mutter. Anfangs wurde die Eizellspende nur bei Frauen erwogen, die nach einer Krebsbehandlung oder bei vorzeitiger Menopause keine oder keine befruchtungsfähigen Eizellen produzieren können. Die medizinische Indikation hat sich seither erheblich ausgeweitet: Eizellspenden kommen heute beispielsweise auch bei genetischen Erkrankungen und dem Risiko einer Übertragung auf den Embryo oder bei wiederholt erfolglos gebliebenen In-vitro-Fertilisationen zum Einsatz. Am häufigsten gelangt die Eizellspende bei älteren Frauen zur Anwendung, die Schwierigkeiten bekunden, schwanger zu werden, weil sich sowohl die Zahl als auch die Qualität ihrer noch verfügbaren Eizellen verringert hat (Kap. 3). Die Eizellspende wird auch von gleichgeschlechtlichen Frauenpaaren in Anspruch genommen: Bei der »gemeinsamen Mutterschaft« stammt die Eizelle von der einen Frau, die andere Frau trägt das Kind aus – beide Mütter haben dann eine körperliche Verbindung zu ihrem Kind.

Seit das Konservieren von Eizellen möglich ist, gibt es auch Eizellbanken. Die Spenderinnen der Eizellen werden ebenso wie die männlichen Samenspender mit ihrer »genetischen Exzellenz« beworben.[10] Zwischen den großen Samen- und Eizellbanken in den USA gibt es allerdings Unterschiede. Auffallend ist zum Beispiel, dass von den Samenspendern auf den entsprechenden Webseiten häufig nur Kinderfotos zu finden sind, Eizellspenderinnen hingegen mit aktuellem Bild angepriesen werden. Die Soziologin Rene Almeling ist bei ihrer

Untersuchung der US-amerikanischen Märkte für Samen- und Eizellen auf unterschiedliche Bewertungen der Spende von weiblichen und männlichen Keimzellen gestoßen: Die Samenspende gelte als willkommener Nebenerwerb für Männer, von denen über ihre finanzielle Vergütung hinaus keine weiteren Motive für ihre Spende eingefordert würden. Die Eizellspende hingegen werde als Gabe, als »Geschenk« von Frau zu Frau verstanden: Die Spenderin unterstütze damit eine andere Frau bei der Erfüllung ihres sehnlichsten Kinderwunsches. Die Eizellspenderin fühle sich auf diese Weise zwar möglicherweise der Wunschmutter verbunden, oft aber nicht dem zukünftigen Kind, da sie dieses auch gar nicht austrägt. Anders der Samenspender: Dieser sehe sich eher als eine Art Vater des Kindes.[11] Die unterschiedliche Stellung von Eizellspenderin und Samenspender findet auch im Recht ihren Niederschlag: Der Grundsatz »mater semper certa est« bringt zum Ausdruck, dass Mutterschaft mit der Geburt des Kindes entsteht; die Herkunft der Eizelle ist dafür unbedeutend. Im Fall der Samenspende dagegen muss die Vaterschaft nicht nur aktiv vom Wunschvater eingenommen werden, sondern es braucht überdies besondere Bestimmungen, die gewährleisten, dass weder der Samenspender noch das Kind seine Vaterschaft anzweifeln und bedrohen können.

Die Spende von Eizellen wird oft sehr viel kritischer beurteilt und zum Teil auch restriktiver gehandhabt als die Samenspende. In Deutschland und in der Schweiz, nicht hingegen in Österreich, ist die Spende von Eizellen gar verboten. Dabei werden besonders zwei Vorbehalte gegenüber der Eizellspende geäußert: Der Eingriff sei *erstens* invasiv und für die Frau belastend, was umso schwerer wiege, als er nicht zum eigenen Nutzen erfolge. *Zweitens* sei das Kindeswohl gefährdet, weil Kinder, die mithilfe einer Eizellspende entstehen, keine genetische Verbindung zu derjenigen Frau haben, von der sie ausgetragen und geboren werden. Für den *ersten* Vorbehalt gilt, dass die Entnahme einer Eizelle unbestritten einen invasiven Eingriff voraussetzt, der physisch anstrengend, schmerzhaft und nicht frei von gesundheitlichen Risiken ist, und dass dieser im Kontext einer Spende zugunsten einer anderen, häufig fremden Person erfolgt. Zum Verfahren gehört eine hormonelle Stimulation, um mehrere Eizellen heranreifen zu lassen. Die Hormonbehandlung und die daran anschließende operative Entnahme der Eizellen gehen mit Nebenwirkungen und Risiken einher, die sich in Einzelfällen als gravierend erweisen können. Diese Nebenwirkungen konnten in den letzten Jahren zwar durch verbesserte Stimulationstechniken eingedämmt werden. Viele Frauen empfinden die Behandlungen dennoch als unangenehm und belastend. Können Frauen in ein solches Verfahren – in Kenntnis der damit einhergehenden Belastungen und Risiken – tatsächlich selbstbestimmt einwilligen? Ein kategorisches »Nein« stünde im Widerspruch dazu, dass wir von anderen Entscheidungen durchaus meinen, sie treffen zu können, wie beispielsweise an einer Medikamentenstudie teilzunehmen oder lebend ein Organ wie eine Niere oder ein Lebersegment zu spenden. Eine Person kann grundsätzlich durchaus Eingriffen zustimmen, die nicht zu ihrem eigenen Vorteil erfolgen, sofern sie hinreichend über den Eingriff und seine Risiken informiert wurde und die Einwilligung frei von Zwang erfolgt. Wollte man ein Verbot der Eizellspende dennoch in erster Linie damit rechtfertigen, dass eine Frau in den mit der Entnahme der Eizellen verbundenen invasiven Eingriff nicht selbstbestimmt einwilligen kann, so würde immerhin der Spende von überzähligen Eizellen aus einem »egg freezing« oder nach einer In-vitro-Fertilisation nichts entgegenstehen.

Die prominentere Kritik gegen die Eizellspende betrifft den *zweiten* Punkt, nämlich die mit ihr einhergehende »gespaltene Mutterschaft«, das heißt die fehlende genetische Verbindung zwischen Mutter und Kind. Der Philosoph David Velleman macht nicht nur geltend, dass das Wissen um die eigene biologische Abstammung unabdingbar sei, um erkennen zu können, wer und was man überhaupt sei. Darüber hinaus sei es von zentraler Bedeutung, auch mit der genetisch verwandten Familie aufzuwachsen und zusammenzuleben, um die eigene Biographie in einen größeren Bezugsrahmen, nämlich die Familiengeschichte, einweben und auf diese Weise Verbindungen zu vorangehenden Generationen erkennen zu können. Die Frage danach, wer wir sind, sei nämlich immer auch die Frage nach unserer Herkunft, unserem wortwörtlichen »Werdegang«. Kindern, die mit Keimzellen Dritter gezeugt werden, werde dieser Aspekt der Identitätsfindung und -stiftung verwehrt, meint Velleman, und dies benachteilige sie gegenüber Kindern, die mit ihren biologischen Verwandten aufwachsen.[12] Die Behauptung, Familienmodelle, in denen die Kinder bei ihren genetisch verwandten Eltern aufwachsen, seien jenen überlegen, in denen keine genetische Verbindung zu Vater und Mutter besteht, ist empirisch allerdings nicht belegt (Kap. 2). Ein Kind braucht zweifelsohne feste Bezugspersonen, die seine Bedürfnisse befriedigen und verlässlich, liebevoll und langfristig Verantwortung übernehmen. Ob diese Personen mit ihrem Kind genetisch verwandt sind und wie genau die Kinder gezeugt wurden, spielt für ihr Wohlergehen jedoch keine große Rolle.[13] Unsere Identität finden und schärfen wir außerdem in ganz unterschiedlichen Beziehungen und Konstellationen, wie etwa die Philosophin Sally Haslanger betont: in Freundeskreisen, Schulklassen, religiösen Gruppen oder Vereinen ebenso wie in unseren Familiengefügen.[14]

Während Velleman nicht nur die Eizellspende, sondern auch die Samenspende kritisch sieht, ist für andere nur die »gespaltene Mutterschaft« Anlass zu Kritik. Denn dass der soziale Vater nicht auch der Erzeuger des Kindes sei, gebe es ja durchaus häufig, und zwar oft ohne sein Wissen. Die Spaltung der Mutterschaft in eine biologische Komponente, nämlich Schwangerschaft und Geburt, und einen genetischen Anteil, nämlich die Keimzelle, sei dagegen erst durch die Fortpflanzungsmedizin möglich geworden. Doch was genau folgt daraus? Die einen mögen die fehlende »Natürlichkeit« des Vorgangs beklagen: Dass eine Frau von einem anderen als dem eigenen Mann schwanger wird, kann natürlicherweise jederzeit vorkommen, nicht jedoch, dass sie ein Kind zur Welt bringt, das genetisch nicht das ihre ist. Doch »fehlende Natürlichkeit« ist für sich genommen kein hinreichendes Argument (Kap. 1) und vermag keine moralische und rechtliche Ungleichbehandlung zwischen der Samenspende und der Eizellspende zu begründen. Es könnte sogar im Gegenteil angenommen werden, die Eizellspende sei unter dem Gesichtspunkt der gespaltenen Elternschaft und des Kindeswohls weniger bedrohlich als die Samenspende, weil zwischen dem Kind und seiner Wunschmutter ja durchaus eine enge biologische Verbindung besteht, nämlich jene, die durch Schwangerschaft und Geburt gestiftet wird. Bei der Samenspende dagegen fehlt eine solche Verbindung.

Allerdings führen diese Verfahren der Fortpflanzungsmedizin dazu, dass rechtliche Konzepte von Elternschaft neu verhandelt werden müssen. Elternschaft war noch nie bloßes Abbild biologischer Tatsachen. Sie war immer schon und ist weiterhin eine soziale Praxis, die nicht zuletzt aufgrund ihrer eminenten Bedeutung für das Kindeswohl des rechtlichen Schutzes bedarf. Sowohl unter dem Aspekt der reproduktiven Autonomie als auch mit Blick auf das Kindeswohl sollten sich die Intentionen sämtlicher Beteiligter auch in der Zuordnung ihrer elterlichen Rechte und Pflichten spiegeln. Weder die Eizellspenderin noch der Samenspender wollen Mutter oder Vater des Kindes werden; diesen Wunsch hegt vielmehr die Frau, die das Kind gebärt, und womöglich ihre Partnerin oder ihr Partner. In einigen Rechtsordnungen bleibt es aber gleichgeschlechtlichen Paaren verwehrt, bei der Geburt ihres Kindes auch gemeinsam als Eltern anerkannt zu werden. Verwirklicht beispielsweise ein Frauenpaar mithilfe eines engen Freundes seinen Kinderwunsch, muss dieser Freund mancherorts damit rechnen, dass ihm gegen seinen Willen Vaterpflichten auferlegt werden, während die Partnerin der Frau, die das Kind geboren hat, als Zaungast außerhalb des rechtlichen Gefüges verbleibt. Dies widerspricht nicht nur dem Wunsch aller Beteiligten, sondern es riskiert auch, das legitime Interesse des Kindes nach verlässlichen rechtlichen Beziehungen zu verletzen. Immer häufiger sind aber mehr als zwei Personen im Leben eines Kindes präsent, beispielsweise, wenn der Freund, der das gleichgeschlechtliche Paar bei der Verwirklichung seines Kinderwunsches unterstützt hat, ebenfalls elterliche Verantwortung übernimmt. Mit gutem Grund wird in jüngerer Zeit vermehrt darüber nachgedacht, wie solche einvernehmlich gewünschte »multiple Elternschaft«, wie sie die Soziologie nennt, auch rechtlich Anerkennung finden kann.

Gene und Selbstverständnis

Ist die genetische Verbundenheit zwischen Kindern und Eltern zwar weder eine notwendige noch eine hinreichende Bedingung für Elternschaft oder auch für eine glückliche Kindheit, dann bedeutet dies im Umkehrschluss freilich nicht, dass die genetische Herkunft gänzlich ohne Bedeutung bliebe. Viele sozialwissenschaftliche Studien legen ebenso wie zahlreiche Erzählungen Zeugnis davon ab, von welch zentraler Bedeutung das Wissen um die eigene genetische Herkunft für viele ist. Die US-amerikanische Schriftstellerin Dani Shapiro etwa erzählt in ihrem Buch *Inheritance*, wie sie im Alter von 54 Jahren bei einer Webseite namens *ancestry.com* aus einer Laune heraus einen DNA-Test in Auftrag gibt. Sie muss dazu lediglich in ein Teströhrchen spucken und dieses an eine Firma senden. Shapiro erwartet keine großen Überraschungen: »So sicher war ich mir, dass ich genau wusste, woher ich kam.«[15] Das Testergebnis, das sie wenig später in den Händen hält, kann sie zunächst gar nicht einordnen: Sie, die in einer orthodox-jüdischen Familie osteuropäischer Abstammung aufgewachsen war, soll nur zu 52 Prozent Aschkenasim, osteuropäische Jüdin, sein? Erst allmählich verdichtet sich ihre erste Vermutung zur Gewissheit, dass sie nicht von ihrem Vater abstammt, der zu diesem Zeitpunkt bereits verstorben ist und zu dem sie ein inniges Verhältnis hatte. Sie stößt bei Internetrecherchen zunächst auf einen ihr bis dahin unbekannten Cousin, später auf ihren Erzeuger, auf Halbgeschwister und auf andere genetisch Verwandte. Dass sie diese Personen so rasch ausfindig machen kann, bezeichnet Shapiro als Glücksfall, zumal im Jahr 1961, als sie gezeugt wurde, noch keine Samenspenderregister angelegt wurden. Die Autorin beschreibt, wie ihre Geschichte im Alter von 54 Jahren in Bruchstücke zerfällt und sie sich existenzielle Fragen neu stellen muss: Wer bin ich? Was macht mich aus?

Tatsächlich war die Zeugung mithilfe einer Samenspende lange Zeit in Geheimhaltung gehüllt, und teilweise ist sie dies nach wie vor. Die Verschwiegenheit aller Beteiligten war der einzig denkbare Umgang mit einer Samenspende, stellte diese doch die »Ehelichkeit« des Kindes in Frage. Ein uneheliches Kind konnte bis in die jüngere Zeit hinein schwerwiegende rechtliche und soziale Nachteile erleiden, ebenso seine Eltern. In den Anfängen der Samenspende pflegte man auch darum den Samen des unfruchtbaren Ehemannes mit Spendersamen zu vermischen, um die Illusion ehelicher Abstammung aufrechtzuerhalten. In der Frage der eigenen Abstammung getäuscht zu werden, kann jedoch sehr schmerzhaft sein. Auch für Shapiro stellt weniger ihre tatsächliche Herkunft eine Herausforderung dar als die elterliche Verschleierung der Tatsachen.[16] Viele Kinder, denen ihre Herkunft nicht verschwiegen wurde, haben im Jugend- oder Erwachsenenalter das Bedürfnis, etwas über ihre Abstammung zu erfahren. Sie berichten von einer Leerstelle, die sie mit der Kenntnis ihrer genetischen Abstammung zu füllen hoffen. Das genetische Narrativ kann hilfreich sein, um zu einer stabilen Identität zu gelangen. Freilich kann sich das Füllen der Leerstelle auch als Enttäuschung oder Erschütterung erweisen: Vielleicht erhofft man sich, ein generelles Gefühl der Fremdheit überwinden zu können, wenn man die genetischen Verwandten kennenlernt – und fühlt sich nach der Begegnung fremder als zuvor. Hinsichtlich der eigenen Abstammung im Dunkeln zu tappen dürfte für die allermeisten aber dennoch weitaus schwieriger sein, als die Möglichkeit zu erhalten und eventuell auch zu nutzen, über die eigene Herkunft Bescheid zu wissen. Genetische Abstammung ist aus diesen Gründen auch normativ bedeutsam: Es verlangt von Eltern gegenüber ihrem Kind Offenheit hinsichtlich seiner Entstehung. Tatsächlich haben Kinder ein Recht zu wissen, von wem sie abstammen, so sehen es die UN-Kinderrechtskonvention und immer mehr Rechtsordnungen vor. Anonyme Spenden und Geheimhaltung durch die Eltern verletzen dieses Recht. Das Wissen über die eigene Herkunft ist nicht zuletzt auch im medizinischen Kontext von zunehmender Bedeutung. Wissen wir nicht oder nicht sicher, von wem wir abstammen, können wir im Krankheitsfall oder wenn wir selbst Eltern werden wollen, keine verlässliche Auskunft über familiäre Veranlagungen und Risiken geben.

Die anonyme Spende ist dennoch vielerorts noch immer zulässig. Vielen Spenderinnen und Spendern wird ihre Anonymität auch nach wie vor zugesichert, und oftmals lassen Eltern ihre Kinder über die fremde genetische Abstammung im Dunkeln (Kap. 2). Entsprechende Geheimnisse können aber immer schlechter gehütet und die Anonymität der Spenderinnen und Spender immer weniger erfolgreich gewahrt werden. Seit über drei Jahrzehnten zeichnen einfache DNA-Untersuchungen zuverlässig Abstammungslinien nach. Für ein gesichertes Testresultat reicht es, eine Zahnbürste oder einen Haarkamm an ein entsprechendes Unternehmen zu senden. Die Genetik spielt zudem in der Medizin eine immer größere Rolle, Gentests gehören bei schweren Krankheiten unter Umständen zur Anamnese und zu möglichen Therapien dazu. Die fremde Abstammung kann dadurch durchaus als aufwühlender »Zufallsbefund« ans Tageslicht kommen und tiefliegende Familiengeheimnisse offenbaren. Schließlich sorgen Datenbanken mit genetischen Informationen und das Internet dafür, dass Verwandte, von deren Existenz man nur ahnte, immer leichter aufzufinden sind. Kommerziell vertriebene Gentests wie *23andMe*, in den USA ein beliebtes Geburtstags- und Weihnachtsgeschenk, offenbaren nicht nur Dispositionen für eigene Krankheitsrisiken, sondern können auch mit ungeahnten Halbgeschwistern, Großeltern und Cousinen aufwarten. Datenbanken wie das *donor sibling registry* unterstützen Personen darin, genetische Verwandte zu finden. Offenheit scheint deshalb nicht nur aus moralischen und rechtlichen Gründen das Gebot der Stunde. Es wird vor dem Hintergrund der Fortschritte in der Genetik auch immer schwieriger, entsprechende Familiengeheimnisse zu hüten.

Während sich mittlerweile ein breiter Konsens etabliert hat, dass Elternschaft trotz fehlender genetischer Verbindung gelingen kann und Schutz verdient, dass aber die Kenntnis der eigenen Ursprünge niemandem verwehrt werden darf, haben sich an der Verfügung und Kommerzialisierung von Körpersubstanzen zahlreiche Kontroversen entzündet. Samen- und Eizellen haben heute einen bedeutenden wirtschaftlichen Wert und sind vielerorts Handelsobjekte: Keimzellen werden bestellt, verpackt, verfrachtet, verzollt, geliefert, bezahlt.[17] Firmen in den USA bezahlen dem Spender für eine Samenspende meist rund hundert und der Eizellspenderin für eine Eizellspende mehrere tausend Dollar, wobei gerade bei der Eizellspende die Spannbreite der Preise, die Spenderinnen verlangen und die Unternehmen anbieten, groß ist. Die Preise werden in erster Linie durch Angebot und Nachfrage bestimmt: Die begehrten Eizellen einer Harvard-Absolventin kosten beispielsweise mehr als jene einer Frau mit einem Highschool-Abschluss. Auch die Eizellen von Frauen asiatischer Herkunft erzielen in den USA einen hohen Preis: Immer mehr Amerikanerinnen asiatischer Herkunft fragen eine Eizellspende nach, die Zahl der Spenderinnen der entsprechenden ethnischen Gruppierung nimmt aber nicht im selben Maß zu.[18]

Nicht überall ist eine solche Kommerzialisierung von Körpersubstanzen rechtlich zulässig, und vielerorts stößt sie auf moralische Ablehnung. So hält etwa die Biomedizinkonvention von 1997, ein völkerrechtlicher Vertrag, der den Schutz der Würde und der Menschenrechte in der Biomedizin gewährleisten soll und den zahlreiche europäische Länder unterzeichnet haben, fest, dass der menschliche Körper und dessen Teile nicht zur Erzielung eines finanziellen Gewinns verwendet werden dürfen.[19] Samen- und Eizellen müssen demnach unentgeltlich gespendet werden. Zwar generieren Kliniken und Laboratorien mit der Entnahme, Testung, Aufbereitung, Lagerung und dem Transport von Keimzellen beträchtlichen Profit. Jenen, die die Keimzellen überhaupt zur Verfügung stellen, ist eine Gewinnbeteiligung jedoch vielerorts untersagt.

Rechtlich betrachtet bilden Eigentumsrechte gepaart mit Vertragsfreiheit das Gerüst moderner Volkswirtschaften. Eigentum vermittelt die exklusive Berechtigung an der Sache und die Freiheit, über sie zu verfügen. Wir dürfen Dinge, deren Eigentümer wir sind, verkaufen und damit auf eine neue Eigentümerin übertragen. Sind wir in diesem »marktmäßigen« Sinn nun auch Eigentümerinnen unserer Eizellen und Eigentümer unserer Samenzellen? Und wem gehören eingefrorene Embryonen, die etwa nach einer künstlichen Befruchtung überzählig bleiben und (noch) nicht in den Körper einer Frau transferiert worden sind? Tatsächlich spricht kaum jemand von »Eigentum« und »Verkauf«, wenn es um Samen, Eizellen oder Embryonen geht. Vielmehr herrscht eine Sprache der Wohltätigkeit: Keimzellen werden gespendet – wenn auch häufig gegen ein Entgelt. Die altruistische Rhetorik koexistiert also ohne weiteres mit mehr oder weniger hohen Entschädigungen, ja, sogar mit einem Markt, auf dem die entsprechenden Zellen gehandelt werden.

Welche Rechte wir an unserem Körper und seinen Teilen haben und was das wiederum für die Frage seiner Kommerzialisierung bedeutet, ist sowohl rechtlich ungeklärt wie moralisch strittig. Die Frage ist aber akut, gerade weil zunehmend auf den menschlichen Körper zugegriffen werden kann: auf seine Organe, sein Blut und eben auch auf seine Keimzellen. Dritte können sich unsere Körpersubstanzen und Organe also aneignen, und wir wiederum können sie anderen geben. Das Verhältnis zwischen uns als Person und unseren Substanzen oder Organen hat damit strukturell Ähnlichkeiten mit dem Eigentum. Ein Verfügungs- und Kommerzialisierungsverbot steht vor diesem

Hintergrund immer stärker in Spannung zu den Hoffnungen und Begehren, die sich mit der Möglichkeit der Nutzung fremder Körpersubstanzen verbinden. Damit stellt sich die Frage: Können wir Verträge über unsere Keimzellen abschließen und sie verschenken oder gar verkaufen?

Das Recht geht seit jeher unausgesprochen von der Kongruenz oder gar der Identität zwischen Person und Körper aus. In der rechtlichen Tradition eines Dualismus zwischen Personen und Sachen gehört der menschliche Körper zur Sphäre der Personen. Personen haben einen Willen; Sachen können diesem Willen unterworfen werden. Personen haben Persönlichkeitsrechte; an Sachen kann man Eigentum begründen. Über Persönlichkeitsrechte kann man nicht verfügen; über Sachen hingegen hat man umfassende Verfügungsrechte. Am menschlichen Körper als ganzem kann deshalb auch kein Eigentum bestehen. Das ändert sich aber, wenn Körpersubstanzen oder -teile vom Körper getrennt werden, wie etwa Eizellen bei ihrer Entnahme. In der rechtlichen Diskussion gehen viele davon aus, dass sich diese Zellen mit der Trennung vom Körper in Sachen verwandeln und danach durchaus Eigentum an ihnen begründet werden kann. Allerdings bleiben enge Bezüge zwischen der Person und der Substanz bestehen, gerade weil das biologische Material den genetischen Code offenbart und so ein Teilporträt der Person zeichnet, von der es stammt. Das gilt noch einmal in besonderer Weise für die Keimzellen, um die es hier geht: Mithilfe ihrer Spende entsteht möglicherweise ein Kind, das die Hälfte der genetischen Informationen mit dem Spender oder der Spenderin teilt.[20]

An Grenzen stößt die Dichotomie zwischen Person und Sache sicher mit Bezug auf Embryonen. Embryonen schlicht als Sachen zu bezeichnen würde bedeuten, sie zu verdinglichen, und wäre ihrer unwürdig, auch wenn sie sich außerhalb eines Körpers befinden und möglicherweise nie zu Menschen heranwachsen werden. Zwar besteht breiter Konsens darüber, dass Embryonen weder im rechtlichen noch im moralischen Sinn Personenstatus haben. Dennoch sind sie auch keine Sachen, mit denen beliebig verfahren werden dürfte (Kap. 4). Paare führen nach der Trennung gelegentlich erbitterte Auseinandersetzungen darüber, wer über die Embryonen verfügen darf, die aus ihren Keimzellen entstanden sind. Berühmt geworden ist in diesem Zusammenhang der Fall der US-amerikanischen Schauspielerin Sofia Vergara und des Unternehmers Nick Loeb. 2012 hatten sie in Kalifornien mit eigenen Keimzellen Embryonen erzeugen und einfrieren lassen. 2014 trennte sich das Paar. Nick Loeb versucht seitdem, die Embryonen gegen den Willen von Sofia Vergara durch eine andere Frau austragen zu lassen. Er hat im Namen der beiden Embryonen eine Klage auf Leben eingereicht – im Staat Louisiana, der ein Gesetz kennt, nach dem Embryonen ab dem ersten Tag ihrer Existenz ein Lebensrecht haben. Arizona hat 2018 in ähnlicher Absicht als erster Staat der USA ein Gesetz verabschiedet, dem zufolge bei Auseinandersetzungen über die Zuteilung der Embryonen das »Sorgerecht« derjenigen Person eingeräumt werden soll, die bereit ist, dem Embryo zur Geburt zu verhelfen. Andere US-amerikanische Gerichte hingegen behandeln Embryonen als Eigentum des Paares, wobei deren Aufteilung natürlich nicht möglich ist. Am weitesten verbreitet sind Regelungen, welche die Nutzung der Embryonen von der Zustimmung beider an der Entstehung des Embryos beteiligten Personen abhängig machen.

Embryonen als Sachen zu verstehen stößt zu Recht weithin auf Ablehnung. Doch auch Körpersubstanzen einer Eigentumslogik zu unterwerfen weckt Unbehagen. Und das wohl nicht zuletzt, weil Eigentümerinnen und Eigentümer grundsätzlich frei über ihren Besitz verfügen und diesen also auch verkaufen können. Es ist möglicherweise denn auch weniger die Qualifikation der Keimzellen als *Sachen* als die damit verbundene Option der

Kommodifizierung, an der Anstoß genommen wird: an der Tatsache, dass Keimzellen nicht nur als *Sachen* verstanden, sondern darüber hinaus auch als *Waren* behandelt werden. Dass Körpersubstanzen aber keine Ware seien, keinen Preis haben sollten und dem Markt entzogen sein müssten, wird oft mit Verweis auf Immanuel Kants Unterscheidung zwischen Preis und Wert begründet.[21] Die Idee des Preises ist bei Kant darauf angelegt, dass Dinge verglichen und getauscht werden können. Was einen Preis hat, ist deshalb vergleichbar und austauschbar, es hat keinen Wert an sich. Vielmehr ist es ein reines Mittel zum Zweck: Wir geben Geld für eine Ware oder eine Dienstleistung aus, weil wir diese zu einem bestimmten Zweck nutzen wollen. Ein Mensch hingegen hat keinen Preis, sondern einen Wert: Wir achten Menschen um ihrer selbst willen und dürfen sie unter keinen Umständen instrumentalisieren und zu bloßen Mitteln degradieren. Die Frage ist allerdings, ob auch die von unserem Körper abtrennbaren Keimzellen nicht mit einem Preis versehen werden dürfen. Dass damit die Würde der entsprechenden Substanzen verletzt werden könnte, kann nicht gemeint sein, denn einzelne Zellen verfügen nicht über Würde. Man müsste also, wenn schon, behaupten, unsere Würde als Personen werde in Mitleidenschaft gezogen, wenn unsere Körpersubstanzen einen Preis erhalten. Für Kant gilt tatsächlich schon das Verschenken oder Verkaufen eines Zahns, »um ihn in die Kinnlade eines anderen zu pflanzen«, als Verstoß gegen das, was er »Pflichten gegen sich selbst« nennt, nämlich die eigene Würde.[22] Nicht alle werden einer solch engen Auslegung von dem, was wir heute als »Selbstrespekt« verstehen, folgen.

Unbehagen dürfte vielmehr die Vorstellung bereiten, dass die entsprechenden Keimzellen auf einem Markt gehandelt werden, der allein durch Angebot und Nachfrage bestimmt wird und der Agenturen und andere am Geschäft Beteiligte kennt. Beginnen wir, unsere Körper und ihre Teile oder Substanzen als Güter zu betrachten, mit denen sich Gewinn erzielen lässt, beeinflusse das ganz grundsätzlich die Art und Weise, in der wir uns als Gleiche verstehen – oder eben nicht mehr verstehen könnten, argumentiert etwa die britische Politikwissenschaftlerin Anne Phillips. Wir alle seien nämlich insofern gleich, als jede und jeder einen Körper und Keimzellen hat. Würden nun aber die Körper der einen zum Mittel, Mängel der Körper der anderen zu beheben, dann werde diese Gleichheit gefährdet. Bei unentgeltlichen Spenden stellt sich dieses Problem Phillips zufolge nicht in dieser Weise – im Gegenteil. Wir würden uns in diesem Fall oft explizit auf eine Idee der Gleichheit beziehen, meint Phillips, indem wir uns nämlich fragten, ob wir erwarten dürften, dass uns, steckten wir in derselben Notlage, auch geholfen würde. Ein Markt hingegen entlaste die Käuferin oder den Käufer davon, sich selbst an Stelle der Verkaufenden vorzustellen.[23] In ähnlicher Weise macht die Rechtswissenschaftlerin Margaret Jane Radin darauf aufmerksam, dass ein Markt der Körpersubstanzen zu einer Selbstentfremdung der Spenderinnen führen könne.[24] Zuweilen wird auch argumentiert, Marktlösungen basierten im Kontext prekärer Verhältnisse auf ausbeuterischen Verhältnissen. Worin eine Ausbeutung genau besteht, ist allerdings eine schwierige Frage, auf die noch zurückzukommen sein wird.

Ein Markt für Keimzellen wird also mit guten Gründen kritisch gesehen. In vielen Ländern wird ein solcher durch das Verbot des Kaufs und Verkaufs von Keimzellen unterbunden. Die altruistische Spende hingegen ist mancherorts erlaubt. Freilich fließt auch in einem altruistischen Kontext Geld. Die Gelder, die bezahlt werden, sind allerdings nicht als Kaufpreis zu verstehen, sondern als Deckung von Auslagen, so etwa der Reisekosten zur Fertilitätsklinik oder der Kosten für medizinische Maßnahmen, und als Aufwandsentschädigung, so etwa für Arbeitsausfall. Dass eine Spenderin von Eizellen eine Aufwandsentschädigung erhalten muss für den Lohnausfall, der ihr aufgrund der operativen Zellentnahme sowie der vielen medizinischen Untersuchungen entsteht, scheint selbstverständlich. Entsprechende Aufwandsentschädigungen kennen wir auch bei der Lebendorganspende, die in den allermeisten Ländern nicht gegen einen Kaufpreis erfolgen darf. Zwischen einem Kaufpreis für die Keimzelle und einer Aufwandsentschädigung für die Leistungen der Spenderin kann allerdings ein äußerst schmaler Grat liegen, und die angemessene Höhe der Entschädigung ist oft nicht leicht: Welche Entschädigung ist hinreichend hoch und damit fair, ab welchem Betrag kippt sie in einen Kaufpreis, der sich in einem Markt behaupten muss? Da der Aufwand für eine Eizellspenderin sehr viel höher ausfällt als für einen Samenspender, werden Frauen für ihren Einsatz auch höher entschädigt. Doch wo liegt die obere Grenze einer angemessenen Entschädigung? Für die Spende von Eizellen in Spanien beträgt die Aufwandsvergütung immerhin 800 bis 1000 Euro, was für eine dortige Studentin viel Geld bedeuten kann.[25] Unbestritten bleibt: Die Entschädigung darf eine selbstbestimmte Entscheidung der Spenderin nicht korrumpieren. Sind die finanziellen Anreize bei einer Eizellspende sehr hoch, ist die Gefahr groß, dass die Spenderin gesundheitliche Risiken und körperliche Belastungen verdrängt. Eine faire Entschädigung kann also nach oben hin nicht offen sein. Doch eine Entschädigung darf über das Decken von reinen Auslagen hinausgehen und neben dem Aufwand und dem Lohnausfall durchaus auch eine Kompensation für Unannehmlichkeiten bieten, ansonsten bestünde ebenso die Gefahr einer Ausbeutung.[26]

Geradezu spiegelverkehrt zur Eizellspende verhält sich die Leihmutterschaft: Die Wunschmutter, die sich um das Kind kümmern wird, ist auch genetisch mit diesem verwandt – ausgetragen und geboren wird es aber von einer anderen Frau. Zumindest ist das eine häufige, wenn auch nicht die einzige Variante der Leihmutterschaft. Selten stammt auch die Eizelle von der Leihmutter, zuweilen stammt sie von einer Drittperson, wenn die Wunschmutter keine eigenen Eizellen einbringen kann oder ein Männerpaar mithilfe einer Leihmutter ein Kind bekommt. Die Samenzellen stammen vom Wunschvater (oder im Fall eines Männerpaars von einem der Wunschväter), oder aber sie sind gespendet. Leihmutterschaften in ihrer traditionellen Form, in der ein Mann mit einer anderen Frau als der eigenen ein Kind zeugt, die dieses Kind für das Paar austrägt, fanden immer schon statt – denken wir etwa an die alttestamentarische Magd Hagar, die für Abraham und Sarah ein Kind auf die Welt brachte (Kap. 3). Neueren Datums sind also nur jene Formen der Leihmutterschaft, die mithilfe einer künstlichen Befruchtung zustande kommen und bei denen überwiegend Eizellen verwendet werden, die nicht von der Frau stammen, die das Kind austrägt.

Die Leihmutterschaft stellt mit Sicherheit eines der komplexesten und für viele auch irritierendsten Felder moderner Reproduktionsmedizin dar: Eine Frau ist nicht mit dem eigenen, sondern mit dem Kind eines anderen Paares schwanger. Damit bricht Leihmutterschaft noch einmal in anderer Weise als die Eizellspende mit dem Grundsatz, die Mutter sei »immer gewiss«. Nicht nur bringt eine Leihmutter in den meisten Fällen ein Kind zur Welt, das genetisch nicht das ihre ist, sondern es ist auch gar nicht ihre Absicht, nach der Geburt die Mutterrolle zu übernehmen. Vielmehr wird sie das Kind, mit dem sie neun

Monate lang körperlich auf das Engste verbunden war, nach der Geburt an jene Menschen übergeben, die zu seiner Zeugung Anlass gaben. Für einige kommen solche Verfahren notwendig skandalösen Ausbeutungsverhältnissen gleich, in denen Frauen zu »Mietobjekten« degradiert werden. Andere sehen in ihnen eine anspruchsvolle, aber in bestimmten Fällen durchaus legitime Möglichkeit, doch noch ein Kind zu bekommen: etwa für Frauen, die ohne Gebärmutter geboren worden sind oder für die eine Schwangerschaft zu risikoreich wäre; oder für Männerpaare, bei denen es nur mithilfe einer Leihmutter überhaupt möglich ist, dass einer von beiden genetischer Vater wird. Für wiederum andere entspricht die Leihmutterschaft schlicht einer Realität, die nicht mehr abgewendet, sondern, wenn überhaupt, nur noch bestmöglich geregelt werden kann.

Leihmutterschaft nimmt heute weltweit gesehen unterschiedlichste Gestalt an – je nach sozialem und kulturellem Kontext, wirtschaftlichen Bedingungen und rechtlichem Rahmen. Mit Blick auf die rechtlichen Regelungen lassen sich drei Modelle unterscheiden: das gänzliche Verbot, die Beschränkung auf die altruistische Leihmutterschaft und die Zulässigkeit auch der kommerziellen Leihmutterschaft. Den verschiedenen Modellen liegen jeweils eigene Bilder der Leihmutter zugrunde, die die Schweizer Rechtswissenschaftlerin Michelle Cottier als »instrumentalisierte Frau«, »altruistische Helferin« und »Reproduktionsdienstleisterin« bezeichnet.[27] Bei letzterer, kommerzieller Leihmutterschaft erhält die Frau für ihre »Reproduktionsdienstleistung« eine Bezahlung, deren Höhe individuell ausgehandelt wird. Werden Entschädigungen, die über den Auslagenersatz hinausgehen, untersagt, stellt sich die Leihmutterschaft als eine Art »Spende« zugunsten eines Paares in Not dar, gelegentlich auch zugunsten einer Freundin oder von Verwandten. Die Leihmutter erbringt die reproduktive Arbeit dann als »altruistische Helferin« umsonst. Noch striktere Verbotsnormen wiederum wollen die Frau davor bewahren, ihre reproduktiven Fähigkeiten überhaupt für andere einzusetzen. Sie sehen die Frau mit Blick auf Schwangerschaft und Geburt in erster Linie als gefährdet und schutzbedürftig an.

Verbot der Leihmutterschaft

Ein gänzliches Verbot der Leihmutterschaft kennen zum Beispiel Deutschland, Österreich und die Schweiz. Für diese restriktive Haltung werden insbesondere drei Argumente vorgebracht: *Erstens* unterlaufe Leihmutterschaft die Idee von »echter« Mutterschaft und beschädige deren Wert; *zweitens* verstoße Leihmutterschaft gegen die Würde der Frau, die das Kind austrägt; und *drittens* sei ein Vertrag darüber, ein Kind für ein anderes Paar auszutragen, gar nicht möglich.

Das *erste* Argument bedient sich abermals des Grundsatzes »mater semper certa est«, in dem zwei Annahmen stecken: Zum einen seien Schwangerschaft und Geburt unhintergehbare Voraussetzungen für »echte« Mutterschaft; eine Frau, die ihr Kind nicht selbst ausgetragen hat, sei also auch keine »echte« Mutter. Zum anderen begründeten Schwangerschaft und Geburt eine Beziehung, die nicht ohne Schaden für das Kind und die Frau negiert oder aufgelöst werden könne. Die Geschichte dieser Beziehung ist bewegt. Bis Ende des 18. Jahrhunderts glaubte man noch an eine organische Einheit von Frau und Fötus mit geteiltem Blutkreislauf. Mit dieser Vorstellung verbunden war die Lehre von der sogenannten »mütterlichen Einbildungskraft«: Missbildungen oder Muttermale wurden auf intensive Sinneseindrücke der schwangeren Frau zurückgeführt, die mit starken Gemütserregungen wie Entsetzen, Schmerz oder Angst einhergehen und sich im wörtlichen Sinn dem Ungeborenen einprägen.[28] Die Historikerin Caroline Arni schildert in ihrem Buch *Pränatale Zeiten*, wie diese »Imaginationslehre« im 19. Jahrhundert abgelöst wurde von der Überzeugung, dass der psychische Zustand der schwangeren Frau für Entwicklungsstörungen und »Anomalien« des Fötus verantwortlich sei. Mitte des 20. Jahrhunderts wurde der Glaube an die »Prägekraft äußerer oder innerer Bilder« der Frau auf die Entwicklung des Fötus ersetzt durch die empirische Erforschung der Zusammenhänge zwischen Umweltfaktoren beziehungsweise dem Verhalten der schwangeren Frau und Verhaltensauffälligkeiten des Kindes.[29] Die pränatale Phase wird heute medizinisch eng begleitet, der Fötus genau beobachtet. Über die Auswirkungen von Belastungen während der Schwangerschaft auf den Fötus besteht nach wie vor wenig gesichertes Wissen; eine negative Auswirkung andauernder Überlastung wird indes vermutet.

In diesem Zusammenhang wird kritisiert, eine Leihmutter unterbinde zwangsläufig die emotionale Beziehung, die mit dieser Verbindung idealerweise einhergehe. Die US-amerikanische Philosophin Elizabeth Anderson macht etwa geltend, Leihmütter sorgten tunlichst dafür, sich emotional *nicht* auf die Schwangerschaft und das Ungeborene einzulassen – mit problematischen Auswirkungen auf sie selbst und auf das werdende Kind.[30] Dem ist allerdings entgegenzuhalten, dass Studien zur Entwicklung und zum Wohl von durch eine Leihmutter ausgetragenen Kindern bislang keine Belege dafür erbringen konnten, dass diese besonderen, mit ihrer Entstehungsgeschichte zusammenhängenden Schwierigkeiten begegnen.[31] Es kommt überdies einer Unterstellung gleich, dass sich Leihmütter notwendig innerlich vom Kind distanzieren. Ebenso existieren Berichte von Leihmüttern, die sich dem Fötus, der in ihnen heranwächst, durchaus verbunden fühlen und sich während der Schwangerschaft freuen, den drängenden Kinderwunsch eines anderen Paares auf diese Weise erfüllen zu können. Wird ein Verbot der Leihmutterschaft mit Argumenten begründet, wie sie etwa Anderson vorbringt, kommt darin vielmehr eine essentialistische Sichtweise der Mutterschaft zum Ausdruck, die nicht alle teilen. Für die US-amerikanische Philosophin Debra Satz erfolgt hier eine Idealisierung der Mutterschaft, die zu einem normativ aufgeladenen Mutterbild führe, dem zufolge einerseits nur die Frau, die das Kind selbst zur Welt bringt, die Anforderungen an das Muttersein erfülle und andererseits die Trennung vom Kind für sie zwingend belastend sein müsse.[32] Die Leihmutterschaft fordert solch tiefgreifende Dogmen heraus. Andreas Bernard sieht in der Leihmutter »eine Art pränatale Amme« und verweist damit auf eine Zeit, in der der Einbezug einer Drittperson, eben der Amme, in den Prozess der Reproduktion selbstverständlich war[33] – eine Zeit, die erst vor zweieinhalb Jahrhunderten mit der Etablierung des modernen Ideals biologischer Mutterschaft an ihr Ende gekommen ist (Kap. 2). An ein Idealbild der Mutterschaft knüpft auch die Kritik an der Leihmutterschaft an, die der Philosoph Michael Sandel mit Verweis auf Elizabeth Anderson diskutiert: Schwangerschaft und Geburt seien keine »Tätigkeiten«, die zugunsten anderer »verrichtet« oder an andere »ausgelagert« werden könnten wie etwa das Betreuen von alten Menschen oder die Pflege des Gartens, ohne dass diese Tätigkeiten diskreditiert würden.[34]

Ein *zweites* Argument für ein generelles Verbot von Leihmutterschaft behauptet, eine Leihmutter werde notwendig instrumentalisiert, durch ihre Tätigkeit in ihrer Würde verletzt und auf die Funktion einer »Gebärmaschine« reduziert.[35] Debra Satz sieht in der Leihmutterschaft sogar ein altes Bild bestätigt, wonach der biologische Beitrag zur Entstehung eines Kindes dem genetischen untergeordnet werde und Frauen lediglich »Inkubatoren« der Nachkommen des Mannes seien. Leihmutterschaft würde die Körper von Frauen unter die Kontrolle anderer stellen und damit die traditionelle geschlechterhierarchische Arbeitsteilung letztlich verstärken.[36] Wogegen sich ein solcher Vorwurf der »Würdeverletzung« genau richtet und woran er sich festmacht, ist allerdings notorisch unklar. Oft wird Bezug genommen auf Immanuel Kants »Selbstzweckformel«, wonach man andere wie auch sich selbst nie bloß als Mittel, sondern immer auch als Zweck behandeln soll. Bei der kommerziellen Leihmutterschaft nutzen die beteiligten Personen sich gegenseitig offenkundig als Mittel zum Zweck: Ein Paar nimmt die Dienste einer Leihmutter in Anspruch, um sich den Kinderwunsch zu erfüllen, und die Leihmutter lässt sich auf den Handel ein wegen finanzieller und möglicherweise auch persönlicher Vorteile. Dieses gegenseitige Benutzen hat aber offenbar so lange nichts moralisch Anstößiges, wie die Beteiligten einander immer auch als Zwecke – und nicht als bloße Mittel – betrachten. Wann aber ist letztere Bedingung erfüllt?

Als paradigmatischer Fall einer Instrumentalisierung wird oft die Sklaverei genannt: Ein Sklave wird verdinglicht und nur als Mittel genutzt; er wird nicht als Mensch mit Würde geachtet. Doch ob eine Leihmutter notwendigerweise instrumentalisiert und in ihrer Würde verletzt wird, ist fraglich. Sicher aber lässt sich die Frage nur unter Bezugnahme auf den Kontext, innerhalb dessen sich die Leihmutterschaft abspielt, beantworten. Es macht *erstens* einen wesentlichen Unterschied, ob sich die Leihmutter in finanzieller oder emotionaler Abhängigkeit von den Wunscheltern, einer Drittperson oder der Klinik sieht oder sie ein entsprechendes Arrangement als Wahrnehmung ihrer Spielräume erlebt. Wäre Ersteres der Fall, erfolgte die Entscheidung nicht selbstbestimmt; vielmehr befände sich die Frau dann in einer Notlage, die auszunutzen nicht erlaubt ist. *Zweitens* stellt sich die Frage, ob die Leihmutter für die Wunscheltern letztlich austauschbar ist und nur ihr instrumenteller Einsatz zählt, oder ob sie als Person geschätzt wird, die für ihre

Dienste Respekt verdient. Entscheidet sich eine Frau selbstbestimmt dazu, für ein anderes Paar ein Kind auszutragen, und fühlt sie sich in ihrer Tätigkeit respektiert und nicht herabgesetzt, muss es sich dabei nicht notwendigerweise um eine unzulässige Instrumentalisierung handeln.[37]

Zu einer selbstbestimmten Entscheidung gehört in diesem Kontext ganz wesentlich die Informiertheit, also der Umstand, dass eine Frau weiß, worauf sie sich einlässt. Diese Bedingung sei aber, so eine verbreitete Kritik, gerade bei der Leihmutterschaft nicht erfüllt. Wie es sich anfühlen werde, schwanger zu sein, ein Kind zu gebären und danach abzugeben, könne schlicht nicht vorweggenommen werden. Eine Schwangerschaft sei vielmehr das, was wir eine »transformierende Erfahrung« nennen (Kap. 2): Sie mache uns womöglich zu anderen Personen mit neuen Präferenzen, die sich im Lichte dieser Präferenzen nicht auf das entsprechende Arrangement eingelassen hätten. Um dieses Argument zu entschärfen, wird für die Zulässigkeit einer Leihmutterschaft zuweilen (auch von entsprechenden Agenturen) vorausgesetzt, dass die Leihmutter bereits eigene Kinder ausgetragen hat und weiß, wie sich Schwangerschaft und Geburt anfühlen. Andere weisen diese Bedingung zurück: Wäre es eine Voraussetzung von Autonomie, alle Folgen der Vereinbarungen, die wir treffen, genau abschätzen zu können, damit sie als selbstbestimmt gelten, wäre unsere Vertragsfreiheit stark eingeschränkt. Tatsächlich schließen wir oft Vereinbarungen über Dinge, zu denen wir im Laufe der Zeit ein anderes Verhältnis entwickeln: Wir sagen Projekte zu, zu denen wir – hätten wir gewusst, was sie uns abverlangen – nicht wieder ja sagen würden; wir erschaffen Werke, an denen wir so sehr hängen, dass wir uns von ihnen lieber doch nicht trennen möchten. Allerdings können wir uns aus vielen Projekten herauswinden, eine Schwangerschaft hingegen lässt sich unmöglich rückgängig machen. Das gilt allerdings zum Beispiel auch für eine Sterilisation, und von ihr meinen wir klarerweise, eine Frau könne selbstbestimmt in sie einwilligen. In Studien konnte außerdem nicht nachgewiesen werden, dass es für Leihmütter eine besondere Schwierigkeit darstellen würde, das Kind nach der Geburt den Wunscheltern zu übergeben.[38]

Das Verbot der Leihmutterschaft wird *drittens* und grundsätzlicher damit begründet, dass es eine rechtliche Verpflichtung, ein Kind für eine andere Person auszutragen und nach der Geburt abzugeben, schlicht nicht geben könne. Eine Frau würde damit nämlich einen Vertrag über eine Tätigkeit abschließen, die den Kernbereich ihrer Persönlichkeit tangiere und ihren Körper in intimer Weise involviere – und sich damit unzulässig im Gebrauch ihrer eigenen Freiheit einschränken. Die einmal eingetretene Schwangerschaft ergreife von der Frau umfassenden Besitz. Nicht nur der Gegenstand des Vertrags sei unzulässig (wie bei der Debatte rund um Prostitution oder Sexarbeit ist auch hier mitunter von »Unsittlichkeit« die Rede), auch seine Folgen seien derart weitreichend und unabsehbar, dass eine Frau in diese gar nicht selbstbestimmt einwilligen könne. Geht man davon aus, dass Selbstbestimmung nicht nur beinhaltet, fremde Eingriffe in den eigenen Körper abwenden zu können, sondern auch, den eigenen Körper nach eigenem Ermessen zu nutzen, kann man aber kritisch fragen: Wer soll über den zulässigen Gegenstand und über das angemessene Maß einer Verpflichtung urteilen, das heißt die Grenzen der Selbstverfügung festlegen, wenn nicht die betroffene Person selbst? Und selbst wenn wir einräumen, dass es eine *rechtliche* Verpflichtung, die Aufgaben einer Leihmutter bis hin zur Abgabe des Kindes auszuführen, nicht geben kann: Sind nicht dennoch von Vertrauen getragene Absichtserklärungen denkbar, die mit einer – zugegeben komplexen, womöglich auch risikoreichen – Beziehung einhergehen, die für einen gemeinsamen Weg belastbar genug ist?

Unbestritten ist, dass Verträge über eine Schwangerschaft und Geburt Frauen sehr verletzlich machen. Das trifft selbstredend auch auf andere Verträge zu, die körperbezogene oder gar intime Tätigkeiten zum Gegenstand haben. Wie Anne Phillips schreibt, umfassen zudem viele Verträge körperbezogene Verhaltensweisen. Ein Profi-Fußballer etwa wird hinsichtlich seiner Ernährung und seines Schlafverhaltens kontrolliert und muss sich jederzeit zu medizinischen Untersuchungen einfinden, wenn dies von ihm verlangt wird. Genau genommen haben viele Erwerbsarbeiten auch körperliche Komponenten: Eine Kassiererin darf womöglich nicht zur Toilette gehen, wann sie möchte; ein Pfleger muss sich gegen Grippe impfen lassen; ein Bauarbeiter riskiert Rückenprobleme. Dass es hinsichtlich der körperlichen Belastungen und Zumutungen ein Kontinuum von unproblematischen bis hin zu hochproblematischen Vereinbarungen gibt, heißt Phillips zufolge allerdings nicht, dass wir »keine Grundlage hätten, das zu kritisieren, was am Ende des Spektrums liegt«.[39] Werden Leihmütter angehalten, sich über neun Monate hinweg an bestimmte Diäten zu halten, keinen Sport zu treiben, eine Klinik nicht zu verlassen oder keinen Sex mit dem Partner zu haben, sind das sicher Einschränkungen, in die einzuwilligen zumindest sehr genauer Information bedarf. Im Unterschied zum Profi-Fußballer wird eine Leihmutter überdies ebenso wenig wie die Kassiererin als Heldin gefeiert, sondern Leihmütter leben in einigen Ländern am Rand der Gesellschaft. Zu kritisieren wäre also nicht zuletzt, dass die eine Tätigkeit gefeiert, die andere stigmatisiert wird.

Zahlreiche Einwände gegen Leihmutterschaft richten sich besonders oder ausschließlich gegen ihre *Kommerzialisierung*. Entsprechend gibt es Stimmen, die das Austragen eines Kindes als unentgeltliche Leistung durchaus für moralisch zulässig erachten, nicht aber das Austragen gegen Geld. Einige Länder kennen oder dulden dementsprechend die altruistische Leihmutterschaft, so seit langer Zeit Großbritannien, aber auch Südafrika, Griechenland oder die Niederlande. Leihmutterschaft nimmt dort die Form einer Spende oder Hilfeleistung an, die häufig für Verwandte oder Freundinnen erbracht wird – ganz ähnlich wie eine Lebendorganspende, die zwischen Angehörigen weithin erlaubt ist, selbst wenn sie mit erheblichen Gesundheitsrisiken einhergeht. Einige Rechtsordnungen verlangen bei einer altruistischen Leihmutterschaft eine genetische Beziehung zwischen dem werdenden Kind und mindestens einem Wunschelternteil. Schließlich müssen in zahlreichen Ländern die Elternrechte der Leihmutter nach der Geburt des Kindes in einem bestimmten Verfahren auf die Wunscheltern übertragen werden.

Aber auch die altruistische Leihmutterschaft ist nicht ohne Kritik geblieben. Gegen sie wird zum einen die Befürchtung ins Feld geführt, es könnten, wenn zwischen der Leihmutter und den Wunscheltern eine verwandtschaftliche Beziehung bestehe, schwierige Dynamiken mit hohem Konfliktpotenzial resultieren. Zum anderen wird zu bedenken gegeben, eine selbstbestimmte Entscheidung, ein Kind für andere auszutragen, könnte gerade unter der Bedingung einer nahen persönlichen Beziehung schwerfallen, zumal Freundschaften und Familienbeziehungen oft von Pflichtgefühlen und gegenseitigen Erwartungen begleitet sind. Von diesen Befürchtungen abgesehen, ist schwer zu begründen, weshalb eine Leihmutter außer der Erstattung der Auslagen gar keine Entschädigung für die Mühen, Sorgen und Beschwerden erhalten soll, die sie mit einer Schwangerschaft und Geburt auf sich nimmt. Bedient sich die Behauptung der moralischen Überlegenheit der altruistischen Leihmutterschaft nicht des Stereotyps der Reproduktion als natürlicher Bestimmung der selbstlosen Frau? Letztlich führt womöglich genau die postulierte Unentgeltlichkeit zu einer Geringschätzung der reproduktiven Arbeit. Die Rechtswissenschaftlerin Friederike Wapler meint denn auch, das »Narrativ« der altruistischen Leihmutter drohe betroffene Frauen in besonderer Weise auszubeuten, wenn gleichzeitig andere Beteiligte wie Kinderwunschkliniken und Vermittlungsagenturen dabei Gewinn erzielen.[40] Entsprechend wird in Ländern, die lediglich die altruistische Leihmutterschaft zulassen, der Begriff der Aufwandsentschädigung durchaus weit verstanden, damit er zumindest ansatzweise den Belastungen und Mühen einer Schwangerschaft gerecht werden kann.

Kinder austragen als Dienstleistung

Einige Länder lassen auch die kommerzielle Leihmutterschaft zu, in der eine Frau als »Reproduktionsdienstleisterin« tätig wird, so die Ukraine oder Russland. Anders als bei der Samen- und Eizellspende verkauft die Leihmutter nicht eine Körpersubstanz, die nach der Trennung von ihrem Körper zur »Sache« geworden ist. Die Leihmutter trägt ein Kind für eine andere Person aus, leistet also einen körperlichen Einsatz zugunsten anderer, und das gegen Entgelt. In der Fachliteratur werden vor allem die Praktiken in Kalifornien und Indien beschrieben.

In Kalifornien ist die Leihmutterschaft als Dienstleistung anerkannt, die sich in einem Markt behaupten muss. Sie basiert auf einem notariell beurkundeten, umfangreichen Vertrag zwischen den Wunscheltern (den sogenannten »intended parents«) und der »gestational carrier«, wie die Leihmutter unter absichtlicher Vermeidung des Begriffs der »Mutter« genannt wird. Neben der Festlegung der Hauptaufgabe der Leihmutter – nämlich den Embryo auszutragen und das Kind nach der Geburt den Wunscheltern zu übergeben – enthält der Vertrag in aller Regel auch Verhaltensanweisungen an die Adresse der Leihmutter: etwa keinen Alkohol zu trinken, nicht zu rauchen, die Termine zur Schwangerschaftsvorsorge wahrzunehmen und die Schwangerschaft nur abzubrechen, sollte ihr eigenes Leben in Gefahr stehen. Bei der Vermittlung einer Leihmutter kommen Agenturen zum Einsatz, und bei der Vertragsunterzeichnung müssen die Parteien jeweils getrennt anwaltlich vertreten sein. Agenturen geben die Entschädigung der Leihmutter mit ungefähr 50 000 US-Dollar an, zuzüglich Übernahme des Erwerbsausfalls und aller weiteren entstehenden Auslagen etwa durch den Kauf von Umstandskleidern, Kosten für Versicherungen, Betreuung von eigenen Kindern oder besondere Nahrungsmittel.[41] Ein Gericht, das meist bereits vor der Geburt des Kindes aufgesucht wird, bestätigt, dass die Leihmutter auf ihre elterlichen Rechte gültig verzichtet hat, und weist die rechtliche Elternschaft den Wunscheltern zu. Die Geburtsurkunde wird entsprechend dem Gerichtsurteil ausgestellt. Wie Berichte zeigen, bleibt die Leihmutter aber im Leben der Wunscheltern und des Kindes häufig präsent und pflegt den Kontakt mit ihnen weiter.

Auch in Indien ist die Reproduktionsmedizin in den letzten Jahrzehnten zu einem bedeutenden Wirtschaftssektor angewachsen. Das Land ist technologiefreundlich, verfügt über bestens ausgebildetes und englischsprachiges medizinisches Personal und lockt mit niedrigen Kosten. In Indien kommt hinzu, dass eine Vielzahl von Frauen aufgrund fehlender Einkommensmöglichkeiten bereit oder genötigt ist, jede Arbeit zu verrichten, die sich ihnen anbietet. Über viele Jahre hinweg war Indien deshalb eine prominente Leihmutterschaftsdestination für Paare aus der ganzen Welt, und das boomende Geschäft nahm ohne jeden Zweifel problematische Formen an. Die Rede ist von fragwürdigen Rekrutierungsverfahren der Leihmütter, die etwa beim Verlassen von Abtreibungskliniken angesprochen wurden, wo oft mittellose Frauen im gebärfähigen Alter anzutreffen sind. Beschrieben werden weiter Leihmutterschaftskliniken mit übervollen Schlafsälen, Gebärstationen, die kaum Privatsphäre boten, bis hin zur mangelhaften Information der Frauen, die sich oft ahnungslos auf das Geschäft einließen und während ihrer Schwangerschaft kontrolliert und diszipliniert wurden. Die Kliniken erlangten im weitgehend regelungsfreien Raum mit der Zeit eine bemerkenswerte Machtposition. Die Sozialgeographin Sheela Saravanan macht in ihrer empirischen Studie auf verschiedene Menschenrechtsverletzungen aufmerksam und bezeichnet Leihmutterschaft in Indien als eine Form der Gewalt gegen Frauen.[42] Solche Schilderungen wirken wie eine perfekte Inszenierung von Margaret Atwoods dystopischer Erzählung *Report der Magd*: Mittellose Frauen, die im Dienst wohlhabender Paare stehen und ihnen die Kinder gebären, die sie selbst nicht bekommen können. Zugleich konnte die Entschädigung für die Arbeit einer Leihmutter lebensverändernd sein: Leihmütter vermochten etwa die Ausbildung einer eigenen Tochter oder ein kleines Haus zu finanzieren oder die prekäre finanzielle Situation der Familie zumindest deutlich zu lindern. Eine Leihmutter wurde in Indien mit 5000 bis 10 000 US-Dollar entlohnt, während das Familieneinkommen, das die Frauen in einer Studie der Soziologin Amrita Pande angaben, im Durchschnitt 60 US-Dollar pro Monat betrug.[43] Frauen konnten mit dieser Tätigkeit mitunter zehn Jahreseinkommen ihrer Familie erzielen.

Leihmutterschaft in Indien befindet sich möglicherweise gerade im Umbruch, dies wegen weitreichender rechtlicher Reformen. Im Jahr 2008 entschied das Oberste Gericht Indiens, dass kommerzielle Leihmutterschaftsverhältnisse rechtmäßig und entsprechende Verträge gültig seien.[44] Ausländischen Paaren wurde mit einem sogenannten »medizinischen Visa« ein Aufenthalt in Indien von bis zu einem Jahr gestattet und so Zugang zum Leihmutterschaftsmarkt gewährt. Dieser »Leihmutterschaftstourismus« stand aber bald in der Kritik und im Fokus von Regulierungsbemühungen. 2012 informierte das indische Innenministerium die ausländischen Botschaften in einem Rundschreiben, dass nur noch verschiedengeschlechtliche Paare, die seit mindestens zwei Jahren verheiratet seien, ein solches Visum erhalten sollten, und dies auch nur, wenn sie bestätigten, dass ihr Heimatland das in Indien begründete Kindesverhältnis anerkennen und dem Kind die Einreise gestatten würde. 2015 forderte dasselbe Ministerium die Behörden auf, ausländischen Staatsangehörigen gar keine solchen Visa zwecks Leihmutterschaft mehr auszustellen. 2019 schließlich verabschiedete die große Kammer des indischen Parlaments den »Surrogacy Regulation Bill«, um diesen Bereich erstmals in der Geschichte des Landes umfassend zu regulieren. Das Gesetz würde die kommerzielle Leihmutterschaft verbieten und damit dem Gebaren der Kliniken ein Ende setzen. Mit dem neuen Gesetz wäre in Indien nur noch die altruistische Leihmutterschaft zulässig und auch diese nur für verheiratete indische Staatsbürgerinnen und Staatsbürger. Entschädigt werden dürften allein die Kosten für medizinische Leistungen, und die Leihmutter müsste eine nahe Verwandte der Wunscheltern sein. Das Gesetz hat noch nicht alle Hürden genommen, die Abstimmung in der kleinen Parlamentskammer steht noch bevor und eine Kommission regt bereits Lockerungen an. Es bleibt offen, ob die Umsetzung gelingen und sich ein Verbot in der Praxis bewähren würde.

Das Verbot kommerzieller Leihmutterschaft wird von einigen Wissenschaftlerinnen und Aktivistinnen, die sich für die Rechte und den Schutz von Frauen einsetzen, als die einzig mögliche Antwort auf eine menschenrechtswidrige Praxis befürwortet.[45] Von anderen wird ein Verbot aber auch kritisch diskutiert, so etwa von Amrita Pande: Sie beschreibt die Leihmutterschaft in Indien als eine Form der Arbeit, welche die Dichotomie zwischen Produktion und Reproduktion aufhebt: Das Austragen des Kindes, also die reproduktive Tätigkeit, die meist umsonst »verrichtet« wird, wird als produktive Erwerbsarbeit anerkannt. Leihmutterschaft sei außerdem mit anderen Beschäftigungen im informellen Sektor, denen bedürftige Frauen in Indien nachgehen, durchaus vergleichbar – etwa mit der Arbeit als Hausangestellte, Müllsammlerinnen oder Textilfabrikarbeiterinnen. Alle diese Tätigkeiten sind stigmatisierend, körperlich anstrengend und miserabel bezahlt. Frauen, die sich als Leihmutter zur Verfügung stellen, würden deshalb, so Pande, eine schwierige Entscheidung in einem Feld begrenzter Möglichkeiten treffen. Dass die Option einer Leihmutterschaft von diesen Frauen erwogen und zum Teil sogar als attraktiv eingeschätzt werde, sei nachvollziehbar. Weil die Nachfrage nach Leihmüttern groß ist und die Bezahlung oft weitaus besser als in anderen Sektoren, müsse außerdem befürchtet werden, dass ein Verbot die Praxis nicht zum Verschwinden bringen, sondern sie vielmehr in die Illegalität abdrängen würde. Die Leihmütter würden in der Folge noch verletzlicher für Ausbeutung und Stigmatisierung.[46]

Ausbeutung und Selbstbestimmung

Selbst wenn es also nachvollziehbar ist, dass Frauen in Betracht ziehen, als Leihmutter tätig zu werden, wurde und wird immer wieder der Vorwurf der Ausbeutung gegen solche Arrangements erhoben. Worin eine Ausbeutung allerdings genau besteht und welche Verhältnisse als ausbeuterisch bezeichnet werden müssen, ist ungeklärt.[47] Die einen machen eine Ausbeutung an einem unfairen *Tauschergebnis* fest, von dem die eine Person sehr viel stärker profitiert als die andere. Andere verstehen unter einer Ausbeutung einen ungerechten *Tauschprozess*, in dem die eine Seite die Bedingungen diktiert, die andere jedoch mangels Information oder alternativer Möglichkeiten gar nicht selbstbestimmt einwilligen kann.[48] Letzteres Konzept von Ausbeutung liegt etwa der Behauptung zugrunde, Frauen würden sich einzig aus finanzieller Not als Leihmütter anbieten. Ihre Einwilligung in entsprechende Arrangements könne vor diesem Hintergrund nicht als frei und selbstbestimmt angesehen werden, weshalb sie ausgebeutet würden. Doch erstens sind solche Zwänge der Leihmutterschaft nicht inhärent, darauf verweisen auch Studien, die über die Erfahrungen von Leihmüttern berichten.[49] Allerdings ist kommerzielle Leihmutterschaft oft von einem ökonomischen Machtgefälle zwischen Wunscheltern und Leihmutter geprägt. Dies ist insbesondere dann der Fall, wenn sie transnational organisiert ist und sich globale Ungleichheit zunutze macht. Doch folgt bereits aus dem Umstand, dass sich eine Frau allein aus materiellen Gründen als Leihmutter zur Verfügung stellt, dass diejenigen, die ihre Tätigkeit in Anspruch nehmen, sie auch ausbeuten? Stehen keine alternativen Optionen des Gelderwerbs zur Verfügung oder erweisen sich diese als noch schlechter, sind Zweifel angezeigt, ob die Zustimmung der Leihmutter wirklich frei erfolgt und ihre Entscheidung als selbstbestimmt gelten darf. Doch ist man der Ansicht, eine Zustimmung könnte nur dann frei erfolgen, wenn jemand überhaupt eine alternative Möglichkeit gehabt hätte, dann erweist sich vieles als nicht selbstbestimmt gewählt. Hat etwa die Frau, die die Toiletten im Bahnhof reinigt, wirklich eine Alternative? Wird sie ausgebeutet, weil sie keine hat? Das sind keine einfachen Fragen. Leihmutterschaft ist aber, was die Frage der *Ausbeutung* betrifft, möglicherweise nicht problematischer als viele andere Tätigkeiten, die vor dem Hintergrund großer Ungleichheit verrichtet werden.[50] Ein solcher Vorwurf der Ausbeutung kann überdies nicht gegen *jede* Form der kommerziellen Leihmutterschaft erhoben werden, wie etwa der Blick nach Kalifornien zeigt, wo Frauen durchaus andere Optionen hätten, um ihren Lebensunterhalt zu bestreiten, sich aber bewusst für das Austragen eines Kindes als Dienstleistung entscheiden.

Was den ersten Ausbeutungsbegriff anbelangt – der eine Ausbeutung an einem unfairen *Tauschergebnis* festmacht –, wird zuweilen gefordert, dass Leihmütter zumindest angemessen entschädigt werden müssten. In vielen Fällen wird diese Forderung nicht erfüllt, und es sind in erster Linie Kliniken oder Vermittlungsagenturen, die an diesem Geschäft verdienen, was sicherlich kritisch gesehen werden muss.[51] Allerdings wirkt eine höhere Entschädigung der Frauen nicht zwingend dem Verdacht der Ausbeutung entgegen. Im Gegenteil: In vielen Szenarien, die als paradigmatische Ausbeutungsfälle gelten, ist die Ausbeutung gerade möglich, weil die ausgebeutete Person große Vorteile aus dem Tauschhandel zieht. Im Spielfilm *Indecent Proposal* von 1993 bietet ein steinreicher Mann der jungen Diana, gespielt von Demi Moore, für eine Nacht mit ihr eine Million US-Dollar an. Diana willigt in Absprache mit ihrem Mann David in den Handel ein, weil das junge Paar in finanzieller Not ist. Das Angebot wird nicht nur deshalb im Filmtitel als »unanständig« bezeichnet, weil man sich darüber streiten kann, ob man Sex »kaufen« darf, sondern auch, weil die Summe so hoch ist, dass Diana angesichts ihrer misslichen Lage das Angebot fast nicht ausschlagen kann.

Das Kind als Ware

Selbst wenn sich der Ausbeutungseinwand also zumindest mit Blick auf einige Kontexte entkräften lässt, bleibt ein anderer Einwand gegen die kommerzielle Leihmutterschaft bestehen, der die volle Aufmerksamkeit nicht nur jedes Gesetzgebers, sondern auch von uns als Gesellschaft verdient: nämlich die Gefahr der Kommerzialisierung von Kindern. Die UN-Sonderberichterstatterin Maud de Boer-Buquicchio wies 2018 darauf hin, dass viele Praxen entgeltlicher Leihmutterschaft den Tatbestand des Kinderhandels nach internationalem Recht erfüllten, nämlich immer dann, wenn es zu einem Austausch von Geld gegen die Übergabe des Kindes komme.[52] Nur wenn die Leihmutter mit der Geburt Elternrechte erlange und unabhängig von der Entschädigung nicht verpflichtet werden könne, diese aufzugeben, handle es sich nicht um einen Verkauf von Kindern.

Unbestritten ist, dass das, was sich Paare wünschen – nämlich ein Kind –, kein »Produkt« ist und auch rechtlich nicht Gegenstand einer Transaktion sein kann. Weder kann man ein Kind besitzen noch über dieses vertraglich verfügen; beides würde fundamental gegen seine Würde verstoßen. Bezahlt oder entschädigt werden darf, wenn überhaupt, nur das Austragen des Kindes – nicht das Überlassen des Kindes an sich.[53] Dass Kinderhandel wahrscheinlich wird, wenn ein starker Kinderwunsch, bittere Not und skrupellose Vermittler aufeinandertreffen, hat die Geschichte der internationalen Adoption traurigerweise zur Genüge belegt. Das »Haager Übereinkommen zur internationalen Adoption« von 1993 will den Handel unterbinden, indem es vorgibt, wie internationale Adoptionen durchzuführen sind und unter welchen Voraussetzungen sie anerkannt werden können. Die internationale Adoption ist heute hürdenreich und an zahlreiche Bedingungen geknüpft, wobei es insbesondere nach Naturkatastrophen nach wie vor zu Missbräuchen kommt, wenn Familien auseinandergerissen werden und Kinder mitunter als schutzlose Waisen zurückbleiben. Vergleichbare internationale Vereinbarungen zur Leihmutterschaft fehlen demgegenüber.

Zwischen einer *Entschädigung*, die eine Leihmutter für ihre Dienstleistung des Austragens eines Kindes erhält, und einem *Entgelt*, das für ein Kind entrichtet wird, besteht allerdings ein

Unterschied. Einigen ist er freilich zu fein. Die Philosophin Elizabeth Anderson etwa ist der Meinung, kommerzielle Leihmutterschaft degradiere Kinder notwendig zur Ware und würdige sie herab.[54] Angesichts eines so rigiden Urteils sollte doch bedacht werden, dass ein Kind in Zusammenhang mit einer Leihmutterschaft keineswegs allein deshalb zur Welt kommt, weil eine Frau für dessen »in die Welt bringen« bezahlt wird, sondern auch, weil ein Paar sich ein Kind wünscht und nach Wegen sucht, sich diesen innigen Wunsch zu erfüllen.

Regulierung statt Verbot?

Ob die diskutierten Einwände tatsächlich ein Verbot jeglicher Form der Leihmutterschaft zu rechtfertigen vermögen, ist fraglich und wird dies auch bleiben. Selbst jene, die Leihmutterschaft aus moralischen Gründen gänzlich ablehnen, können sich für Regulierungen stark machen, die die legitimen Interessen aller Beteiligten zu schützen beabsichtigen und innerhalb derer Missbrauch möglicherweise besser geahndet werden kann als im Rahmen eines gänzlichen Verbots.[55] Als vorbildlich gelten in der rechtlichen und ethischen Diskussion solche Regelungen, die die körperliche Integrität der Leihmutter schützen, unbedingten Respekt für sie einfordern, das Kindeswohl wahren und die Beziehung zwischen dem Kind und der Leihmutter hinreichend würdigen. In den Auseinandersetzungen um eine mögliche angemessene Gesetzgebung wird insbesondere um zulässige und notwendige Inhalte vertraglicher Vereinbarungen gerungen: Wie ist die Abtretung der Elternrechte nach der Geburt des Kindes zu vollziehen, welches Entgelt ist zulässig, wie ist das Verhältnis zwischen Leihmutter, Wunscheltern und Kind zu gestalten?

Verhaltensanweisungen an die Adresse der Leihmutter werden vor allem zur Beruhigung der Wunscheltern ausgesprochen. Erachtet man die vertragliche Vereinbarung der Leihmutterschaft überhaupt als zulässig, so sind Klauseln, die die Leihmutter auf Eingriffe in ihren Körper verpflichten und ihr hinsichtlich ihrer Lebensführung Vorschriften machen, moralisch hochproblematisch und können auch rechtlich keinen Bestand haben. Zwar ist es durchaus nachvollziehbar, dass Wunscheltern sich absichern wollen, dass die Leihmutter Verhaltensweisen unterlässt, die den Fötus schädigen könnten. Aber Wunscheltern dürfen unter keinen Umständen Kontrollbefugnisse über den Körper der Leihmutter eingeräumt werden – alles andere wäre ein Eingriff in die höchstpersönlichen Rechte und die körperliche Integrität der Frau, die das Kind austrägt.

Wie ist es nun aber um die Verpflichtung der Leihmutter bestellt, das Kind nach der Geburt vereinbarungsgemäß den Wunscheltern zu übergeben und diesen die Elternrechte einzuräumen? Genau darin besteht ja der Kern eines Leihmutterschaftsverhältnisses. Eine Antwort darauf fällt nicht leicht und kommt nicht ohne Widersprüche und Ambivalenzen aus. Einerseits handelt es sich klarerweise um eine Abmachung, und es spricht viel dafür, dass Abmachungen erst einmal einzuhalten sind und Vertrauen nicht missbraucht werden darf. Andererseits besteht zwischen der Frau und dem Fötus während der Schwangerschaft eine einzigartige Beziehung von einer Intimität, die kaum zu übertreffen ist. Eine Bindung haben jedoch auch die Wunscheltern zum Kind: Nicht nur, dass sie das Kind ebenfalls »erwarten«; häufig besteht auch eine genetische Beziehung zwischen einem Elternteil und dem Kind. Zu behaupten, diese sei von größerer Bedeutung als jene, die durch die Schwangerschaft gestiftet wird, würde aber die körperliche und intime Dimension dieses Verhältnisses geringschätzen.[56]

Gerade weil Leihmutterschaft zwingend eine emotionale und körperliche Dimension aufweist und die Interessen eines zukünftigen Kindes auf dem Spiel stehen, darf Leihmutterschaft keinesfalls der freien Vereinbarung der Parteien überlassen werden. Stattdessen sind Verfahren angezeigt, die Elternrechte regeln, den Schutz des Kindes gewährleisten und die Integrität der Leihmutter schützen. Geht es um die finanziellen Aspekte der Leihmutterschaft, so greift möglicherweise die Unterscheidung zwischen kommerzieller und altruistischer Leihmutterschaft zu kurz. Anne Phillips unterstreicht etwa, dass mit Blick auf die in jeder Hinsicht aufwändige Tätigkeit einer Leihmutter die angemessene Entschädigung nicht nur die Deckung der konkreten Auslagen umfassen dürfe, sondern ebenso eine finanzielle Anerkennung für die Mühen, die Sorge, den Schmerz und die Großzügigkeit angemessen sei.[57]

Leihmutterschaft als persönliche Beziehung

Gerade weil die genannten Fragen so schwierig sind, sollte wohl zugestanden werden, dass aus moralischer Sicht nur jene Leihmutterschaftsverhältnisse zulässig sein können, in denen zwischen den beteiligten Personen und dem entstehenden Kind eine Beziehung des verlässlichen Vertrauens und der Wertschätzung besteht. Leihmutterschaftsverhältnisse stiften äußerst komplexe Familienverhältnisse, die alle Beteiligten in die Pflicht nehmen, sich der Verantwortung, die mit einer solchen Übereinkunft einhergeht, bewusst zu sein – eine Verantwortung, die die Beteiligten füreinander, aber auch für das entstehende Kind haben. Auf diese Forderung reagieren sogenannte »triadische Ansätze«. Ihr Kerngedanke besteht darin, dass Leihmutterschaft aus moralischen Gründen nicht als Dienstleistungsverhältnis verstanden und geregelt werden sollte, sondern als eine persönliche Beziehung zwischen Leihmutter, Kind und Wunscheltern. Auf diese Weise soll verhindert werden, dass die Leihmutter auf ihre Funktion als »Gebärmutter« reduziert und damit instrumentalisiert wird. Stattdessen müsse sie wertgeschätzt werden, und zwar auch in ihrer intimen Beziehung zum Kind.[58]

Das Ideal der Leihmutterschaft als triadische Beziehung beinhaltet also *erstens*, dass eine Leihmutter von den Wunscheltern nicht allein aufgrund des Umstands geschätzt wird, dass sie in der Lage ist, ihr Kind auszutragen, sondern auch als Person. *Zweitens* impliziert es, dass die Leihmutter das Kind nicht allein aus materiellen, sondern auch aus altruistischen Motiven austrägt – also auch deshalb, weil sie jemanden bei der Realisierung ihres Kinderwunsches unterstützen möchte. *Drittens* gehören persönliche Kontakte zwischen allen Beteiligten dazu. Womöglich überdauert die Beziehung die Schwangerschaft und Geburt, und die Leihmutter nimmt einen besonderen Platz in der Lebensgeschichte des Kindes ein. Eine Entschädigung der Leihmutter für ihre Auslagen, für Erwerbsausfall, besondere Bedürfnisse oder als Anerkennung für ihre Mühen, Belastungen und Großzügigkeit ist damit nicht ausgeschlossen – im Gegenteil: Ein solch großes Geschenk ohne Gegengabe anzunehmen, schiene unangemessen. Dieses Ideal der Leihmutterschaft als »triadische Beziehung« ist in einem eigentlichen Markt, der Karrieren als Leihmütter ermöglicht und grenzenlosen Profit kennt, mit Sicherheit schwer zu realisieren. Eine notwendige Voraussetzung für eine Beziehung besteht sicher darin, dass das Kind über die Identität der Leihmutter aufgeklärt wird. Ein Kind hat nicht nur ein Recht darauf, über seine genetische Herkunft informiert zu werden, sondern auch und besonders darauf, seine biographischen Anfänge zu kennen, zu wissen, wer es in die Welt gebracht hat und wer seine allerererste Bezugsperson war – und diese allenfalls in die eigene Lebensgeschichte einzubinden.

Landesgrenzen überschreitend

Auch wenn in einigen Ländern Europas viele Verfahren verboten sind: Das Geschäft mit den Kinderwünschen macht an Landesgrenzen nicht Halt. Kliniken in Spanien behandeln auch Schweizer Frauen mit dem Wunsch nach einer gespendeten Eizelle. Vermittlungsagenturen in Kalifornien unterstützen auch deutsche Männerpaare auf der Suche nach einer Leihmutter. Samenbanken in Dänemark liefern Sperma von Spendern mit den erbetenen Eigenschaften auch an Wunscheltern in Länder, in denen solchen Wünschen nicht entsprochen werden darf. Im März 2019 fanden in Berlin die »Kinderwunsch Tage« statt, eine Messe, die sich Paaren mit Kinderwunsch anpreist als »einzige Veranstaltung ihrer Art in Deutschland, bei der Sie Rat von Experten, Unterstützung, Produkte und zuverlässige Informationen zur Vergrößerung Ihrer Familie erhalten – alles unter einem Dach«.[59] In- und ausländische Firmen präsentieren in diesem Rahmen ihre Dienstleistungen, Fruchtbarkeitsbehandlungen, Beratungs- und Vermittlungsdienste. Die großen Unterschiede im rechtlichen Umgang mit der Spende von Samen- und Eizellen und der Leihmutterschaft haben zu einem weltumspannenden »Fortpflanzungsmedizintourismus« geführt, wie diese Entwicklung missbilligend genannt wird. Verlässliche Zahlen dazu gibt es nicht, aber zweifelsohne handelt es sich um ein boomendes Geschäft. Daraus kann geschlossen werden, dass nicht alle sich mit der Verbotshaltung im eigenen Land identifizieren können. Die verschiedenen rechtlichen Ordnungen weltweit spiegeln eine Vielfalt von ethischen, kulturellen und religiösen Überzeugungen. Reist eine Frau nach Spanien, um eine Eizellspende zu erhalten, dann umgeht sie das Verbot in der Schweiz oder in Deutschland und verwirklicht ihren aus ihrer Sicht legitimen Kinderwunsch einfach in einem anderen Land. Je nach Perspektive ist also der reproduktionsmedizinische »Tourismus« entweder ein einträgliches Geschäft mit dem Rechtsbruch – oder ein konstruktiver Umgang mit gesellschaftlicher Vielfalt.[60]

Wird eine Leihmutter in einem anderen als dem eigenen Land mit dem Austragen eines Kindes betraut, können sich insbesondere bei der Rückkehr Schwierigkeiten ergeben. Hat ein Paar aus einem Land, welches die Leihmutterschaft verbietet, die Dienste einer kalifornischen Leihmutter in Anspruch genommen, wird es bei seiner Rückkehr eine Geburtsurkunde des Kindes mit sich führen, die es als die rechtlichen Eltern ausweist. Die Anerkennung seiner Elternschaft gestaltet sich so lange als unproblematisch, wie im Dunkeln bleibt, dass das Kind im Ausland durch eine Leihmutter ausgetragen worden ist. Handelt es sich allerdings um ein gleichgeschlechtliches Paar oder befindet sich die Mutter bereits in fortgeschrittenem Alter, werden die Behörden Fragen stellen. Für die Anerkennung eines im Ausland entstandenen Kindesverhältnisses muss in gewissen Ländern der Wunschelternteil mit dem Kind genetisch verwandt sein. Die Anerkennung des Kindesverhältnisses zu einem genetisch nicht verwandten Elternteil wird verweigert mit Verweis auf den »ordre public«, das heißt damit, dass die Anerkennung wesentlichen Grundsätzen der heimischen Rechtsordnung widersprechen würde. Der Wille zur Elternschaft allein – die sogenannte »intentionale Elternschaft« – vermag also im Rahmen einer solchen Praxis die »biologische Elternschaft« nicht zu verdrängen. Die genetische Elternschaft hingegen besitzt diese Kraft. Nicht selten schimmert in der Zurückhaltung bei der Anerkennung von Kindesverhältnissen, die im Ausland mithilfe einer Leihmutter entstanden sind, auch die Ansicht der Rechtspraxis durch, rechtsbrecherisches Verhalten dürfe sich nicht lohnen. Dabei wird das Kindeswohl oft vernachlässigt – das in aller Regel nach Anerkennung der Wunscheltern als rechtliche Eltern geradezu verlangt.[61]

Berichte über Paare, die Leihmütter engagiert haben, um ihr Kind auszutragen, sind längst ein beliebtes Thema in Zeitschriften und Fernsehreportagen. Sie zeichnen keine Bilder von egoistischen, rücksichtslosen Personen, sondern eher von überglücklichen Eltern. Möglicherweise haben sie den Hang, ihren Kinderwunsch zu sehr zu idealisieren – wie viele andere Paare auch, die Kinder wollen. Sie erzählen von über WhatsApp übermittelten Sprachaufnahmen, die die kalifornische Leihmutter über ihrem Bauch abspielt, damit sich das Kind an die Stimmen seiner Eltern gewöhnt, und sie berichten von gemeinsamen Ferien und entstandenen Freundschaften. Markt und Beziehung scheinen sich also nicht grundsätzlich auszuschließen. Sicher jedoch bestehen weltweit gesehen große Unterschiede in der Art und Weise, wie Leihmutterschaft verstanden und praktiziert wird, und ebenso gewiss ist, dass dieses komplizierte Gefüge anfällig ist für Verletzung, Missbrauch und Enttäuschung. Zugleich sind alle Länder von dieser neuen Form der Entstehung von Elternschaft betroffen – auch diejenigen, die sie verbieten. Gerade weil Leihmutterschaft an Landesgrenzen nicht Halt macht, braucht es ein internationales Regelwerk, das angemessenen Schutz für Kinder und Leihmütter gewährleistet und Mindeststandards dafür festhält, wann ein Kindesverhältnis anerkannt werden kann.

Leihmutterschaft wird ein umstrittenes Thema bleiben: Zu divers sind die Bilder, die wir mit einer Schwangerschaft verbinden; zu intim sind die Entscheidungen, die Frauen treffen, wenn sie Leihmütter werden; zu verletzlich sind die Frauen, wenn sie sich dafür entschieden haben; zu intensiv ist zuweilen der Kinderwunsch, als dass nicht alles auf dem Weg zu dessen Erfüllung unternommen würde; zu verantwortungsvoll ist es, neue Menschen in die Welt zu bringen, als dass wir dieses Thema jemals auf die leichte Schulter nehmen könnten.

7 KINDER WOLLEN – ELTERN WERDEN

»Elternschaft gibt uns die Gelegenheit, unseren Erfahrungshorizont und unser Wissen zu erweitern und vielleicht sogar Demut zu entwickeln. Man lernt seine Grenzen kennen – und beginnt, sie zu weiten. Obwohl man nicht wirklich wissen kann, was Eltern zu sein bedeutet, bevor man sich nicht darauf eingelassen hat, bietet ein Kind zu haben die Gelegenheit, sich selbst zu verändern.«
CHRISTINE OVERALL[1]

»Wie bei allen wichtigen wissenschaftlichen Entdeckungen und technischen Erfindungen hat auch bei der Bioforschung und -technik die ethische, politische und rechtliche Diskussion erst eingesetzt, als die Entwicklung schon vorangeschritten war. Ob der Mensch vom Geschöpf zum Schöpfer werden dürfe, wurde erst diskutiert, als schon Kinder heranwuchsen, die in der Petrischale nur dank eines Akts menschlicher Schöpfung entstanden waren. Dass Behinderung eines Kindes als Schicksal akzeptiert werden müsse, wurde erst gefordert, als es schon kein Schicksal mehr war, weil es zunächst beim Fötus pränatal- und dann beim Embryo präimplantationsdiagnostisch festgestellt werden konnte. Zwar kann, was biotechnisch machbar ist, gesetzlich verboten werden. Aber das Verbot hat nicht die Evidenz des Schicksals, sondern nur die eines politischen Kompromisses. Es ist veränderbar und aufhebbar.«
BERNHARD SCHLINK[2]

Spricht man mit Eltern, deren Kinder bereits im Schulalter oder schon erwachsen sind, trifft man oft auf Aussagen wie: »Wir hatten es früher einfacher« – »Ich bin froh, dass ich mir diese Fragen nie stellen musste« – »Ich habe keine Ahnung, wie wir entschieden hätten«. In ihnen klingt nicht nur an, dass sich die Fragen, die sich angehende Mütter und Väter stellen, im Lauf der letzten Jahrzehnte markant verändert haben. Es klingt auch an, dass die Freiheit, die die jüngere Generation bei der Verwirklichung ihrer Kinderwünsche gewonnen hat, sich als ambivalent erweist: Zwar ermöglicht sie es mehr Personen als früher, ein Kind zu bekommen, und dies zu einem Zeitpunkt, der ihnen passend scheint. Sie geht aber auch mit einer Entscheidungslast einher, um die die vorangehenden Generationen die jüngeren nicht immer beneiden.

Diese Entscheidungslast zeigt sich in verschiedener Hinsicht. Sie tritt nicht nur bei der Frage zutage, ob und wann jemand Kinder haben möchte, sondern sie betrifft auch die zunehmende Medikalisierung von Zeugung, Schwangerschaft und Geburt: Schwangeren Frauen wird mittlerweile eine ganze Palette an pränatalen Untersuchungen angeboten, die nochmals breiter ausfällt, wenn die Frau aufgrund ihres Alters, ihrer medizinischen Vorgeschichte oder einer genetischen Disposition zu einer »Risikogruppe« gehört. Weiß ein Paar von einer genetischen Vorbelastung, wird es sich womöglich bereits vor einer Schwangerschaft beraten lassen und vielleicht eine Präimplantationsdiagnostik erwägen. Mit Bedacht zwischen den diagnostischen Angeboten zu wählen und sich nicht von der falschen Hoffnung leiten zu lassen, entsprechende Untersuchungen böten eine Garantie für ein gesundes Kind, ist anspruchsvoll. Bei einem auffälligen Befund stellt sich überdies die Frage nach Folgeuntersuchungen. Manchmal geben sie Entwarnung und vermögen die Frau oder das Paar zu beruhigen. Erhärtet sich jedoch ein Verdacht, dass das Kind krank sein oder mit einer Behinderung zur Welt kommen würde, können Zweifel aufkommen, ob man auch unter diesen Umständen bereit oder in der Lage ist, Eltern zu werden. Das Nachdenken über die eigenen Perspektiven und Ressourcen, über die Aussichten, die sich einem zukünftigen Kind bieten, vermischt sich mit diffusen Ängsten und Hoffnungen. Letztere vermögen einfühlsame Fachpersonen im besten Fall zu konkretisieren und zu klären; eine Entscheidung fällen und verantworten müssen die Betroffenen jedoch selbst.

Frauen wie Männer können sich heute aber auch genereller fragen, ob sie überhaupt Kinder wollen, und wenn ja, wie viele, zu welchem Zeitpunkt und mit welcher Person. Anders als noch ein paar Generationen zuvor sind unsere Lebensläufe nicht mehr so klar vorgezeichnet, und Kinder zu bekommen ist eine Möglichkeit unter anderen. Wird einen eher ein Leben mit der besonderen Sorge um ein Kind, das man sein »eigenes« nennen darf, erfüllen oder soll man anderen Plänen und Lebensvollzügen den Vorrang geben – wie ließe sich das vorab beurteilen? In den letzten Jahren tritt zu diesen Fragen bei einigen eine neue Zukunftsangst hinzu, die in der Sorge um den Klimawandel wurzelt. Gerade junge Menschen fragen sich zuweilen, ob man überhaupt noch Kinder in diese Welt setzen darf. Andere halten dem entgegen, dass ein Kinderwunsch gerade Ausdruck von Hoffnung und des Bestrebens sein kann, sich für eine lebenswerte Zukunft einzusetzen.

Alle diese Fragen legen die prekäre Dialektik der Selbstermächtigung offen: Lebenswege einfach als gegeben oder vorgezeichnet anzunehmen ist immer weniger möglich; vielmehr sind wir es, die wählen und entscheiden. Damit gewinnen wir zweifelsohne an Spielräumen, die wir selbstbestimmt gestalten können. Zugleich müssen wir das, was wir gestalten und entscheiden, auch verantworten. Der Mensch, der für das meiste selbst verantwortlich ist und Leid und Schmerz nicht mehr an eine Schicksalsmacht delegieren kann, ist letztlich auch ein belasteter Mensch: Er schultert die Übel der Welt, die nicht mehr länger in der Begrenztheit der Natur liegen, sondern als neue moralische Problemstellungen gedeutet werden müssen – als Kehrseite der Freiheit des Menschen, als seine Ungenauigkeit oder seine Verantwortungslosigkeit. Zwar hält sich dieser Mensch die Gefahren des Schicksals vom Leib, doch muss er nun irdischen Experten vertrauen. Dadurch gerät er in neue Abhängigkeiten, was wiederum sein Bedürfnis nach Kontrolle steigert. Diese Kontrolle ist, wie der Philosoph Odo Marquard treffend festgestellt hat, zwangsläufig arbeitsteilig, und die althergebrachte Formel »Vertrauen ist gut, Kontrolle ist besser« verkehre sich in die moderne Formel: »Kontrolle ist gut, Vertrauen ist zunehmend unvermeidlich.«[3] Wird ein so intimer Vorgang wie das Kinderbekommen zu einem technologisch begleiteten und von Expertinnen verantworteten Ablauf, ist Vertrauen tatsächlich unabdingbar. Vertrauen jedoch ist nicht einfach vorhanden, es muss vielmehr gewonnen werden, und wem es einmal geschenkt worden ist, der muss sich seiner würdig erweisen.

Die Rede von der zunehmenden Freiheit und den damit notwendig gewordenen Entscheidungen darf aber über zwei Dinge nicht hinwegtäuschen: *Erstens* ist die Macht des Schicksals zwar teilweise gebannt, nicht jedoch getilgt. Wer Kinder haben will, kann dennoch kinderlos bleiben; wer auf keinen Fall Nachwuchs möchte, kann ungewollt schwanger werden oder sich mit einem dringenden Kinderwunsch der Partnerin oder des Partners konfrontiert sehen; wer sich nur noch ein weiteres Kind wünscht, kann Drillinge erwarten. Demut mag für viele aus der Mode sein; wenn es ums Elternwerden geht, hat diese Tugend aber ihre unbedingte Berechtigung: Wir wissen weder, ob wir je Kinder bekommen werden, noch lässt sich erahnen, was für ein Mensch zu uns stoßen wird. Eltern zu werden heißt nach wie vor und wird immer bedeuten, sich selbst dann, wenn das Kind das Licht der Welt erblickt, in vielerlei Hinsicht dem Unverfügbaren zu fügen. Ungeachtet aller Planbarkeit bleibt Kinder zu wollen und Eltern zu werden ein unablässiges Abenteuer – und birgt vielleicht gerade deshalb einen Zauber, den wir uns bewahren sollten. *Zweitens* wird mit der Rede von einer Entscheidungslast schnell und zu Unrecht vergessen, dass die Entwicklung der modernen Reproduktionsmedizin für viele Menschen vor allem emanzipativ und befreiend war. Frauen, die nicht schwanger werden, obwohl sie sich dies sehnlichst wünschen, können nun untersucht und über die Gründe meist aufgeklärt und umsichtig beraten werden. Viele haben mitunter die Möglichkeit, trotz verminderter Fruchtbarkeit ein Kind zu bekommen. Besteht ein Risiko, die Veranlagung für eine schwere genetische Krankheit weiterzugeben, können zukünftige Eltern diesem mittels genetischer Diagnostik und anschließender Selektion begegnen. Vielleicht wird es in Zukunft sogar risikofrei möglich sein, krankmachende Gene mittels Gen-Schere auszuschalten (Kap. 5).

Sind die vielen Möglichkeiten insgesamt Last oder Hoffnung, Freiheitsverlust oder Freiheitsgewinn? Darüber nachzudenken ist wichtig und richtig, wenn dieses Nachdenken der persönlichen Klärung dient, wie mit den Optionen umzugehen ist, oder wenn es zu einer Debatte darüber anregt, wie wir uns als Gesellschaft zu den vorhandenen Möglichkeiten verhalten sollen. Die Frage ist aber müßig, wenn sie darauf abzielte, zu klären, ob die genannten Entwicklungen besser rückgängig zu machen wären. Der entscheidende Schritt wurde nämlich bereits mit der Einführung der In-vitro-Fertilisation getan: Mit dieser wurde nicht nur die Zeugung von Kindern möglich, wenn sich spontan keine Schwangerschaft einstellt, sondern auch der Zugriff auf Embryonen. Selbstverständlich muss niemand von dieser Technologie Gebrauch machen. Doch die In-vitro-Fertilisation ist zu einer Variante der Reproduktion geworden, die aus der medizinischen Praxis nicht mehr wegzudenken ist.

Es ist also als Gesellschaft unsere Aufgabe, uns mit den neuen Optionen zu befassen, die im Zuge der Zeugung im Labor entwickelt worden sind. Diese Auseinandersetzung kreist um ein angemessenes Verständnis der reproduktiven Autonomie. *Reproduktive Autonomie* bezeichnet im Kern das Recht jeder einzelnen Person, über Fragen des Kinderwollens selbstbestimmt entscheiden zu können, also darüber, ob, wann und mit wem jemand Kinder haben möchte. Sowohl das Recht, nicht zum Austragen eines Kindes gezwungen zu werden, als auch jenes, nicht daran gehindert zu werden, eines zu bekommen, ist höchstpersönlicher Natur und ein Menschenrecht. Fragen der reproduktiven Autonomie berühren Frauen in besonderem Maße, weil sie häufig deren körperliche Unversehrtheit tangieren: Eine Schwangerschaft findet im Körper einer Frau statt, die Entnahme von Eizellen ist aufwändig und risikoreich, eine pränatale Diagnostik vollzieht sich am oder im weiblichen Körper (Kap. 1).

Angesichts der beschriebenen Entwicklungen haben reproduktive Interessen freilich weit mehr zum Gegenstand, als selbstbestimmt entscheiden zu können, ob, wann und mit wem wir Kinder haben. Reproduktive Interessen erstrecken sich heute auf ein Geflecht an technologischen Maßnahmen, etwa darauf, genetische Diagnostik oder eine Eizellspende in Anspruch zu nehmen. Reproduktive Autonomie – will man sie ernst nehmen – muss grundsätzlich auch Entscheidungen umfassen, von solchen Möglichkeiten Gebrauch zu machen. Zu *welchen* reproduktiven Verfahren *wem* dieser Zugang gewährt werden soll, ist allerdings Gegenstand anhaltender und weitreichender Kontroversen. Gleichgeschlechtliche Paare oder Frauen ab einem bestimmten Alter prinzipiell von entsprechenden Behandlungen auszuschließen, ist jedenfalls nicht gerechtfertigt (Kap. 2 und 3).

Bei der Frage nach den zulässigen Mitteln, die zur Erfüllung eines Kinderwunsches in Anspruch genommen werden dürfen – zu *welchen* reproduktiven Verfahren also Zugang gewährt werden soll –, sorgt gegenwärtig vor allem die Einbeziehung Dritter für Debatten: Ist es vertretbar, mithilfe einer Leihmutter ein Kind zu bekommen? Darf eine Eizellspende in Anspruch genommen werden? Abgesehen davon, dass mithilfe dieser Verfahren Familienformen entstehen, die erst die Fortpflanzungsmedizin ermöglicht hat und die zuweilen als »unnatürlich« zurückgewiesen werden – eine Frau gebärt ein Kind, das genetisch nicht das ihre ist, oder zwei Männer werden gemeinsam Eltern –, besteht die berechtigte Sorge, dass Frauen in ihrer Würde verletzt oder aufgrund der ökonomischen Ungleichheit ausgebeutet werden. Worin genau die Würdeverletzung oder die Ausbeutung bestehen, ist allerdings umstritten und bedarf der weiteren Klärung. Tatsächlich finden Eizellspenden und Leihmutterschaften in den unterschiedlichsten Kontexten und Ausprägungen statt. Darunter finden sich zweifelsohne höchst problematische Verhältnisse, in denen Frauen in ihrer Würde nicht hinreichend geschützt werden – es finden sich aber auch solche, die als legitime Formen des Elternwerdens zählen dürfen (Kap. 6).

Der Schutz reproduktiver Autonomie ist darauf angelegt, dass wir unsere Lebenspläne und Wünsche realisieren können. Mit ihr verbunden ist die *Verantwortung* für unsere reproduktiven Entscheidungen. Aus diesen gehen mitunter Kinder hervor, deren Interessen notwendig in die Entscheidung einfließen. Eltern werden wir zugleich meist in Beziehungen, die ihrerseits von gegenseitigem Vertrauen geprägt sind und die uns ebenfalls in die Pflicht nehmen. Räumen wir einer Person das Recht auf reproduktive Autonomie ein, betrauen wir sie mit der diesbezüglichen Entscheidungsbefugnis in der Annahme, dass sie die damit einhergehende Verantwortung trägt und tragen kann. Vorstellungen darüber, was von uns als Eltern verlangt ist und wann wir Belastungsgrenzen geltend machen dürfen oder in Rücksichtnahme auf andere sogar müssen, sowie Annahmen über das mögliche Lebensglück oder aber Leiden eines potenziellen Kindes lassen sich nur schwer objektivieren. Reproduktive Entscheidungen müssen deshalb stets persönliche Entscheidung bleiben, die immer auch die Werthaltungen der Betroffenen zum Ausdruck bringen (Kap. 2 und 4).

Angesichts der vielen Möglichkeiten, die mittlerweile bestehen, um ungewollter Kinderlosigkeit zu begegnen, wird zuweilen kritisch gefragt, ob es wirklich »ein Kind um jeden Preis« sein müsse. Der Vorwurf, der in dieser Frage mitschwingt, suggeriert, dass Personen, die auf dem Weg zum Wunschkind sehr viel unternehmen, die Interessen eines möglichen Kindes aus dem Blick verlieren oder sich so sehr für ihren Plan verausgaben könnten, dass das Kind, das sie dabei möglicherweise bekommen, den großen Einsatz dann auch lohnen müsse. Tatsächlich kann ein Kinderwunsch unerbittlich stark sein und Paare über Jahre hinweg völlig in Beschlag nehmen, bis das ersehnte Wunschkind endlich da ist. In unseren Lebenszusammenhängen dürften allerdings die meisten Kinder »Wunschkinder« sein, insofern als man sich für oder gegen sie entscheiden konnte. Bedenklich wäre dies dann, wenn dem Kind vor dem Hintergrund elterlicher Erwartungen sein »Recht auf eine offene Zukunft« genommen oder ihm die Kenntnis der eigenen Abstammung verwehrt würde (Kap. 5 und 6).

Die Problematik des »Kinderwollens um jeden Preis« legt aber noch einen weiteren Punkt offen, der unserer Aufmerksamkeit bedarf: nämlich die Gefahr, dass die hart erkämpfte reproduktive Autonomie durch die Industrie, die sich in Reaktion auf die drängenden Kinderwünsche herausgebildet hat, wieder unterlaufen werden könnte. So behauptet etwa die Anwältin Jocelynne Scutt in ihrem Buch *The Baby Machine* eine Allianz zwischen einer oppressiven Mutterideologie – der Festlegung der Frau auf ihre Mutterrolle – und den finanziellen Interessen dieser Industrie. Vor dem Hintergrund einer Vorstellung, der zufolge Frauen »natürlicherweise« zur Mutterschaft bestimmt seien, könne nicht erstaunen, dass sie alles unternähmen, der damit zum Ausdruck gebrachten Erwartung gerecht zu werden – und den Makel der Kinderlosigkeit zu vermeiden.[4] Dieser Vorwurf erinnert daran, dass reproduktive Entscheidungen stets in einem sozialen, kulturellen und wirtschaftlichen Kontext verortet werden müssen. Daraus folgt freilich nicht, Frauen sei die Fähigkeit abzusprechen, sich selbstbestimmt zu Verfahren der Reproduktionsmedizin zu verhalten. Sehr wohl folgt daraus aber, dass Frauen und Paare zu befähigen sind, selbstbestimmte Entscheidungen zu treffen, wozu insbesondere die umfassende und ergebnisoffene Information über Chancen und Risiken von Therapien und Diagnoseverfahren gehört (Kap. 3 und 5).

Fragen des Kinderwollens sind zwar ganz persönliche Fragen, über die im Grundsatz jede Person selbst zu entscheiden hat, ihre *gesellschaftlichen Dimensionen* sind aber offensichtlich. Entscheidungen mögen im Einzelfall nachvollziehbar und gerechtfertigt sein – beispielsweise eine Präimplantationsdiagnostik bei einer erblichen Vorbelastung oder das Einfrieren von Eizellen als Vorsorge in Anspruch zu nehmen. Werden aber Verfahren wie die Präimplantationsdiagnostik oder das »social egg freezing« zum Standard, hat dies gesamtgesellschaftlich betrachtet möglicherweise negative Auswirkungen. Befürchtet wird etwa die Diskriminierung von Menschen mit einer Behinderung oder das Unterwandern von Gleichstellungsbemühungen, die vonnöten wären, um Frauen die Vereinbarung von Mutterschaft und Berufsleben zu ermöglichen. Die Möglichkeiten genetischer Selektion und Intervention in das frühste Leben werfen zudem gewichtige Fragen der Gerechtigkeit, der Solidarität und des gesellschaftlichen Zusammenhalts auf, welche der Gefahr ausgesetzt sind, durch eine »Fortschrittsrhetorik« vernachlässigt zu werden (Kap. 5). Mit diesen Zwiespälten umzugehen, die sich in vielen Bereichen der Reproduktionsmedizin auftun, ist eine gesamtgesellschaftliche Aufgabe, die nicht allein an diejenigen delegiert werden darf, die sich Kinder wünschen.

Doch lassen sich die technologischen Entwicklungen überhaupt abwenden oder zumindest kontrollieren? Oder sind die Versuche der Ethik und des Rechts, diese im Zaun zu halten, nicht eher das, was der Soziologe Ulrich Beck als eine »Fahrradbremse am Interkontinentalflugzeug«[5] beschrieben hat, nämlich gut gemeinte, aber weitgehend wirkungslose Bemühungen? Tatsächlich hat in vielen Bereichen, wie der Rechtswissenschaftler und Schriftsteller Bernhard Schlink schreibt, »die ethische, politische und rechtliche Diskussion erst eingesetzt, als die Entwicklung schon vorangeschritten war«.[6] Hinsichtlich der gesellschaftlichen Dimensionen erzeugen vor allem die Durchbrüche in der Genetik und insbesondere die neue CRISPR-Technologie tiefes Unbehagen: Die entsprechenden Entwicklungen eröffnen neue Denkräume und die gänzlich neue Möglichkeit, an unserem genetischen Code, unserem menschlichen Sein selbst herumzuschreiben. Zwar wird die Aussicht, schwere Krankheiten zu vermeiden, auch mit großen Hoffnungen verbunden. Immer wieder wird aber auch die Befürchtung geäußert, die Verfahren der genetischen Selektion und Veränderung seien nur entweder ganz oder gar nicht zu haben: Ließen wir sie erst einmal zu, werde der Genetik auch jenseits ihres therapeutischen

Einsatzes die Tür zur Anwendung weit geöffnet. Das ist freilich nicht zwingend. Mit dem zulässigen Einsatzbereich der neueren Technologien wird immer wieder und zu Recht gerungen. Angesichts des therapeutischen Potenzials, das Eingriffe ins Erbgut dereinst haben könnten, wäre ein Abbruch sämtlicher Bemühungen in diesem Bereich aber nur schwer zu rechtfertigen.

In all diesen Fragen fehlt ein gesellschaftlicher Konsens. Dies zeigt sich schon daran, dass das Kinderwollen und Elternwerden in verschiedenen Ländern derselben Weltregion unterschiedlichen rechtlichen Rahmenbedingungen unterworfen ist. Wenn sich eine Person oder ein Paar mit dem Verbot eines bestimmten Verfahrens in ihrem Land nicht identifizieren können, weichen sie womöglich auf ein anderes Land aus. Einige mag es befremden, wenn Männerpaare mithilfe einer Leihmutter eine Familie gründen oder Frauen mit 55 Jahren Mütter werden, andere sehen darin eine legitime Möglichkeit, einen innigen Wunsch zu verwirklichen, wiederum andere eine Option, die sie zwar für sich selbst ablehnen, anderen aber durchaus zugestehen. Als freiheitliche, pluralistische Gesellschaft müssen wir mit verschiedenen Werthaltungen rechnen und umgehen, solange sie als das ausgewiesen werden können, was John Rawls als »vernünftige Meinungsverschiedenheiten«[7] bezeichnet hat: als divergente Ansichten, die in liberalen Gesellschaften zutage treten, zumal weder eine bestimmte Vorstellung des guten Lebens noch eine Weltanschauung vorgeschrieben werden soll. Werden allerdings Frauen in ihrer Würde verletzt, weil sie als Leihmütter instrumentalisiert werden, werden Kinder zur Ware, weil für sie ein Preis bezahlt wird, oder werden schwangere Frauen in ihrer Selbstbestimmung missachtet, weil sie zu einer Gendiagnostik gezwungen werden, stehen Werte auf dem Spiel, die in jeder Rechtsordnung ihren unbedingten Platz haben und nicht verhandelbar sind – auch wenn es sich im Einzelfall als schwierig erweisen kann, ihre Gefährdung festzustellen.

Reproduktive Entscheidungen zeichnen sich dadurch aus, dass sie persönlich, ja, geradezu intim sind. Vorstellungen des richtigen Umgangs mit vorgeburtlichem Leben, Konzepte von Elternschaft und Familie, von Gesundheit und Krankheit: Sie alle sind kulturell, weltanschaulich, religiös, sozial geprägt oder schlicht biographisch motiviert – und damit vielfältig. Rechtliche Interventionen in derart höchst persönliche Kontexte sind nur zurückhaltend und nur dann in Erwägung zu ziehen, wenn gewichtige Interessen der Gesellschaft oder anderer Personen gefährdet sind. Mit dieser Zurückhaltung ist nicht die Aussage verbunden, ein bestimmtes Verfahren sei moralisch unter allen Umständen vertretbar oder sogar gut oder empfehlenswert. Vielmehr bringt die Zurückhaltung im Urteil zum Ausdruck, dass angesichts der Pluralität von Werthaltungen nicht eine bestimmte Position zur allgemeingültigen Norm erhoben werden kann. Die Gewissensfrage, was möglicherweise zwar machbar, nicht jedoch wünschbar oder moralisch gerechtfertigt ist, kann nicht an das Recht delegiert werden. Die Entscheidung reproduktiver Angelegenheiten muss vielmehr bei der einzelnen Person oder dem Paar liegen, die diese auch zu verantworten haben. Rechtliche Interventionen in solche Entscheidungen bringen meist zum Ausdruck, dass wir einander weder für hinlänglich verantwortungsvoll halten noch in der Lage sehen, entsprechend sorgfältig und respektvoll mit unseren Möglichkeiten umzugehen. Doch von dieser Verantwortung entbindet uns nichts und niemand, und selbst ein Gesetz könnte nicht verhindern, dass Einzelne ihre Verantwortung negierten.

Die Diskussion wird weitergehen – kontrovers und ambivalent, vehement und emotional. Denn die Frage, ob und wie wir Kinder bekommen wollen, ist für unser Leben und unser Sein – dafür, wie wir uns selbst verstehen – existenziell und reicht weit in die Zukunft hinein. Die Zukunft ist dabei weder Verdikt noch Verheißung, sondern sie birgt einen Gestaltungsauftrag, den wir aktiv und verantwortungsvoll annehmen oder den wir passiv verstreichen lassen können. Diesen Auftrag anzunehmen ist eine schwierige, aber notwendige gesellschaftliche Herausforderung – und eine lohnende persönliche Reise.

DANK

Dieses Buch hat einen langen Weg hinter sich, auf dem wir nicht nur zu zweit um Argumente, Bilder und Formulierungen gerungen haben, sondern auch in Gesprächen mit anderen unsere Gedanken schärfen und unsere Ideen weiterentwickeln konnten. All unseren Kolleginnen und Kollegen, die uns fachliche Hinweise gegeben und uns mit kritischen Rückfragen zum Weiterdenken gebracht haben, danken wir ganz herzlich – ebenso wie unseren Freundinnen und Freunden, die uns mit ihren persönlichen, alltagsnahen Geschichten in unseren theoretischen Gedanken herausgefordert haben. Das Manuskript gegengelesen und kommentiert haben Delphine Bracher, Catherine Newmark und Jean-Daniel Strub; auch ihnen gebührt großer und sehr herzlicher Dank. Florian Kessler vom Hanser Verlag danken wir für sein akribisches Lektorat.

Dieses Buch hat seinen Ausgangspunkt in der Fellow-Periode »Reproduzierbarkeit, Vorhersage, Relevanz« am Collegium Helveticum der ETH Zürich, der Universität Zürich und der Zürcher Hochschule der Künste, innerhalb dessen Andrea Büchler von 2009 bis 2016 als Fellow tätig war. Das Collegium Helveticum hat das Buch großzügig unterstützt und Barbara Bleisch von 2016 bis 2019 als akademischen Gast aufgenommen. Wir bedanken uns insbesondere bei Gerd Folkers, Martin Schmid und Christian Ritter für ihre Unterstützung und bewahren Thomas Hengartner, der in dieser Zeit verstorben ist, für seine Großzügigkeit und seine warme Art ein herzliches Andenken.

Danken möchten wir auch unseren Familien, die uns während der Arbeit am Buch oft entbehren und zeitweise unsere Ungeduld aushalten mussten.

ANMERKUNGEN

AUFTAKT ZUM GESPRÄCH

1 Millay Hyatt (2017): *Ungestillte Sehnsucht. Wenn der Kinderwunsch uns umtreibt*, 3. Auflage, Berlin: Christoph Links Verlag, 213. © 2012 Christoph Links Verlag GmbH
2 Bertram Eisenhauer (2016): *Weil ich ein Dicker bin. Szenen eines Lebensgefühls*, München: C. Bertelsmann, 294 f. © C. Bertelsmann Verlag, München, in der Verlagsgruppe Random House GmbH
3 Andrea Büchler (2017): *Reproduktive Autonomie und Selbstbestimmung. Dimensionen, Umfang und Grenzen an den Anfängen menschlichen Lebens*, Basel: Helbing Lichtenhahn Verlag.
4 Jay F. Rosenberg (2009): *Philosophieren. Ein Handbuch für Anfänger*, Frankfurt a. M.: Klostermann, 17.
5 Markus Werner (2004): *Am Hang*, Frankfurt a. M.: S. Fischer Verlag, 92.

1 KINDER WOLLEN

1 Sigmund Freud (1898): »Die Sexualität in der Ätiologie der Neurosen«, in: Sigmund Freud: *Studienausgabe in zehn Bänden*, Band 5, Frankfurt a. M.: S. Fischer Verlag, 28.
2 Emily Jackson (2001): *Regulating Reproduction. Law, Technology and Autonomy*, Oxford/Portland, Or.: Hart Publishing, 323 (Übersetzung: BB/AB). © Emily Jackson, 2001, Regulation Reproduction, Hart Publishing, used by permission of Bloomsbury Publishing Plc.
3 Sigmund Freud (1898): »Die Sexualität in der Ätiologie der Neurosen«, in: Sigmund Freud: *Studienausgabe in zehn Bänden*, Band 5, Frankfurt a. M.: S. Fischer Verlag, 28.

4 Vgl. Andreas Bernard (2014): *Kinder machen. Neue Reproduktionstechnologien und die Ordnung der Familie,* Frankfurt a. M.: S. Fischer Verlag.

5 Vgl. dazu den Beschluss des Deutschen Bundesgerichtshofs vom 6.9.2017, XII ZB 660/14: Nach der rechtlichen Geschlechtsänderung von Frau zu Mann brachte dieser Mann ein Kind zur Welt. Der Bundesgerichtshof betrachtete ihn als die Mutter des Kindes. Der Fall zeigt, dass die vielfältigen Geschlechteridentitäten durch die stereotypen Zuordnungen Frau/Mutter respektive Mann/Vater nicht hinreichend abgebildet werden.

6 Werner Schreiner (1978): »Das außerordentliche Kind von Oldham«, in: *Neue Zürcher Zeitung*, 28.7.1978, 7.

7 Günter Haaf (1978): »Auf dem Weg zum Bio-Babel?«, in: *Die Zeit*, 4.8.1978: https://www.zeit.de/1978/32/auf-dem-weg-zum-bio-babel/komplettansicht (letzter Zugriff: 9.11.19).

8 Vgl. ESHRE ART Fact Sheet, 18 February 2018, https://www.eshre.eu/-/media/sitecore-files/Guidelines/ART-fact-sheet_vFebr18_VG.pdf?la=en&hash=2FFDF01834EAB2C73E7A2C392D978B1F019AD7E5 (letzter Zugriff: 26.11.19).

9 Vgl. ESHRE ART Fact Sheet, 18 February 2018, https://www.eshre.eu/-/media/sitecore-files/Guidelines/ART-fact-sheet_vFebr18_VG.pdf?la=en&hash=2FFDF01834EAB2C73E7A2C392D978B1F019AD7E5 (letzter Zugriff: 26.11.19): »20–30 % of infertility cases are explained by physiological causes in men, 20–35 % by physiological causes in women, and 25–40 % of cases are because of a problem in both partners. In 10–20 % no cause is found.«

10 Vgl. dazu z. B. *Economist*, 8.8.2019: »The fertility business is booming«, https://www.economist.com/business/2019/08/08/the-fertility-business-is-booming (letzter Zugriff: 9.11.19).

11 Sibylle Lewitscharoff: »Von der Machbarkeit. Die wissenschaftliche Bestimmung über Geburt und Tod«, Dresdner Reden 2014, 12, https://www.staatsschauspiel-dresden.de/download/8742/dresdner_ rede_sibylle_lewitscharoff.pdf (letzter Zugriff: 26.8.19).

12 Vgl. dazu den sehr persönlichen Gastbeitrag der Schriftstellerin Judith Schalansky in der *Süddeutschen Zeitung* vom 8.3.2014: https://www.sueddeutsche.de/kultur/eklat-um-rede-von-sibylle-lewitscharoff-ungeheuerliche-hetze-11907457 (letzter Zugriff: 17.7.19).

13 Dieter Birnbacher (2006): *Natürlichkeit*, Berlin/New York: de Gruyter, 21.

14 Johann S. Ach (2011): »Autonomie und Lebensschutz«, in: Johann S. Ach, Kurt Bayertz und Luwid Siep: *Grundkurs Ethik. Anwendungen*, Paderborn: mentis Verlag, 23–35, hier: 34.

15 Hartmut Rosa (2019): *Unverfügbarkeit*, Wien: Residenz Verlag, 74.

16 Bertram Eisenhauer (2016): *Weil ich ein Dicker bin. Szenen eines Lebensgefühls*, München: C. Bertelsmann, 294 f.

17 Davon berichtet etwa Millay Hyatt in ihrem Buch *Ungestillte Sehnsucht. Wenn der Kinderwunsch uns umtreibt*, 3. Auflage, Berlin: Christoph Links Verlag, 2017.

18 Vgl. Barbara Duden (1991): *Der Frauenleib als öffentlicher Raum. Vom Mißbrauch des Begriffs Leben*, München: Luchterhand Literaturverlag.

19 Für einen reichhaltigen Überblick über Theorien der Autonomie siehe bspw. die Bände von Beate Rössler (2017): *Autonomie. Ein Versuch über das gelungene Leben*, Frankfurt a. M.: Suhrkamp, sowie Monika Betzler (Hg.) (2013): *Autonomie der Person*, Paderborn: mentis Verlag.

20 Vgl. Erin Nelson (2013): *Law, Policy and Reproductive Autonomy*, Oxford/Portland, Or.: Hart Publishing.

21 Vgl. Margaret Atwood (1985): *Der Report der Magd*, München: Piper. Das Buch wurde zusätzlich bekannt durch die gleichnamige US-amerikanische Fernsehserie (im Original *The Handmaid's Tale*), die eine Vielzahl von Preisen gewonnen hat.

22 United Nations Organization (1968): »Final Act of The International Conference on Human Rights«, UN Doc A/Conf.32/41, Teheran 1968, http://legal.un.org/avl/pdf/ha/fatchr/Final_Act_of_TehranConf.pdf (letzter Zugriff: 26.8.19; Übersetzung: AB/BB). Vgl. auch Art. 16 des »Übereinkommens zur Beseitigung jeder Form von Diskriminierung der Frau« (CEDAW) von 1979: »(1) Die Vertragsstaaten treffen alle geeigneten Maßnahmen zur Beseitigung der Diskriminierung der Frau in Ehe- und Familienfragen und gewährleisten auf der Grundlage der Gleichberechtigung von Mann und Frau insbesondere folgende Rechte: […] e) gleiches Recht auf freie und verantwortungsbewusste Entscheidung über Anzahl und Altersunterschied ihrer Kinder sowie auf Zugang zu den zur Aus-

übung dieser Rechte erforderlichen Informationen, Bildungseinrichtungen und Mitteln.«

23 BGE 115 Ia 234, E. 5a.

24 Vgl. für die Einführung der Unterscheidung zwischen dem Recht auf *kein* Kind, dem Recht auf *ein* Kind und dem Recht auf ein *bestimmtes* Kind Katharina Beier und Claudia Wiesemann (2013): »Reproduktive Autonomie in der liberalen Gesellschaft. Eine ethische Analyse«, in: Claudia Wiesemann und Alfred Simon (Hg.): *Patientenautonomie. Theoretische Grundlagen, praktische Anwendungen*, Münster: mentis Verlag, 205–221.

25 Emily Jackson (2001): *Regulating Reproduction. Law, Technology and Autonomy*, Oxford/Portland, Or.: Hart Publishing, 323. Dieser Respekt verlange, dass die Möglichkeit, zu entscheiden, wie wir Kinder zeugen, nur dann eingeschränkt werde, wenn sie mit höherwertigen sozialen Werten unvereinbar sei (9).

26 John Robertson schreibt in seinem viel diskutierten Buch: »Ich schlage vor, der reproduktiven Freiheit in allen Konflikten Vorrang einzuräumen, wobei den Gegnern einer bestimmten Technik die Beweislast obliegt, zu zeigen, dass schädliche Auswirkungen ihrer Anwendung eine Einschränkung der reproduktiven Wahl rechtfertigen.« (John A. Robertson (1994): *Children of Choice. Freedom and the New Reproductive Technologies*, Princeton: Princeton University Press, 16) (Übersetzung: AB/BB).

27 Vgl. John Harris (1998): »Rights and Reproductive Choice«, in: John Harris und Soren Holm (Hg.): *The Future of Human Reproduction. Ethics, Choice and Regulation,* Clarendon Press, 5–37, hier: 34 f.; Allen Buchanan (2011): *Beyond Humanity?* Oxford: Oxford University Press; Jonathan Glover (2006): *Choosing Children. Genes, Disability, and Design*, Oxford: Clarendon Press.

28 Unter anderen: Costa and Pavan v. Italy (no. 54 270/10), Urteil vom 28. August 2012, § 56; S. H. and Others v. Austria (no. 57 813/00), Urteil (Große Kammer) vom 3. November 2011, § 82.

29 BGE 115 Ia 234 ff.; BGE 119 Ia 460 ff. Vgl. ausführlich Eva Maria Belser und Alexandra Jungo (2016): »Elternschaft im Zeitalter medizinischer Machbarkeit. Das Recht auf Achtung des Kinderwunsches und seine Schranken«, in: *Zeitschrift für Schweizerisches Recht* 135, 175–224.

30 Siehe zu den verschiedenen Einordnungen und Begründungen Friederike Wapler (2018): »Reproduktive Autonomie: rechtliche und rechtsethische Überlegungen«, in: Susanne Baer und Ute Sacksofsky (Hg.): *Autonomie im Recht – Geschlechtertheoretisch vermessen*, Baden-Baden: Nomos, 185–213, hier: 189 ff. Vgl. auch Nationale Akademie der Wissenschaften Leopoldina (2019): Stellungnahme: Fortpflanzungsmedizin in Deutschland – für eine zeitgemäße Gesetzgebung, 34 f. Für Österreich: Christian Kopetzki (2016): »Das Recht der Fortpflanzungsmedizin 2015: Aktueller Stand und verfassungsrechtliche Bewertung«, in: Stefan Arnold et al. (Hg.): *Das Recht der Fortpflanzungsmedizin 2015 – Analyse und Kritik*, Wien: Manz, 63–101.

31 Friederike Wapler (2018): »Reproduktive Autonomie und ihre Grenzen. Leihmutterschaft aus verfassungsrechtlicher Perspektive«, in: Edward Schramm und Michael Wermke (Hg.): *Leihmutterschaft und Familie. Impulse aus Recht, Theologie und Medizin*, Berlin: Springer, 107–147, hier: 115. Vgl. für Deutschland auch Dagmar Coester-Waltjen (2013): »Reproduktive Autonomie aus rechtlicher Sicht«, in: Claudia Wiesemann und Alfred Simon (Hg.): *Patientenautonomie. Theoretische Grundlagen, praktische Anwendungen*, Münster: mentis Verlag, 222–236.

32 Bernhard Rütsche (2010): »Eugenik und Verfassung. Regulierung eugenischer Wünsche von Eltern im freiheitlichen Rechtsstaat«, in: *ZBl* 6, 297–327, hier: 312.

33 Vgl. Emily Jackson (2001): *Regulating Reproduction. Law, Technology and Autonomy*, Oxford/Portland, Or.: Hart Publishing.

34 Erin Nelson (2013): *Law, Policy and Reproductive Autonomy*, Oxford: Hart Publishing, 38, 46, 50. Vgl. auch Anne Röthel (2018): »Autonomie als Bezugspunkt für eine Kritik der rechtlichen Regulierung des Zugangs zu reproduktiven Verfahren«, in: Susanne Baer und Ute Sacksofsky (Hg.): *Autonomie im Recht – Geschlechtertheoretisch vermessen*, 215–227, hier: 219.

35 Onora O'Neill (2002): *Autonomy and Trust in Bioethics*, Cambridge: Cambridge University Press, Kap. 3.

36 Vgl. Katharina Beier (2013): »Reproduktive Autonomie als biopolitische Strategie. Eine Kritik des liberalen fortpflanzungsmedizinischen Diskurses aus bioethischer Perspektive«, in: Dominik

Finkelde, Julia Inthorn und Michael Reder (Hg.): *Normiertes Leben. Biopolitik und die Funktionalisierung ethischer Diskurse,* Frankfurt a. M.: Campus, 69–92, hier: 87.

37 Vgl. Andrea Büchler (2017): *Reproduktive Autonomie und Selbstbestimmung. Dimensionen, Umfang und Grenzen an den Anfängen menschlichen Lebens,* Basel: Helbing Lichtenhahn Verlag.

38 Vgl. Antje Schrupp (2019): *Schwangerwerdenkönnen. Essay über Körper, Geschlecht und Politik,* Roßdorf bei Darmstadt: Ulrike Helmer Verlag.

39 Vgl. dazu auch Christine Overall (2012): *Why Have Children. The Ethical Debate,* Cambridge, MA.: MIT Press, 8 f.

40 Das »Nicht-Identitäts-Problem« wird seit Mitte der 1980er Jahre in zahlreichen Spielarten diskutiert. Es geht zurück auf die Ideen von Derek Parfit (1987): *Reasons and Persons,* Oxford: Oxford University Press, Kap. 16.

41 Vgl. Rosemarie Tong (1996): *Feminist Approaches to Bioethics: Theoretical Reflections and Practical Applications,* Boulder, CO: Westview Press.

42 Vgl. Sylvia Burrow (2012): »Reproductive Autonomy and Reproductive Technology«, in: *Techne* 16 (1), 30–44. Vgl. auch Susan Sherwin (2001): »Normalizing Reproductive Technologies and the Implications for Autonomy«, in: Rosemarie Tong et al. (Hg.): *Globalizing Feminist Bioethics. Crosscultural Perspectives,* Boulder, CO: Westview Press, 96–113.

43 Shulamith Firestone (1987): *Frauenbefreiung und sexuelle Revolution,* Frankfurt a. M.: S. Fischer Verlag, 225 f.; Donna Haraway (1995): *Monströse Versprechen. Die Gender- und Technologie-Essays,* Hamburg: Argument-Verlag.

44 Vgl. Martin Spiewak (2002): *Wie weit gehen wir für ein Kind? Im Labyrinth der Fortpflanzungsmedizin,* Frankfurt a. M.: Eichborn Verlag, 101.

45 Andreas Bernard (2014): *Kinder machen. Neue Reproduktionstechnologien und die Ordnung der Familie,* Frankfurt a. M.: S. Fischer Verlag, 436.

46 Vgl. Millay Hyatt (2017): *Ungestillte Sehnsucht. Wenn der Kinderwunsch uns umtreibt,* 3. Auflage, Berlin: Christoph Links Verlag, 67.

47 Vgl. bspw. die Auseinandersetzung mit dem Autonomiebegriff in

Marilyn Friedman (2003): *Autonomy, Gender, Politics,* Oxford: Oxford University Press; Catriona Mackenzie und Natalie Stoljar (Hg.) (2000): *Relational Autonomy. Feminist Perspectives on Autonomy, Agency, and the Social Self,* Oxford: Oxford University Press.

48 So z.B. Sara Goering (2009): »Postnatal reproductive autonomy: Promoting relational autonomy and self-trust in new parents«, in: *Bioethics* 23 (1), 9–19 sowie Sylvia Burrow (2012): »Reproductive Autonomy and Reproductive Technology«, in: *Techne* 16 (1), 30–44, hier: 39 ff.

49 Vgl. z.B. Onora O'Neill (2002): *Autonomy and Trust in Bioethics,* Cambridge: Cambridge University Press, 61 f.

50 Dieser Meinung ist dezidiert auch Erin Nelson (2013): *Law, Policy and Reproductive Autonomy,* Oxford/Portland, Or.: Hart Publishing, 30. Nelson hält die Kritik, die im Rahmen von Ansätzen der »relationalen Autonomie« geäußert worden ist, zwar für bedenkenswert und wichtig, ist aber nicht der Meinung, dass relationale Theorien bisherige Autonomieverständnisse gänzlich zu ersetzen oder abzulösen vermöchten.

51 Vgl. dazu bspw. Friederike Wapler (2018): »Reproduktive Autonomie: rechtliche und rechtsethische Überlegungen«, in: Susanne Baer und Ute Sacksofsky (Hg.): *Autonomie im Recht – Geschlechtertheoretisch vermessen,* Baden-Baden: Nomos, 185–213, hier: 200 ff.

52 Vgl. Claudia Wiesemann (2006): *Von der Verantwortung, ein Kind zu bekommen. Eine Ethik der Elternschaft,* München: C.H. Beck.

53 Der Europäische Gerichtshof für Menschenrechte hat die einzelnen Staaten auch dazu aufgerufen, ihre Gesetzgebung im Bereich der Fortpflanzungsmedizin im Hinblick auf technologische und gesellschaftliche Entwicklungen regelmäßig zu überprüfen. S.H. and Others v. Austria (no. 57 813/00), Urteil (Große Kammer) vom 3. November 2011, § 118.

1 Margaret Laurence (1989): *Dance on the Earth: A Memoire*, zitiert nach Christine Overall (2012): *Why Have Children? The Ethical Debate*, Cambridge, MA: MIT Press, 2. © 2012 Massachusetts Institute of Technology

2 Leander Scholz (2018): *Zusammenleben. Über Kinder und Politik*, Berlin: Hanser Berlin, 55. © 2018 Hanser Berlin in der Carl Hanser Verlag GmbH & Co. KG, München

3 Vgl. z. B. Dudley Kirk (1996): »Demographic Transition Theory«, in: *Population Studies* 50 (3), 361–387.

4 Sigmund Freud (1898): »Die Sexualität in der Ätiologie der Neurosen«, in: Sigmund Freud: *Studienausgabe in zehn Bänden*, Band 5, Frankfurt a. M.: S. Fischer Verlag, 28.

5 Hannah Arendt (1967 [original engl. 1958]): *Vita activa oder vom tätigen Leben*, München: Piper, 15.

6 Vgl. Elisabeth Beck-Gernsheim (2006): *Die Kinderfrage heute. Über Frauenleben, Geburtenrückgang und Kinderwunsch*, München: C. H. Beck.

7 Margaret Laurence (1989): *Dance on the Earth: A Memoire*, zitiert nach Christine Overall (2012): *Why Have Children? The Ethical Debate*, Cambridge, MA: MIT Press, 2.

8 Millay Hyatt (2017): *Ungestillte Sehnsucht. Wenn der Kinderwunsch uns umtreibt*, 3. Auflage, Berlin: Christoph Links Verlag, 23.

9 Vgl. Sheila Heti (2019): *Mutterschaft*, Reinbek bei Hamburg: Rowohlt.

10 Vgl. dazu bspw. Verena Brunschweiger (2019): *Kinderfrei statt kinderlos. Ein Manifest*, Marburg: Büchner Verlag.

11 Vgl. dazu Nuffield Council on Bioethics (2018): *Genome Editing and Human Reproduction. Social and Ethical Issues*, London: Nuffield Council on Bioethics, 60.

12 Vgl. dazu Sarah Diehl (2014): *Die Uhr, die nicht tickt. Kinderlos glücklich*, Zürich: Arche Verlag.

13 Vgl. dazu ausführlich Philipp Ariès (1975 [original frz. 1960]): *Geschichte der Kindheit*, München: Piper.

14 Vgl. Marita Metz-Becker (2016): »Mythos Mutterschaft. Kulturhistorische Perspektiven auf den Frauenalltag des 18. und 19. Jahrhun-

derts«, in: Helga Krüger et al. (Hg.): *Mutterbilder. Kulturhistorische, sozialpolitische und psychoanalytische Perspektiven*, Gießen: Psychosozial-Verlag, 19–43.

15 Edward Shorter (1977): *Die Geburt der modernen Familie*, Reinbek bei Hamburg: Rowohlt, 196.

16 Vgl. dazu grundlegend Elisabeth Badinter (1981): *Die Mutterliebe. Die Geschichte eines Gefühls vom 17. Jahrhundert bis heute*, München: Piper.

17 Vgl. Rebecca Solnit (2017): *Die Mutter aller Fragen*, Hamburg: Hoffmann und Campe.

18 Sheila Heti (2019): *Mutterschaft*, Reinbek bei Hamburg: Rowohlt, 72.

19 Vgl. Elisabeth Badinter (2010): *Der Konflikt. Die Frau und die Mutter*, München: C. H. Beck.

20 Vgl. Orna Donath (2016): *#regretting motherhood. Wenn Mütter bereuen*, München: Knaus.

21 Vgl. zur Debatte Christina Mundlos (2015): *Wenn Mutter sein nicht glücklich macht: Das Phänomen Regretting Motherhood*, München: mvg Verlag.

22 Vgl. Antonia Baum (2018): *Stillleben*, München: Piper, 26 f.

23 Vgl. dazu z. B. Barbara Vinken (2001): *Die deutsche Mutter. Der lange Schatten eines Mythos*, Frankfurt a. M.: S. Fischer Verlag, sowie zur Frage, inwiefern die alten Mutterbilder in unsere heutige Zeit hineinwirken, Lisz Hirn (2019): *Geht's noch! Warum die konservative Wende für Frauen gefährlich ist*, Wien: Molden Verlag.

24 Elissa Strauss (2016): »Germany, Set Free the Rabenmutter!«, in: *Slate*, https://slate.com/human-interest/2016/06/in-germany-admitting-maternal-ambivalence-is-still-a-really-big-deal.html (letzter Zugriff: 20.12.18).

25 Vgl. Bascha Mika (2011): *Die Feigheit der Frauen: Rollenfallen und Geiselmentalität. Eine Streitschrift wider den Selbstbetrug*, München: C. Bertelsmann.

26 Vgl. Elisabeth Badinter (2010): *Der Konflikt. Die Frau und die Mutter*, München: C. H. Beck.

27 Vgl. Nattavudh Powdthavee (2009): »Think Having Children Will Make You Happy?«, in: *Psychologist* 22 (4), 308–310. Vgl. dazu auch Daniel Gilbert, der Elternschaft eher negativ bewertet, wenn es um

die Zufriedenheit der Eltern geht (2006, *Stumbling on Happiness*, New York: Vintage Books).

28 Vgl. Bryan Caplan (2011): *Selfish Reasons to Have More Kids: Why Being a Great Parent Is Less Work and More Fun Than You Think*. New York: Basic Books.

29 Vgl. Gaby Gschwend (2009): *Mütter ohne Liebe. Vom Mythos der Mutter und seinen Tabus*, Bern: Hogrefe Verlag.

30 Vgl. Susanne Garsoffky und Britta Sembach (2014): *Die Alles ist möglich-Lüge. Wieso Familie und Beruf nicht zu vereinbaren sind*, München: Pantheon; Marc Brost und Heinrich Wefing (2015): *Geht alles gar nicht. Warum wir Kinder, Liebe und Karriere nicht vereinbaren können*, Reinbek bei Hamburg: Rowohlt.

31 Simone de Beauvoir (1951): *Das andere Geschlecht. Sitte und Sexus der Frau*, Hamburg: Rowohlt, 542.

32 Dieter Thomä (2002): *Eltern. Kleine Philosophie einer riskanten Lebensform*, München: C. H. Beck, 24 f.

33 Vgl. Laurie A. Paul (2014): *Transformative Experience*, Oxford: Oxford University Press.

34 Svenja Flaßpöhler und Florian Werner (2019): *Zur Welt kommen. Elternschaft als philosophisches Abenteuer*, München: Blessing, 11.

35 Vgl. Vangie Bergum (1997): *A Child on Her Mind. The Experience of Becoming a Mother*, Westport, CT: Bergin & Garvey.

36 Vgl. Norbert Bolz (2006): *Die Helden der Familie*, München: Fink, 71.

37 Vgl. Claudia Baer (2017): »Kinder sind ein Ego-Projekt«, in: *Neue Zürcher Zeitung*, 16.11.17.

38 Vgl. *Jørgen Randers und Graeme Maxton (2016): Ein Prozent ist genug. Mit wenig Wachstum soziale Ungleichheit, Arbeitslosigkeit und Klimawandel bekämpfen*, München: Oekom-Verlag.

39 Vgl. Verena Brunschweiger (2019): *Kinderfrei statt kinderlos. Ein Manifest*, Marburg: Büchner Verlag; Nils Sager (2018): »Kinder kriegen oder die Welt retten?«, in: *Das Magazin*, 29.7.18; Markus C. Schulte von Drach (2018): »So verheizen wir die Welt«, in: *Süddeutsche Zeitung*, 16.8.18; Rudolf Hermann (2019): »Ist der beste Klimaschutz, weniger Kinder zu haben?«, in: *Neue Zürcher Zeitung*, 21.3.19.

40 Vgl. Rebecca Solnit (2017): *Die Mutter aller Fragen*, Hamburg: Hoffmann und Campe.

41 Vgl. Seth Wynes und Kimberly Nicholas (2017): »The climate mitigation gap: Education and government recommendations miss the most effective individual actions«, in: *Environmental Research Letters* 12, 1–9. Vgl. dazu auch Paul A. Murtaugh und Michael G. Schlax (2009): »Reproduction and the carbon legacies of individuals«, in: *Global Environmental Change* 19 (1), 14–20.

42 Dazu Sarah Conly (2016): *One Child. Do we have a right to more?*, Oxford: Oxford University Press.

43 Vgl. Travis N. Rieder (2016): *Toward a Small Family Ethic. How Overpopulation and Climate Change Are Affecting the Morality of Procreation*, New York: Springer. Vgl. dazu auch Théophil de Giraud (2006): *L'Art de guillotiner les Procréateurs. Manifeste anti-nataliste*, Nancy: Le-Mort-Qui-Trompe.

44 Vgl. Gregor Walter-Drop (2019): »Man schützt das Klima am besten, indem man kinderlos bleibt, 58,6 Tonnen CO_2 pro Jahr lassen sich so einsparen, heißt es. So ein Unisnn!«, in: *Die Zeit*, 21.3.19, 35.

45 Derek Parfit spricht in diesem Zusammenhang von der »repugnant conclusion«, der abstoßenden Schlussfolgerung, mit der der Konsequentialismus einhergehe, wenn er letztlich zum Zeugen von Kindern verpflichten würde, in: Derek Parfit (2004): »Overpopulation and the Quality of Life«, in: Jesper Ryberg und Torbjörn Tännsjö (Hg.): *The Repugnant Conclusion. Essays on Population Ethics*, Dordrecht: Kluewer Academic, 7–15.

46 Rüdiger Safranski (2006): »Die Hüllen, die uns schützen«, Interview in: *Stuttgarter Zeitung*, 18.3.06.

47 Vgl. Leander Scholz (2018): *Zusammenleben. Über Kinder und Politik*, Berlin: Hanser Berlin, 60.

48 Vgl. David Benatar (2006): *Better never to have been. The Harm of Coming into Existence*, Oxford: Clarendon Press. Vgl. auch David Benatar (2017): *The Human Predicament. A Candid Guide to Life's Biggest Questions*, Oxford: Oxford University Press.

49 Vgl. David Benatar (2006): *Better never to have been. The Harm of Coming into Existence*, Oxford: Clarendon Press, 92.

50 So David Benatar (2006): *Better never to have been. The Harm of Coming into Existence*, Oxford: Clarendon Press, 30 ff.

51 Zum Fall Raphael Samuel vgl. z. B. Times of India, 7.2.19: https://timesofindia.indiatimes.com/life-style/relationships/love-sex/

what-is-antinatalism-and-why-raphael-samuel-of-mumbai-is-suing-his-parents-for-giving-birth-to-him/articleshow/67882775.cms (letzter Zugriff: 26.8.19).

52 Vgl. Hugh LaFollette (1980): »Licensing Parents«, in: *Philosophy and Public Affairs* 9, 182–197; Hugh LaFollette (2010): »Licensing Parents Revisited«, in: *Journal of Applied Philosophy* 27, 327–343; Peg Tittle (Hg.) (2004): *Should Parents be Licensed? Debating the Issues*, Amherst, N.Y.: Prometheus Books.

53 Vgl. Laurie A. Paul (2014): *Transformative Experience*, Oxford: Oxford University Press.

54 Siehe dazu bspw. Ulrich Greiner (2017): *Heimatlos. Bekenntnisse eines Konservativen*, München: Hanser, 88 ff.

55 So Andreas Bernard (2014): *Kinder machen*, Frankfurt a. M.: S. Fischer Verlag, 128.

56 Lorraine Daston (2018): *Gegen die Natur*, Berlin: Matthes & Seitz, 94 f.

57 Vgl. dazu z. B. Susan Golombok (2013): »Families created by reproductive donation. Issues and Research«, in: *Child Development Research* 7 (1), 61–65; Nanette Gartrell und Henny Bos (2010): »US National Longitudinal Lesbian Family Study: Psychological Adjustment of 17-Year-Old Adolescents«, in: *Pediatrics* 126 (10), 28–36, sowie eine neue italienische Studie zu diesem Thema von Roberto Baiocco, Carone Nicola et al. (2018): »Same-Sex and Different-Sex Parent Families in Italy: Is Parents' Sexual Orientation Associated with Child Health Outcomes and Parental Dimensions?«, in: *Journal of Developmental & Behavioral Pediatrics* 39 (7), 555–563.

58 Vgl. dazu auch Michel Eltchaninoff (2012): »Der Wille zum Kind«, in: *Philosophie Magazin* 1/2012, 36–38.

3 EIN KIND ZU MEINER ZEIT

1 Stephanie Bernstein und Claudia Wiesemann (2014): »Should Postponing Motherhood via ›Social Freezing‹ Be Legally Banned? An Ethical Analysis«, in: *Laws* 3, 282–300, hier: 293 (Übersetzung: AB/BB).

2 Giovanni Maio (2010): »Schwangerschaft auf Abruf? Warum Social

Egg Freezing nicht der richtige Weg ist«, in: *Imago Hominis* 21 (1), 14.

3 Gen 18,11.

4 Koh 3,1–2.

5 Vgl. Interview von Katja Thimm (2014): »Oh, Baby!«, in: *Der Spiegel*, 14.4.14, 32–41, hier: 34.

6 Destatis, Statistisches Bundesamt (31.10.2018), »Geburtenziffer 2017 leicht gesunken«, Pressemitteilung Nr. 420, https://www.destatis.de/DE/Presse/Pressemitteilungen/2018/10/PD18_420_122.html;jsessionid=DD80684D5346B1B52C897DF77EB584DD.internet722 (letzter Zugriff: 26.8.19).

7 Schweizerische Eidgenossenschaft, Bundesamt für Statistik (26.2.19), »Natürliche Bevölkerungsbewegung 2018: Provisorische Ergebnisse«, Medienmitteilung, https://www.bfs.admin.ch/bfs/de/home/statistiken/bevoelkerung/geburten-todesfaelle/geburten.assetdetail.7467416.html (letzter Zugriff: 26.8.19).

8 Vgl. Interview von Katja Thimm (2014): »Oh, Baby!«, in: *Der Spiegel*, 14.4.2014, 32–41, hier: 34.

9 Claudia Bozzaro (2015): »Der tiefgefrorene Kinderwunsch«, in: *Ärzteblatt Baden-Württemberg* 3/2015, 166–168, hier: 168.

10 Vgl. Angel Petropanagos (2010): »Reproductive ›Choice‹ and Egg Freezing«, in: *Cancer Treatment and Research* 156, 223–235.

11 Sarah Elizabeth Richards (2013): *Motherhood, Rescheduled. The New Frontier of Egg Freezing and the Women who tried it*, New York: Simon & Schuster, 243 (Übersetzung: BB/AB).

12 Vgl. Imogen Goold und Julian Savulescu (2009): »In Favour of Freezing Eggs for Non-Medical Reasons«, in: *Bioethics* 23 (1), 47–58.

13 Vgl. Karey Harwood (2009): »Egg Freezing. A Breakthrough for Reproductive Autonomy?«, in: *Bioethics* 23 (1), 39–46.

14 Vgl. Hans Bertram, Martin Bujard und Wiebke Rösler (2011): »Rush-hour des Lebens. Geburtenaufschub, Einkommensverläufe und familienpolitische Perspektiven«, in: *Journal für Reproduktivmedizin und Endokrinologie* 8 (2), 91–99.

15 Vgl. Giovanni Maio (2010): »Schwangerschaft auf Abruf? Warum Social Egg Freezing nicht der richtige Weg ist«, in: *Imago Hominis* 21 (1), 12–16.

16 So auch Karey Harwood (2009): »Egg freezing: A Breakthrough for

Reproductive Autonomy?«, in: *Bioethics* 23 (1), 39–46, sowie dies. (2007): *The Infertility Treadmill: Feminist Ethics, Personal Choice and the Use of Reproductive Technologies*, Chapel Hill: University of North Carolina Press.

17 Vgl. Ulrike Baureithel (2015): »Schwanger, wenn es fürs Geschäft passt«, in: *Wochenzeitung (WOZ)*, 10/2015, 5.3.15.

18 Vgl. Imogen Goold und Julian Savulescu (2009): »In Favour of Freezing Eggs for Non-Medical Reasons«, in: *Bioethics* 23 (1), 47–58, hier: 50. Empirische Belege finden sich bei Marcia Inhorn et al. (2018): »Elective egg freezing and its underlying socio-demography. A binational analysis with global implications«, in: *Reproductive Biology and Endocrinology* 16, 23.7.18, 70.

19 Vgl. etwa Allied Market Research: IVF Services Market Outlook, https://www.alliedmarketresearch.com/IVF-in-vitro-fertilization-services-market (letzter Zugriff: 20.11.19); ReportLinker: In-Vitro Fertilization (IVF) Market Size, https://www.reportlinker.com/p05763719/In-Vitro-Fertilization-Market-Size-Share-Trends-Analysis-Report-By-Type-By-Instrument-By-End-Use-By-Region-And-Segment-Forecasts.html?utm_source=PRN (letzter Zugriff: 20.11.19); Reports And Data: Assisted Reproductive Technology ART Market To Reach USD 50.71 Billion By 2026, https://www.globenewswire.com/news-release/2019/05/14/1823995/0/en/Assisted-Reproductive-Technology-ART-Market-To-Reach-USD-50-71-Billion-By-2026-Reports-And-Data.html (letzter Zugriff: 20.11.19).

20 So auch Sarah Elizabeth Richards (2013): *Motherhood, Rescheduled. The New Frontier of Egg Freezing and the Women Who Tried It*, New York: Simon & Schuster.

21 Vgl. Carl Djerassi (2003): *Kalkül / Unbefleckt. Zwei Theaterstücke aus der Welt der Wissenschaft*, Innsbruck: Haymon Verlag. Vgl. dazu auch Carl Djerassi (2014): »In Zukunft werden wir Sex nur aus Vergnügen haben«, in: *Welt*, 12.8.14, https://www.welt.de/debatte/kommentare/article131152571/In-Zukunft-werden-wir-Sex-nur-aus-Vergnuegen-haben.html (letzter Zugriff: 28.10.2019).

22 Vgl. auch Hille Haker (2016): »Kryokonservierung von Eizellen – Neue Optionen der Familienplanung? Eine ethische Bewertung«, in: *Zeitschrift für medizinische Ethik* 62, 121–132.

23 In den USA machen Kinderwunschkliniken proaktiv Werbung für

social freezing, als »sensible lifestyle-choice«, siehe https://www.nytimes.com/2018/08/29/style/egg-freezing-fertility-millennials.html (letzter Zugriff: 26.8.19). Vgl. auch die Werbeangebote unter *#eggfreezing* in den sozialen Medien.

24 Hinweise in Stephanie Bernstein und Claudia Wiesemann (2014): »Should Postponing Motherhood via ›Social Freezing‹ Be Legally Banned? An Ethical Analysis«, in: *Laws* 3, 282–300.

25 Giovanni Maio (2010): »Schwangerschaft auf Abruf? Warum Social Egg Freezing nicht der richtige Weg ist«, in: *Imago Hominis* 21 (1), 12–16, hier: 16.

26 Andrea Roedig (2015): »Der Bauch gehört ihr«, in: *Neue Zürcher Zeitung*, 25.5.15.

27 Vgl. dazu Eva Weber-Guskar (2018): »Debating social egg freezing: arguments from phases of life«, in: *Medicine, Health Care and Philosophy* 21 (3), 325–333.

28 Giovanni Maio (2010): »Schwangerschaft auf Abruf? Warum Social Egg Freezing nicht der richtige Weg ist«, in: *Imago Hominis* 21 (1), 12–16, hier: 14.

29 Vgl. dazu insbesondere die impulsgebende Studie von Rahel Jaeggi (2013): *Kritik von Lebensformen*, Berlin: Suhrkamp.

30 Dass sich Paare durchaus verantwortungsvoll damit auseinandersetzen können, was es bedeutet, Kinder zu bekommen, wenn man selber schon sterbenskrank ist, zeigt die Geschichte des US-amerikanischen Neurochirurgen Paul Kalanithi, der in jungen Jahren eine niederschmetternde Krebsdiagnose erhält. Er und seine Frau Lucy entscheiden sich, vor einer Therapie, die seine Fruchtbarkeit zerstören könnte, Pauls Spermien zu konservieren, um sie für eine In-vitro-Befruchtung zu verwenden. Rund acht Monate vor Pauls Tod kommt seine Tochter zur Welt. In *Bevor ich jetzt gehe* berichtet Paul Kalanithi erschütternd offen über seine Krankheit und sein Ringen mit dem Tod – und über die wenigen Monate der innigen Beziehung zu seiner Tochter, die ihm und dem Kind noch bleiben. Siehe Paul Kalanithi (2016): *Bevor ich jetzt gehe. Was am Ende wirklich zählt. Das Vermächtnis eines jungen Arztes*, München: Knaus.

31 So Christine Overall (2014): *Why Have Children? The Ethical Debate*, Cambridge, MA: MIT Press, 26 f.

1 Antje Schrupp (2019): *Schwangerwerdenkönnen. Essay über Körper, Geschlecht und Politik*, Roßdorf bei Darmstadt: Ulrike Helmer Verlag, 121. © 2019 Copyright Ulrike Helmer Verlag, Roßdorf bei Darmstadt

2 Hille Haker (2011): *Hauptsache gesund? Ethische Fragen der Pränatal- und Präimplantationsdiagnostik*, München: Kösel-Verlag, 145. © 2011, Kösel-Verlag, München, in der Verlagsgruppe Random House GmbH

3 *24 Wochen* (Deutschland 2016), unter der Regie von Anne Zohra Berrached.

4 Siehe ausführlich Anna Bergmann (1992): *Die verhütete Sexualität. Die Anfänge der modernen Geburtenkontrolle*, Hamburg: Rasch und Röhring.

5 Die Zählung der Wochen beginnt ab Einsetzen der letzten Monatsblutung.

6 Antje Schrupp meint zu dieser Regelung: »Dass man die Entscheidung über eine Abtreibung schwangeren Frauen nicht einfach selbst überlassen darf, sondern ihnen Zwangsberatungen auferlegen und unabhängige Informationen möglichst unzugänglich halten muss […], schafft ein soziales Klima, in dem die Entscheidung für eine Abtreibung immer den Beigeschmack von etwas Dubiosem, eigentlich Falschem behält.« Antje Schrupp (2019): *Schwangerwerdenkönnen. Essay über Körper, Geschlecht und Politik*, Roßdorf bei Darmstadt: Ulrike Helmer Verlag, 117.

7 WHO Factsheet (19.2.2018) »Preventing unsafe abortion«, https://www.who.int/news-room/fact-sheets/detail/preventing-unsafe-abortion (letzter Zugriff: 26.8.19).

8 Vgl. Alison Jaggar (2009): »Abortion Rights and Gender Justice Worldwide. An Essay in Political Philosophy«, in: Michael Tooley, Celia Wolf-Devine und Philip E. Devine (Hg.): *Abortion. Three Perspectives*, Oxford: Oxford University Press, 120–179.

9 Vgl. zum Beispiel »Wir wissen, dass eine Abtreibung an sich keine negativen psychischen Folgen hat«, in: *Stern*, 22.2.19, https://www.stern.de/gesundheit/abtreibung--studie-von-jens-spahn-steht-in-der-kritik-8590634.html (letzter Zugriff: 26.8.19).

10 Vgl. Erica Millar (2018): *Happy Abortions. Mein Bauch gehört mir – noch lange nicht*, Berlin: Wagenbach.

11 Dies ist im Grundsatz auch vom Europäischen Gerichtshof für Menschenrechte bestätigt worden, so bspw. in P. & S. v. Poland, ECHR (2012) No. 57375/048, Rz. 96, wonach ein Verbot des Schwangerschaftsabbruchs aus Gründen der physischen und psychischen Gesundheit der Frau ihr Recht auf Privatleben tangiere.

12 BVerfGE 39, 1.

13 BVerfGE 88, 203.

14 BVerfGE 39, 1, bestätigt in BVerfGE 88, 203.

15 Auffällig ist, dass nach dem Wortlaut des einschlägigen § 218a Abs. 1 StGB der Abbruch in den ersten zwölf Schwangerschaftswochen bei Einhaltung der Beratung und Bedenkzeit nicht tatbestandsmäßig ist. Wegen der Entscheidung des Bundesverfassungsgerichts wird aber trotz des Wortlauts – und im Widerspruch zu diesem – betont, der Abbruch sei rechtswidrig, aber straffrei.

16 Vgl. Sabine Berghahn (2014): »Weichenstellungen in Karlsruhe – Die deutsche Reform des Abtreibungsrechts«, in: Ulrike Busch und Daphne Hahn (Hg.): *Abtreibung. Diskurse und Tendenzen*, Bielefeld: transcript, 163–192; vgl. auch Ulrike Lempke (2017): »Schwangerschaftsabbruch in Deutschland. Eine medizinische Dienstleistung als Tötungsdelikt«, in: *Legal Tribune Online*, 21.11.17, https://www.lto.de/recht/hintergruende/h/ag-giessen-werbung-aerztin-schwangerschaftsabbruch-kriminalisiert-toetungsdelikt-rechtslage-deutschland/ (letzter Aufruf: 27.11.19).

17 Zur Bedeutung des Schmerzempfindens siehe Hartmut Kress (2014): »Schwangerschaftsabbrüche im Kontext von Reproduktionsmedizin und Präimplantationsdiagnostik«, in: Ulrike Busch und Daphne Hahn (Hg.): *Abtreibung. Diskurse und Tendenzen*, Bielefeld: transcript, 139–161, hier: 148. Vgl. zu den verschiedenen Ansätzen Bernhard Rütsche (2009): *Rechte von Ungeborenen auf Leben und Integrität. Die Verfassung zwischen Ethik und Rechtspraxis*, Zürich und St. Gallen: Dike Verlag.

18 Vgl. Antje Schrupp (2019): *Schwangerwerdenkönnen. Essay über Körper, Geschlecht und Politik*, Roßdorf bei Darmstadt: Ulrike Helmer Verlag, 44 ff.

19 Vgl. Claudia Wiesemann (2006): *Von der Verantwortung, ein Kind*

zu bekommen. Eine Ethik der Elternschaft, München: C.H.Beck, 13.

20 Vgl. Monika Frommel (1991): »Schwangerschaftsabbruch ist eine Gewissensfrage«, in: *Feministische Studien* 9 (1), 59–65.

21 Vgl. dazu auch Ronald Dworkin (1993): *Life's Dominion. An Argument about Abortion, Euthanasia, and Individual Freedom*, New York: Alfred A. Knopf, 32 ff.

22 Das berühmt gewordene Gedankenexperiment »Der Geiger«, das die Philosophin Judith Jarvis Thomson in ihrem Aufsatz »A Defense of Abortion« (*Philosophy & Public Affairs* 1 (1), 1971, 47–66) entwickelt hat, trägt dieser Überlegung zumindest ansatzweise Rechnung. Es vergleicht jedoch die schwangere Frau mit einer gekidnappten Person, die gegen ihren Willen an den Blutkreislauf einer anderen Person angeschlossen wird, um deren Leben zu retten. Das Beispiel blendet also zumindest ein Stück weit aus, dass diese Parallele in Vergewaltigungsfällen plausibel sein mag, jedoch nicht alle überzeugt, wenn eine Schwangerschaft ohne Einwirkung Dritter zustande gekommen ist.

23 Claudia Wiesemann (2006): *Von der Verantwortung, ein Kind zu bekommen. Eine Ethik der Elternschaft*, München: C. H. Beck, 10.

24 Vgl. das Minderheitsvotum im Urteil des Bundesverfassungsgerichts von 1975 (BVerGE 39, 1, 79) und den Hinweis darauf in Sabine Berghahn (2014): »Weichenstellungen in Karlsruhe – Die deutsche Reform des Abtreibungsrechts«, in: Ulrike Busch und Daphne Hahn (Hg.): *Abtreibung. Diskurse und Tendenzen*, Bielefeld: transcript, 163–192, hier: 168.

25 Kritisch zur weiterhin bestehenden strafrechtlichen Einordnung des Abbruchs unter die Tötungsdelikte und zur damit verbundenen stigmatisierenden Wirkung siehe Ulrike Busch (2014): »Vom individuellen und gesellschaftlichen Umgang mit dem Thema Abtreibung«, in: Ulrike Busch und Daphne Hahn (Hg.): *Abtreibung. Diskurse und Tendenzen*, Bielefeld: transcript, 13–40, hier: 30 ff. Vgl. auch Sarah Diehl (2018): »Vertraut den Frauen«, in: *Zeit online*, https://www.zeit.de/kultur/2018-09/schwangerschaftsabbruch-paragraf-218-moral-patriarchat-abschaffung/komplettansicht (letzter Aufruf: 27.11.19). Zur unerfüllten Forderung der Frauenbewegung, den Schwangerschaftsabbruch aus dem Strafrecht zu streichen,

siehe Katja Krolzik-Matthei (2014): »Abtreibung als Gegenstand feministischer Debatten. Hintergründe, Befunde, Fragen«, in: Ulrike Busch und Daphne Hahn (Hg.): *Abtreibung. Diskurse und Tendenzen*, Bielefeld: transcript, 103–118, hier: 104 ff.

26 Diese Argumentation gibt bspw. der Deutsche Ethikrat (2013) in seiner Stellungnahme *Die Zukunft der genetischen Diagnostik – von der Forschung in die klinische Anwendung*, 149 ff., wieder. Vgl. auch Hartmut Kress (2014): »Schwangerschaftsabbrüche im Kontext von Reproduktionsmedizin und Präimplantationsdiagnostik«, in: Ulrike Busch und Daphne Hahn (Hg.): *Abtreibung. Diskurse und Tendenzen*, Bielefeld: transcript, 139–161, hier: 150 ff.

27 Vgl. Bericht des Ausschusses für Bildung, Forschung und Technikfolgenabschätzung des Deutschen Bundestages: »Aktueller Stand und Entwicklungen der Pränataldiagnostik« vom 4.4.19, 49 ff.

28 Vgl. Claudia Wiesemann (2006): *Von der Verantwortung, ein Kind zu bekommen. Eine Ethik der Elternschaft*, München: C. H. Beck.

29 Vgl. Jonathan Glover (2006): *Choosing Children. Genes, Disability and Design*, Oxford: Oxford University Press. Vgl. auch Jeff McMahan (2002): *The Ethics of Killing. Problems at the Margins of Life*, Oxford: Oxford University Press, sowie Julian Savulescu (2002): »Is there a right not to be born? Reproductive decision making, options and the right to information«, in: *Archives of Disease in Childhood. Fetal and Neonatal Edition* 87 (2), F72-F74. McMahan und Savulescu sprechen sogar von der elterlichen Pflicht, ein Kind nicht zu bekommen, das mutmaßlich stark leiden würde.

30 So Brian G. Skotko et al. (2011): »Self-perceptions from people with Down syndrome«, in: *American Journal of Medical Genetics*, Part A 155, 2360–2369. Eine jüngere Studie mit über 2600 Eltern von Menschen mit Down-Syndrom legt dar, dass diese zu einer überwiegend sehr positiven Einschätzung von deren »funktionalen Fähigkeiten« gelangen. Vgl. Gert de Graaf, Brian G. Skotko und Richard Goldstein (2019): »Parents' perceptions of functional abilities in people with Down syndrome«, in: *American Journal of Medical Genetics* 179A, 161–176.

31 Vgl. z. B. Christopher Ralston und Justin Ho (Hg.) (2010): *Philosophical Reflections on Disability*, New York: Springer; David Wasserman und Adrienne Asch (2013): »Understanding the Relationship

Between Disability and Well-Being«, in: Jerome E. Bickenbach, Franziska Felder und Barbara Schmitz (Hg.): *Disability and the Good Human Life*, Cambridge: Cambridge University Press, 139–167.

32 So Andreas Kuhlmann (2003): »Therapie als Affront? Zum Konflikt zwischen Behinderten und Medizin«, in: *Ethik in der Medizin* 15, 151–160, hier: 159.

33 Vgl. dazu den Bericht des Ausschusses für Bildung, Forschung und Technikfolgenabschätzung des Deutschen Bundestages: »Aktueller Stand und Entwicklungen der Pränataldiagnostik« vom 4.4.19, 100–103.

34 Vgl. Sandra Roth (2013): *Lotta Wundertüte. Unser Leben mit Bobbycar und Rollstuhl*, Köln: Kiepenheuer & Witsch.

35 Hille Haker (2011): *Hauptsache gesund? Ethische Fragen der Pränatal- und Präimplantationsdiagnostik*, München: Kösel-Verlag, 170.

36 Vgl. dazu ausführlich Susanne Brauer et al. (Hg.) (2016): *Wissen können, dürfen, wollen? Genetische Untersuchungen während der Schwangerschaft*, TA-Swiss 63/2016, Zürich: vdf-Hochschulverlag.

37 Vgl. dazu kritisch Susan Sherwin (2001): »Normalizing Reproductive Technologies and the Implications for Autonomy«, in: Rosemarie Tong et al. (Hg.): *Globalizing Feminist Bioethics. Crosscultural Perspectives*, Boulder, CO: Westview Press, 96–113.

38 Vgl. Petra Gehring (2006): *Was ist Biomacht? Vom zweifelhaften Mehrwert des Lebens*, Frankfurt a. M./New York: Campus.

39 Vgl. Dieter Birnbacher (2006): *Bioethik zwischen Natur und Interesse*, Frankfurt a. M.: Suhrkamp, 329.

40 Vgl. dazu etwa Wolfgang van den Daele (2005): »Vorgeburtliche Selektion: Ist die Pränataldiagnostik behindertenfeindlich?«, in: ders. (Hg).: »Biopolitik«, in: *Leviathan, Sonderheft* 23, 97–122; Mirjam Hauser und Daniela Tenger (2015): *Menschen mit Behinderung in der Welt 2035*. GDI Publikation 26.2.15.

41 Sigrid Graumann (2014): »Ethik und Behinderung«, in: *Zeitschrift für Medizinische Ethik* 60, 207–219, hier: 216 f. Vgl. dazu auch die Beiträge in Erik Parens und Adrienne Asch (Hg.) (2000): *Prenatal Testing and Disability Rights*, Washington: Georgetown University Press.

42 Vgl. dazu Marcus Düwell (2008): *Bioethik. Methoden, Theorien und Bereiche*, Stuttgart: Springer, 149 ff.

43 Heiner Bielefeldt (2009): *Zum Innovationspotenzial der UN-Behindertenrechtskonvention. Essay*, Berlin: Deutsches Institut für Menschenrechte, 16.

44 Andreas Kuhlmann (2003): »Ein neues Verständnis von Behinderung – Zur Kritik am ›medizinischen‹ Konzept«, in: AG Medizin(ethik) und Behinderung in der Akademie für Ethik in der Medizin e. V. (Hg.): *Behinderung und medizinischer Fortschritt*, Dokumentation der gleichnamigen Tagung vom 14.-16. April 2003 in Bad Boll, Göttingen, 22–27, hier: 25.

5 EIN BESTIMMTES KIND

1 Annelien Bredenoord: »Editing Society: The Ethics of Gene Editing«, van Hasselt Lecture 2017, https://sg.tudelft.nl/event/van-hasselt-lecture-2017-editing-society-the-ethics-of-gene-editing/ (letzter Zugriff: 22.9.19; Übersetzung: BB/AB).

2 Ulrich Greiner (2017): *Heimatlos. Bekenntnisse eines Konservativen*, Reinbek bei Hamburg: Rowohlt, 84. © 2017, Rowohlt Verlag GmbH, Hamburg

3 Vgl. ausführlich zu Gattaca und Gentechnologie auch Andreas Lienkamp (2002): »Gattaca. Eine Parabel auf die gegenwärtige Biopolitik?«, in: Andreas Lienkamp und Caspar Söling (Hg.): *Die Evolution verbessern? Utopien der Gentechnik. Theologie und Biologie im Dialog*, Paderborn: Bonifatius, 99–110.

4 Vgl. Nicholas Agar (1998): »Liberal Eugenics«, in: *Public Affairs Quarterly* 12 (2), 137–155, sowie Nicholas Agar (2004): *Liberal Eugenics. In Defence of Human Enhancement*, Oxford: Blackwell.

5 Sigrid Graumann (2001): »Gesellschaftliche Folgen der Präimplantationsdiagnostik«, in: Bundesministerium für Gesundheit (Hg.): *Fortpflanzungsmedizin in Deutschland*, Baden-Baden: Nomos, 215–220, hier 217.

6 Tatsächlich hat der Europäische Gerichtshof für Menschenrechte in einem Urteil aus dem Jahr 2012 das absolute Verbot der Präimplantationsdiagnostik als konventionswidrig erklärt. Er wies auf die Widersprüche und Folgen einer Regelung hin, die Präimplantationsdiagnostik zur Verhinderung der Übertragung einer

Krankheit verbietet, den Schwangerschaftsabbruch bei einer Beeinträchtigung des Fötus hingegen erlaubt. Das Gericht hat dabei kein Urteil über das Leben eines Kindes mit einer erblichen Erkrankung gefällt, sondern den Eltern die Möglichkeit zugestanden, die Belastungen, die mit der Schwangerschaft, Geburt und Pflege eines Kindes mit einer schweren Erbkrankheit einhergehen, als unzumutbar zurückzuweisen. EGMR, Costa and Pavan v. Italy, EGMR, 28.82012–54270/10.

7 Hille Haker schließt daraus, dass die Präimplantationsdiagnostik einen generellen elterlichen Vorbehalt gegenüber einem kranken oder behinderten Kind zum Ausdruck bringe, und bewertet sie entsprechend kritisch. Siehe Hille Haker (2011): *Hauptsache gesund? Ethische Fragen der Pränatal- und Präimplantationsdiagnostik*, Kösel-Verlag: München, 218.

8 Julian Savulescu und Guy Kahane (2009): »The moral obligation to create children with the best chance of the best life«, in: *Bioethics* 23 (5), 274–290.

9 Sun-Wei Guo (2012): »China: The Maternal and Infant Health Care Law«, in: *eLS*, https://onlinelibrary.wiley.com/doi/abs/101002/9780470015902.a0005201.pub2. (letzter Zugriff: 6.2.20).

10 Vgl. dazu den Überblick über solche Empfehlungen unter: https://www.health.gov.il/English/Topics/Genetics/checks/Pages/GeneticTestingRecommendations.aspx (letzter Zugriff: 22.9.19).

11 https://www.microsort.com/about/ (letzter Zugriff: 22.9.19).

12 Vgl. Mara Hvistendahl (2013): *Das Verschwinden der Frauen: Selektive Geburtenkontrolle und die Folgen*, München: dtv.

13 Vgl. zu dieser Diskussion bspw. Nicholas Agar (2004): *Liberal Eugenics. In Defence of Human Enhancement*, Oxford: Blackwell, 105 ff. sowie Dena Davis (2010): *Genetic Dilemmas. Reproductive Technology, Parental Choices, and Children's Futures*, New York: Oxford University Press.

14 Vgl. Thomas Lempke und Jonas Rüppel (2017): *Reproduktion und Selektion. Gesellschaftliche Implikationen der Präimplantationsdiagnostik*, Wiesbaden: VS Verlag für Sozialwissenschaften, 51 ff.

15 Vgl. Henry T. Greely (2016): *The End of Sex and the Future of Human Reproduction*, Cambridge, MA: Harvard University Press, insb. 101–202.

16 CRISPR steht für »Clustered Regularly Interspaced Short Palindromic Repeats«, das heißt für bestimmte DNA-Sequenzen. Die Bezeichnung wird auch für die biochemische CRISPR/Cas-Methode verwendet, mit welcher DNA gezielt verändert werden kann.

17 Siehe Eric S. Lander et al. (2019): »Adopt a moratorium on heritable genome editing«, in: *Nature*, 13.3.19, https://www.nature.com/articles/d41586-019-00726-5 (letzter Zugriff: 5.5.19).

18 Davon zeugt bspw. die Stellungnahme des Deutschen Ethikrates (2019): *Eingriffe in die menschliche Keimbahn*, https://www.ethikrat.org/fileadmin/Publikationen/Stellungnahmen/deutsch/stellungnahme-eingriffe-in-die-menschliche-keimbahn.pdf (letzter Zugriff: 22.9.19).

19 UNESCO (1997): »Allgemeine Erklärung über das menschliche Genom und Menschenrechte«, Artikel 1: »Das menschliche Genom liegt der grundlegenden Einheit aller Mitglieder der menschlichen Gesellschaft sowie der Anerkennung der ihnen innewohnenden Würde und Vielfalt zugrunde. In einem symbolischen Sinne ist es das Erbe der Menschheit«, https://www.unesco.de/media/1703 (letzter Zugriff: 26.11.19).

20 Vgl. John Harris (2007): *Enhancing Evolution. The Ethical Case for Making Better People*, Princeton: Princeton University Press, 34; so auch ausführlich Allen Buchanan (2001): *Better Than Human. The Promise and Perils of Enhancing Ourselves*, New York: Oxford University Press, 39 ff.

21 Siehe Nuffield Council on Bioethics (2018): *Genome Editing and Human Reproduction. Social and Ethical Issues*, London, Nuffield on Bioethics, 73 ff.

22 Jürgen Habermas (2001): *Die Zukunft der menschlichen Natur. Auf dem Weg zu einer liberalen Eugenik?*, Frankfurt a. M.: Suhrkamp, 111 ff. Siehe auch 131 ff.

23 Jürgen Habermas (2001): *Die Zukunft der menschlichen Natur. Auf dem Weg zu einer liberalen Eugenik?*, Frankfurt a. M.: Suhrkamp, 112.

24 Siehe Gertrude Nunner-Winkler (2005): »Können Klone eine Identität ausbilden?«, in: Wolfgang van den Daele (Hg.): »Biopolitik«, in: *Leviathan*, Sonderheft 23, 265–294, hier: 274.

25 Vgl. dazu ausführlich den Dialog zwischen Katharina Beier und Claudia Wiesemann (2010): »Die Dialektik der Elternschaft im

Zeitalter der Reprogenetik. Ein ethischer Dialog«, in: *Deutsche Zeitschrift für Philosophie* 58 (6), 855–871.

26 Bettina Schöne-Seifert (2017): »Genscheren-Forschung an der menschlichen Keimbahn: Plädoyer für eine neue Debatte auch in Deutschland«, in: *Ethik in der Medizin* 29, 93–96, hier: 94.

27 Für eine breite Diskussion des »Enhancement« siehe den Band von Julian Savuelscu und Nick Bostrom (Hg.) (2009): *Human Enhancement*, Oxford: Oxford University Press.

28 Vgl. Joel Feinberg (1980): »The Child's Right to an Open Future«, in: William Aiken und Hugh LaFollette (Hg.): *Whose Child? Children's Rights, Parental Authority and State Power*, Totowa, NJ: Rowman and Littlefield, 80–98.

29 Jürgen Habermas (2001): *Die Zukunft der menschlichen Natur. Auf dem Weg zu einer liberalen Eugenik?*, Frankfurt a. M.: Suhrkamp, 105, sowie auch Dena Davis (2010): *Genetic Dilemmas, Reproductive Technology, Parental Choices, and Children's Futures*, New York: Oxford University Press.

30 Jürgen Habermas (2001): *Die Zukunft der menschlichen Natur. Auf dem Weg zu einer liberalen Eugenik?*, Frankfurt a. M.: Suhrkamp, 105 ff.

31 Für eine Verteidigung der genetischen Verbesserung der eigenen Kinder siehe John Harris (2007): *Enhancing Evolution. The Ethical Case for Making Better People*, Princeton, NJ: Princeton University Press; Julian Savulescu (2001): »Procreative Beneficence. Why We Should Select the Best Children«, in: *Bioethics* 15 (5), 413–426 sowie ders. (2007): »In Defence of Procreative Beneficence«, in: *Journal of Medical Ethics* 33 (5), 284–288.

32 Vgl. für eine eingehende Diskussion dieser Frage Allen Buchanan et al. (2000): *From Chance to Choice. Genetics and Justice*, New York: Cambridge University Press, 170 ff.

33 Für eine kritische Einordnung siehe Erik Parens (1998): »Is Better Always Good?«, in: ders. (Hg.): *Enhancing Human Traits*, Washington, DC: Georgetown University Press, 1–28.

34 Konrad Paul Liessmann (2016): »Neue Menschen! Bilden, optimieren, perfektionieren«, in: ders. (Hg.): *Neue Menschen! Bilden, optimieren, perfektionieren*, Philosophicum Lech Band 19, Wien: Paul Zsolnay Verlag, 7–26, hier: 16.

35 Michael J. Sandel (2007): *The Case against Perfection. Ethics in the Age of Genetic Engineering*, Cambridge, MA: Harvard University Press, 45 f., mit Verweis auf den Begriff »openess to the unbidden« des Theologen William F. May.

36 Vgl. Michael J. Sandel (2007): *The Case against Perfection. Ethics in the Age of Genetic Engineering*, Cambridge, MA: Harvard University Press, insb. 26 f., 82 f.

37 Julian Savulescu spricht in diesem Zusammenhang von »procreative beneficence«. Siehe Julian Savulescu (2001): »Procreative Beneficence. Why We Should Select the Best Children«, in: *Bioethics* 15 (5), 413–426, und ders. (2007): »In Defence of Procreative Beneficence«, in: *Journal of Medical Ethics* 33 (5), 284–288.

38 Siehe John Harris (2007): *Enhancing Evolution. The Ethical Case of Making Better People,* Princeton: Princeton University Press.

39 Vgl. Stefan Lorenz Sorgner (2018): *Schöner neuer Mensch*, Berlin: Nicolai Verlag.

40 Vgl. Michael Parker (2007): »The Best Possible Child«, in: *Journal of Medical Ethics* 33 (5), 279–283.

41 Exemplarisch für die Debatte: Allen Buchanan et al. (2000): *From Chance to Choice. Genetics and Justice*, Cambridge: Cambridge University Press.

6 EIN KIND DANK ANDERER

1 Arlie Russell Hochschild (2012): *The Outsourced Self. What Happens When We Pay Others to Live Our Lives for Us*, New York: Picador, 22 (Übersetzung: BB/AB). © Arlie Russell Hochschild

2 Dani Shapiro (2019): *Inheritance. A Memoir of Genealogy, Paternity, and Love*, New York: Alfred A. Knopf, 200 (Übersetzung: AB/BB). © Dani Shapiro

3 Wie hürdenreich und langwierig Adoptionsverfahren sein können, beschreibt Millay Hyatt (2017): *Ungestillte Sehnsucht. Wenn der Kinderwunsch uns umtreibt*, 3. Auflage, Berlin: Christoph Links Verlag, 154 ff.

4 Ausnahmen bilden hier Arlie Russell Hochschild (2012): *The Outsourced Self. What Happens When We Pay Others to Live Our Lives*

for Us, New York: Picador, Kap. 5; Amrita Pande (2014): *Wombs in Labor. Transnational Commercial Surrogacy in India*, New York: Columbia University Press, sowie der Sammelband von Sayana Mitra, Silke Schicktanz und Tulsi Patel (Hg.) (2018): *Cross-Cultural Comparisons on Surrogacy and Egg Donation. Interdisciplinary Perspectives from India, Germany and Israel*, London: Palgrave Macmillan.

5 Zur Geschichte der Samenspende siehe Thomas Katzorke (2008): »Entstehung und Entwicklung der Samenspendebehandlung in Deutschland«, in: *Journal für Reproduktionsmedizin und Endokrinologie* 5 (1), 14–20.

6 Vgl. zum Beispiel die kalifornische Keimzellenbank California Cryobank, https://www.cryobank.com/ oder die dänische Bank Cryos, https://dk-de.cryosinternational.com/ (letzter Zugriff: 5.10.19).

7 Grundlegend zur Bedeutung der »Blutsbande« und der Herstellung von Verwandtschaftsverhältnissen im Lauf der Geschichte das Buch der Kulturwissenschaftlerin Christina von Braun (2018): *Blutsbande. Verwandtschaft als Kulturgeschichte*, Berlin: Aufbau Verlag.

8 Vgl. zur Geschichte der Samenspende ausführlich Andreas Bernard (2014): *Kinder machen. Neue Reproduktionstechnologien und die Ordnung der Familie,* Frankfurt a. M.: S. Fischer Verlag, 167 ff., der die frühe homologe Insemination als eine »Nachahmung des Geschlechtsakts« bezeichnet (178).

9 Botschaft über die Volksinitiative »zum Schutz des Menschen vor Manipulationen in der Fortpflanzungstechnologie (Initiative für menschenwürdige Fortpflanzung, FMF)« und zu einem Bundesgesetz über die medizinisch unterstützte Fortpflanzung (Fortpflanzungsmedizingesetz, FMedG) vom 26. Juni 1996, BBl 1996 III 205 ff., 254 f.

10 Vgl. z. B. https://www.santamonicafertility.com/blog/how-to-choose-an-egg-donor/ (letzter Zugriff: 9.10.19). Dazu Andreas Bernard (2014): *Kinder machen. Neue Reproduktionstechnologien und die Ordnung der Familie,* Frankfurt a. M.: S. Fischer Verlag, 339 ff.

11 Vgl. Rene Almeling (2011): *Sex Cells. The Medical Market for Eggs and Sperm*, Berkeley: University of California Press, insb. 110 ff., 142 ff. Siehe auch Andreas Bernard (2014): *Kinder machen. Neue Reproduktionstechnologien und die Ordnung der Familie,* Frankfurt a. M.: S. Fischer Verlag, 344 ff.

12 Vgl. David Velleman (2005): »Family History«, in: *Philosophical Papers* 34 (3), 357–378.

13 So auch David Archard (1995): »What's blood got to do with it? The significance of natural parenthood«, in: *Res Publica* 1 (1), 91–106, Abschnitt VI.

14 Vgl. Sally Haslanger (2009): »Family, Ancestry and Self: What is the Moral Significance of Biological Ties?«, in: *Adoption & Culture* 2, 91–122.

15 Dani Shapiro (2019): *Inheritance. A Memoir of Genealogy, Paternity, and Love*, New York: Alfred A. Knopf, 8 (Übersetzung: AB/BB).

16 Vgl. Dani Shapiro (2019): *Inheritance. A Memoir of Genealogy, Paternity, and Love*, New York: Alfred A. Knopf, 200.

17 Zum Geschäft mit Kinderwünschen vgl. etwa Debora L. Spar (2006): *The Baby Business. How Money, Science, and Politics Drive the Commerce of Conception*, Boston, MA: Harvard Business School Press.

18 Vgl. https://www.latimes.com/health/la-xpm-2012-may-04-la-fi-egg-donation-20120504-story.html (letzter Zugriff: 17.11.19). Auch die Zahl der Chinesinnen, die in die USA kommen und eine Eizellbehandlung nachfragen, steigt, vgl. https://www.extraconceptions.com/high-compensation-for-chinese-egg-donors/ (letzter Zugriff: 17.11.19).

19 Art. 21 des Übereinkommens zum Schutz der Menschenrechte und der Menschenwürde im Hinblick auf die Anwendung von Biologie und Medizin: Übereinkommen über Menschenrechte und Biomedizin von 1997. Die Schweiz hat diese ratifiziert, Deutschland und Österreich hingegen nicht.

20 So schon Andrea Büchler (2013): »Sein oder Haben? Zur Verpflichtung, Verfügung und Vermarktung des Körpers und seiner Teile«, in: Rainer Egloff und Martin Schmid (Hg.): *Future Reloaded. Zukunftsvisionen in Wissenschaft und Science-Fiction*, Collegium Helveticum, Heft 13, 43–50.

21 Vgl. Immanuel Kant (1968): *Grundlegung zur Metaphysik der Sitten, Werke in zehn Bänden*, Bd. 6, Darmstadt: Wissenschaftliche Buchgesellschaft, 68 (BA 78).

22 Vgl. Immanuel Kant (1968): *Die Metaphysik der Sitten, Werke in zehn Bänden*, Bd. 7, Darmstadt: Wissenschaftliche Buchgesellschaft, 555 (A 73).

23 Vgl. Anne Phillips (2013): *Our Bodies, Whose Property?*, Princeton/Oxford: Princeton University Press, 11.

24 Vgl. Margaret Jane Radin (1996): *Contested Commodities. The trouble with trade in sex, children, body parts, and other things*, Cambridge/London: Harvard University Press, 88.

25 Das spanische Ministerium für Gesundheit, Verbrauch und Soziales legt auf der Grundlage eines Berichts der Nationalen Kommission für assistierte Reproduktion die Rahmenbedingungen fest, innerhalb derer eine Kompensation der Eizellspenderinnen erfolgen darf, sodass die Spende noch als altruistisch gilt.

26 Vgl. z. B. die Abhandlung des Nuffield Council on Bioethics (2011): *Human Bodies: Donation for Medicine and Research*, London: Nuffield Council on Bioethics, 70 ff., der auf die Unterscheidung zwischen der Bezahlung für eine Körpersubstanz und der Bezahlung der Person für ihre Spende insistiert. Vgl. auch Anne Phillips (2013): *Our Bodies, Whose Property?*, Princeton/Oxford: Princeton University Press, 148 ff.

27 Michelle Cottier (2016): »Die instrumentalisierte Frau: Rechtliche Konstruktionen der Leihmutterschaft«, in: *Juridikum* 2, 188–198, hier: 188.

28 Vgl. dazu Andreas Bernard (2014): *Kinder machen. Neue Reproduktionstechnologien und die Ordnung der Familie*, Frankfurt a. M.: S. Fischer Verlag, 290 ff.

29 Caroline Arni (2018): *Pränatale Zeiten. Das Ungeborene und die Humanwissenschaften (1800–1950)*, Berlin: Schwabe, insb. 121 ff.

30 Vgl. Elizabeth Anderson (1990): »Is Women's Labor a Commodity?«, in: *Philosophy & Public Affairs* 19 (1), 71–92, hier: 81 ff.

31 Vgl. dazu auch Nikolaus Knoepffler und Nikolai Münch (2018): »Ethische Fragen der Leihmutterschaft«, in: Edward Schramm und Michael Wermke (Hg.): *Leihmutterschaft und Familie. Impulse aus Recht, Theologie und Medizin*, Berlin: Springer, 235–262, hier: 245 f.

32 Vgl. ausführlich zur »Essentialismusthese« Debra Satz (2010): *Why Some Things Should Not be For Sale. The Moral Limits of Markets*, Oxford/New York: Oxford University Press, 117–121.

33 Andreas Bernard (2014): *Kinder machen. Neue Reproduktionstechnologien und die Ordnung der Familie*, Frankfurt a. M.: S. Fischer Verlag, 307; ausführlich zum Phänomen der »Lohnammen« siehe

Edward Shorter (1977): *Die Geburt der modernen Familie*, Reinbek bei Hamburg: Rowohlt, 203 ff. Er beschreibt, wie Mütter im 17. und 18. Jahrhundert in großer Zahl ihre Neugeborenen gleich nach der Taufe weggaben. Diese lebten dann für mehrere Jahre von den Müttern getrennt und wurden von Ammen versorgt.

34 Michael J. Sandel (2009): *Gerechtigkeit. Wie wir das Richtige tun*, Berlin: Ullstein, 129 ff., unter Bezugnahme auf Elizabeth Anderson (1990): »Is Women's Labor a Commodity?«, in: *Philosophy & Public Affairs* 19 (1), 71–92.

35 Vgl. grundlegend dazu Elizabeth Anderson (1990): »Is Women's Labor a Commodity?«, in: *Philosophy & Public Affairs* 19 (1), 71–92.

36 Vgl. Debra Satz (2010): *Why Some Things Should Not be For Sale. The Moral Limits of Markets*, Oxford/New York: Oxford University Press, 131 ff.; vgl. auch Margaret Jane Radin (1996): *Contested Commodities. The trouble with trade in sex, children, body parts, and other things*, Cambridge/London: Harvard University Press, 141 f.

37 So auch Peter Schaber (2010): *Instrumentalisierung und Würde*, Paderborn: mentis Verlag, 144 f.

38 Vgl. z. B. Susan Golombok et al. (2011): »Families created through surrogacy: Mother-child relationships and children's psychological adjustment at age 7«, in: *Developmental Psychology* 47, 1579–1588; Viveca Söderström-Antilla et al. (2016): »Surrogacy: outcomes for surrogate mothers, children and the resulting families. A systematic review«, in: *Human Reproduction Update* 22 (2), 260–276.

39 Anne Phillips (2013): *Our Bodies, Whose Property?*, Princeton/Oxford: Princeton University Press, 10 (Übersetzung: AB/BB). Vgl. auch 82.

40 Friederike Wapler (2018): »Reproduktive Autonomie und ihre Grenzen. Leihmutterschaft aus verfassungsrechtlicher Perspektive«, in: Edward Schramm und Michael Wermke (Hg.): *Leihmutterschaft und Familie. Impulse aus Recht, Theologie und Medizin*, Berlin: Springer, 107–147, hier: 132.

41 Vgl. zum Beispiel https://www.westcoastsurrogacy.com/become-a-surrogate-mother/surrogate-mother-compensation (letzter Zugriff: 9.10.19).

42 Vgl. Sheela Saravanan (2018): *A Transnational Feminist View of Surrogacy Biomarkets in India*, Singapore: Springer.

43 Vgl. Amrita Pande (2014): *Wombs in Labor. Transnational Commercial Surrogacy in India*, New York: Columbia University Press. Die Feldstudie wurde 2006 bis 2011 durchgeführt.

44 Entscheid Baby Manji Yamada v. Union of India, Supreme Court Cases 13:518, 29. September 2008.

45 So z. B. Sheela Saravanan (2018): *A Transnational Feminist View of Surrogacy Biomarkets in India*, Singapore: Springer, v. a. 33 ff., 167 ff.

46 Vgl. Amrita Pande (2016) »Surrogacy bill's missteps«, in: *Himal Southasian*, 12.9.16, https://himalmag.com/surrogacy-bill-india-women-rights-labour/ (letzter Zugriff: 9.11.19).

47 Worin genau eine »Ausbeutung« besteht, ist Thema einer ausufernden Literatur. Für einen Überblick siehe etwa Matt Zwolinski und Alan Wertheimer (2017): »Exploitation«, in: *The Stanford Encyclopedia of Philosophy*, https://plato.stanford.edu/entries/exploitation/ (letzter Zugriff: 10.10.19).

48 Für eine Diskussion, worin eine Ausbeutung in Leihmutterschaftsverhältnissen besteht, siehe Barbara Bleisch (2012): »Leihmutterschaft als persönliche Beziehung«, in: *Jahrbuch für Wissenschaft und Ethik* 17, 5–28, Abschnitt 2, sowie Silke Schicktanz (2018): »Beyond Relativism. Comparing the Practice and Norms of Surrogacy in India, Israel, and Germany«, in: Sayana Mitra, Silke Schicktanz und Tulsi Patel (Hg.): *Cross-Cultural Comparisons on Surrogacy and Egg Donation. Interdisciplinary Perspectives from India, Germany and Israel*, London: Palgrave Macmillan, 103–123, 106 ff.

49 So z. B. Vasanti Jadva et al. (2003): »Surrogacy: the experiences of surrogate mothers«, in: *Human Reproduction* 18 (10), 2196–2204, sowie Karen Busby und Delaney Vun (2010): »Revisiting the *Handmaid's Tale*: Feminist Theory meets Empirical Research on Surrogate Mothers«, in: *Canadian Journal of Family Law* 26 (1), 13–93.

50 Vgl. Stephen Wilkinson (2003): »The Exploitation Argument Against Commercial Surrogacy«, in: *Bioethics* 17, 169–187. Vgl. auch Janet Radcliffe Richards (2009): »Consent with Inducements. The Case of Body Parts and Services«, in: Franklin G. Miller und Alan Wertheimer (Hg.): *The Ethics of Consent: Theory and Practice*, New York: Oxford University Press, 281–303.

51 Vgl. Judit Sándor (2018): »Transnational Surrogacy. An Overview of Legal and Ethical Issues«, in: Sayana Mitra, Silke Schicktanz und

Tulsi Patel (Hg.): *Cross-Cultural Comparisons on Surrogacy and Egg Donation. Interdisciplinary Perspectives from India, Germany and Israel,* London: Palgrave Macmillan, 35–55, hier: 40.

52 Siehe »Report of the Special Rapporteur on the sale and sexual exploitation of children, including child prostitution, child pornography and other child sexual abuse material«, United Nations General Assembly, Human Rights Council Thirty-seventh session 26 February – 23 March 2018, http://www.un.org/en/ga/search/view_doc.asp?symbol=A/HRC/37/60 (letzter Zugriff: 9.10.19).

53 So auch Anton van Niekerk und Liezl van Zyl (1995): »Commercial Surrogacy and the Commodification of Children: An Ethical Perspective«, in: *Medicine and Law* 14, 163–170, sowie Stephen Wilkinson (2016): »Exploitation in International Paid Surrogacy Arrangements«, in: *Journal of Applied Philosophy* 33 (2), 125–145.

54 Vgl. Elizabeth Anderson (1990): »Is Women's Labor a Commodity?«, in: *Philosophy & Public Affairs* 19 (1), 71–92, hier: 77.

55 Vgl. Stephen Wilkinson (2016): »Exploitation in International Paid Surrogacy Arrangements«, in: *Journal of Applied Philosophy* 33 (2), 125–145, hier: 137 ff. Siehe für einen vertraglichen Zugang explizit Christine Straehle (2016): »Is There a Right to Surrogacy?«: in *Journal of Applied Philosophy*, 33 (2), 146–159.

56 Antje Schrupp spricht sogar von »biologischer Verwandtschaft« zwischen Leihmutter und Kind sowie zwischen allen Kindern, die eine Leihmutter zur Welt bringt. Siehe Antje Schrupp (2019): *Schwangerwerdenkönnen. Essay über Körper, Geschlecht und Politik,* Roßdorf bei Darmstadt: Ulrike Helmer Verlag, 139.

57 Vgl. Anne Phillips (2013): *Our Bodies, Whose Property?*, Princeton/Oxford: Princeton University Presss, 94ff. Ein solches Regime hat Elemente einer »unvollständigen Kommodifizierung« (*incomplete commodification*), wie sie Margaret Jane Radin beschreibt. Vgl. Margaret Jane Radin (1996): *Contested Commodities. The trouble with trade in sex, children, body parts, and other things*, Cambridge/London: Harvard University Press, 144ff.

58 Vgl. dazu bspw. Claudia Wiesemann (2006): *Von der Verantwortung, ein Kind zu bekommen. Eine Ethik der Elternschaft*, München: C.H.Beck; Barbara Bleisch (2012): »Leihmutterschaft als persönliche Beziehung«, in: *Jahrbuch für Wissenschaft und Ethik* 17, 5–28;

Jennifer A. Parks (2010): »Care Ethics and the Global Practice of Commercial Surrogacy«, in: *Bioethics* 24, 333–340.

59 https://www.kinderwunsch-tage.de (letzter Zugriff: 8.8.19).

60 Die zweite Betrachtungsweise befürwortet etwa Guido Pennings (2004): »Legal harmonization and reproductive tourism in Europe«, in: *Human Reproduction* 19 (12), 2689–2694.

61 Das Schweizer Bundesgericht vertritt zum Beispiel die Auffassung, die Anerkennung eines im Ausland entstandenen Kindesverhältnisses zu einem Kind, das eine Leihmutter geboren hat, setze eine genetische Beziehung voraus. Der Deutsche Bundesgerichtshof hingegen anerkannte schon mehrfach die Elternschaft deutscher Paare, die ein Kind in den USA von einer Leihmutter austragen ließen, auch wenn nicht zu beiden Elternteilen eine genetische Beziehung bestand, solange US-Gerichte die Elternschaft der deutschen Paare bestätigten. Auch die österreichische Rechtsprechung betont in diesem Zusammenhang das Interesse des Kindes an der Anerkennung der Elternschaft der Wunscheltern in Österreich. 2019 verwehrte der Deutsche Bundesgerichtshof allerdings einer Frau, die in der Ukraine ein Kind von einer Leihmutter austragen ließ und im ukrainischen Register als Mutter des Kindes eingetragen war, in Deutschland den Eintrag als Mutter des Kindes – trotz der genetischen Verwandtschaft zum Kind. Sie wurde auf den Weg der Adoption verwiesen.

7 KINDER WOLLEN – ELTERN WERDEN

1 Christine Overall (2012): *Why Have Children? The Ethical Debate*, Cambridge, MA: MIT Press, 219 (Übersetzung: AB/BB). © 2012 Massachusetts Institute of Technology

2 Bernhard Schlink (2005): *Vergewisserungen. Über Politik, Recht, Schreiben und Glauben*, Zürich: Diogenes, 125 f. © 2005 Diogenes Verlag AG Zürich

3 Odo Marquard (1994): »Medizinerfolg und Medizinkritik«, in: ders.: *Skepsis und Zustimmung. Philosophische Studien*, Leipzig: Reclam, 104.

4 Jocelynne Scutt (1988): *The Baby Machine. Commercialisation of Motherhood*, Carlton: McCulloch Publishing. Vgl. dazu auch den Klassiker von Gena Corea (1985): *The Mother Machine. Reproductive Technologies from Artificial Insemination to Artificial Wombs*, New York: Harper and Row.

5 Ulrich Beck (1998): *Gegengifte. Die organisierte Unverantwortlichkeit*, Frankfurt a. M.: Suhrkamp, 194.

6 Bernhard Schlink (2005): *Vergewisserungen. Über Politik, Recht, Schreiben und Glauben*, Zürich: Diogenes, 125 f.

7 John Rawls (1998): *Politischer Liberalismus*, Frankfurt a. M.: Suhrkamp, 128 ff.